Dieter Apel

Verkehrskonzepte in europäischen Städten

Erfahrungen mit Strategien zur Beeinflussung der Verkehrsmittelwahl

Difu-Beiträge zur Stadtforschung **4**
Deutsches Institut für Urbanistik

Impressum

Autor:
Dr.-Ing. Dieter Apel
Redaktion:
Dipl.-Pol. Beate Hoerkens
Erika Huber
Textverarbeitung:
Roswitha Winkler-Heinrich
Gestaltung:
Johannes Rother, Berlin
Titellithografie:
FotosatzWerkstatt, Berlin
Umschlagdruck:
Kupijai & Prochnow, Berlin
Druck und buchbinderische Verarbeitung:
Gerhard Weinert, Berlin

ISBN 3-88118-171-7

Dieser Band ist auf chlorfrei gebleichtem Papier gedruckt.

CIP-Titelaufnahme der Deutschen Bibliothek

> **Apel, Dieter:**
> Verkehrskonzepte in europäischen Städten: Erfahrungen
> mit Strategien zur Beeinflussung der Verkehrsmittel-
> wahl / Dieter Apel. Deutsches Institut für Urbani-
> stik. / Berlin : Difu, 1992
>   (Difu-Beiträge zur Stadtforschung ; 4)
>   ISBN 3-88118-171-7
> NE: Deutsches Institut für Urbanistik <Berlin>;
>   Difu-Beiträge zur Stadtforschung

© Deutsches Institut für Urbanistik
Postfach 12 62 24
Straße des 17. Juni 110/112
1000 Berlin 12
Telefon (0 30) 3 90 01-0
Fax (0 30) 39 00 11 00

Inhalt

Zusammenfassung/Abstract 9

Einführung 13

Teil I: Fallstudien 17

Amsterdam 19

1. Die städtebauliche Entwicklung 19
2. Die Verkehrsentwicklung seit Beginn der Motorisierung 20
3. Die Entwicklung des Verkehrssystems 26
4. Amsterdamer Initiativen für eine andere Verkehrspolitik 27
5. Neuere verkehrspolitische Ziele 28
6. Weiterentwicklung und Ausdehnung des Trambahnsystems 29
7. Verbesserung der Bedingungen für den Fahrradverkehr 30
8. Parkplatzplanung, Bewirtschaftung und Kontrolle der öffentlichen Parkplätze in der Innenstadt 31
9. Einheitliche Standort- und Verkehrsplanung - das Ringbahnzentrenkonzept 39
10. Erfolge der Amsterdamer Verkehrspolitik und Stadtplanung 40

Stockholm 51

1. Die städtebauliche Entwicklung 51
2. Koordinierte Siedlungs- und Verkehrsplanung 53
3. Autobahnbau 53
4. Die neue Verkehrspolitik in den siebziger Jahren 53
5. Parkierungspolitik 54
6. "Regionalplan 90" und "Trafikplan 89" 56
7. Verkehrsmittelanteile im Städtevergleich 61

Bologna 69

1. Kommunale Reformpolitik und städtebauliche Entwicklung 69
2. Das neue Verkehrsregelungssystem der siebziger Jahre 71

3. Wirkungen und Erfolge der Verkehrspolitik der siebziger Jahre 76
4. Neuere verkehrspolitische Veränderungen 78
5. Verkehrsmittelanteile im Städtevergleich 86
6. Fazit 87

Zürich 91

1. Die städtebauliche Entwicklung 91
2. Die Förderung der Straßenbahn - Vorbild für öffentlichen Nahverkehr 91
3. Die Verkehrspolitik der Stadt Zürich seit 1987 100
4. Die S-Bahn und der Kantonale Verkehrsverbund 101
5. Siedlungsstrukturelle Auswirkungen der S-Bahn 103
6. Maßnahmenplan Lufthygiene 104
7. Förderung des Veloverkehrs 109
8. Erfolge der Zürcher Verkehrspolitik und -planung 111

Basel 119

1. Die städebauliche Entwicklung 119
2. Verkehrsplanungen und verkehrspolitische Zielsetzungen 119
3. Die Förderung des Trambahn-Systems 121
4. Das Basler Umweltschutz-Abonnement 123
5. Der Tarifverbund Nordwestschweiz 123
6. Die Bedeutung des öffentlichen Personenverkehrs im Städtevergleich 127
7. Die Förderung des Fahrradverkehrs 129
8. Aktion "Förderung schonender Transportarten" 132
9. Der Masterplan für den Hauptbahnhof 135
10. Das Projekt "Nordtangente" 136
11. Maßnahmenplan nach der Luftreinhalteverordnung 136

Karlsruhe 147

1. Die städtebauliche Entwicklung 147
2. Die Entwicklung des Straßenbahnnetzes 147
3. Das Karlsruher Stadtbahnkonzept 148
4. Bisherige Erfolge der Karlsruher Stadtbahn 151

Freiburg 161

1. Die städtebauliche Entwicklung 161
2. Verkehrsplanungen und verkehrspolitische Zielsetzungen 161
3. Die Förderung des öffentlichen Nahverkehrs 163
4. Die Förderung des Fahrrad- und Fußgängerverkehrs 167
5. Flächendeckende Verkehrsberuhigung 169
6. Bewirtschaftung des öffentlichen Parkraums 169
7. Neugestaltung des Bahnhofsgebiets 169
8. Realisierte Verkehrsumverteilung 170

Groningen 179

1. Stadtstruktur und städtebauliche Entwicklung 179
2. Die Reorganisation des Innenstadtverkehrs 181
3. Förderung des Fahrradverkehrs 184
4. Stadtstrukturplanung 189
5. Rahmenplan Transportregion Groningen 189
6. Erfolge der Groninger Stadtplanung und Verkehrspolitik 192

Schaffhausen 203

1. Stadtgröße und Stadtstruktur 203
2. Die öffentlichen Verkehrsbetriebe Schaffhausen 203

Teil II: Resümee der Ergebnisse (aus den Fallstudienstädten) und Folgerungen für die kommunale Verkehrsentwicklungsplanung 209

1. Verkehrspolitische und verkehrsplanerische Ziele in den untersuchten Städten 210
2. Erfolge kommunaler Verkehrspolitik in den Fallstudienstädten 210
3. Erfolgreiche Strategien, Konzepte und Regelungen für eine positive Verkehrsentwicklung 218
4. Verkehrspolitische Rahmenbedingungen 228

Literatur 231

Quellennachweis der Fotos 239

Verzeichnis der Abbildungen:

1. Städtische Verkehrsmittel im Vergleich 15
2. Die städtebauliche Entwicklung Amsterdams von 1930 bis 1980 21
3. Verkehrsbeziehungen in Amsterdam, Veränderungen 1960-1985 24
4. Umbau von Verkehrsstraßen - Schaffung "freier Trambahnen" und "Fahrradrouten" in Amsterdam 32
5. Die Erweiterung des Eisenbahn- und Trambahnnetzes in der Agglomeration Amsterdam 33
6. Das bis 1995 vorgesehene Schienenverkehrsnetz in der Agglomeration Amsterdam 34
7. Strukturplan Amsterdam - Arbeitsstätten-Schwerpunkte und Schienenverkehrsnetz 41

8.	Schema der städtebaulichen Struktur Stockholms	52
9.	Das Primärnetz für den Kfz-Verkehr in Stockholm, Planungsstand 1966 und Zustand 1980	55
10.	Das Projekt eines Schnellstraßenbahn-Rings zur Verbindung von Wohn- und Arbeitsstätten in Stockholms äußeren Stadtteilen	58
11.	Bahnlinien und Siedlungsflächen in Groß-Stockholm	59
12.	Bahnlinien und Standorte neuer Arbeitsstätten in Groß-Stockholm	60
13.	Kraftfahrzeuge am Zählring um die innere Stadt von Stockholm	64
14.	Fahrradfahrten am Zählring um die innere Stadt von Stockholm	65
15.	Mit öffentlichen Verkehrsmitteln beförderte Personen im Raum Stockholm	66
16.	Stadt Bologna - Übersicht	72
17.	Bologna - das Verkehrsregelungssystem der Innenstadt	75
18.	Die Entwicklung der Fahrgastzahlen bei den städtischen Verkehrsbetrieben Bologna	86
19.	Siedlungsstruktur im Raum Zürich	92
20.	Einwohnerverteilung von Zürich und Umland	93
21.	Pendlerschere Stadt Zürich	94
22.	Beförderte Personen bei den Verkehrsbetrieben Zürich (VBZ)	95
23.	Spezifische Fahrtenhäufigkeit mit Bahn und Bus im Städtevergleich (Zürich)	96
24.	Liniennetz der Zürcher S-Bahn	105
25.	Zahl der Reisenden im Zürcher Hauptbahnhof	106
26.	Entwicklung des Kfz-Verkehrs in den Städten Stuttgart und Zürich	113
27.	Schema der an Bahnachsen ausgerichteten Siedlungsstruktur im schweizerischen Teil der Agglomeration Basel	120
28.	Verkehrsentwicklung unter dem Einfluß des Umwelt-Abos in Basel	124
29.	Das Tram- und Busliniennetz im Raum Basel	125
30.	Entwicklung der Fahrgastzahlen bei den Basler Verkehrsbetrieben	126
31.	Entwicklung der Umwelt-Abonnement-Verkäufe bei den Basler Verkehrsbetrieben	127
32.	Entwicklung des Verkaufs von Umwelt-Abonnements und des Bestands an Pkw und Fahrrädern im Kanton Basel-Stadt	128
33.	Bestand an Pkw, Fahrrädern und Mofas im Kanton Basel-Stadt	133
34.	Verkehrszusammensetzung auf den Rheinbrücken in Basel	134
35.	Projektiertes S-Bahn-Netz Region Basel	137
36.	Straßen- und Platzneugestaltung in der Basler Innenstadt	139
37.	Neugestaltung eines Verkehrsplatzes in einem innenstadtnahen Quartier (Basel)	140
38.	Das Karlsruher Straßenbahnnetz 1930 und 1963	153

39. Das Karlsruher Stadtbahnnetz 1987 154
40. Stadtbahn- und Bundesbahn-Strecken in der Region Karlsruhe 1987 155
41. Das Straßenbahnnetz in Freiburg 1983 und 1987 165
42. Elemente für erfolgreichen ÖPNV in Freiburg 166
43. Groningen - Stadtform und Stadtstruktur 180
44. Verkehrsregelung Innenstadt Groningen 183
45. Straßen der Innenstadt und Verkehrslärmpegel (Groningen) 188
46. Buslinienetz der Verkehrsbetriebe Schaffhausen 204
47. Häufigkeit der Fahrten mit öffentlichen Verkehrsmitteln in westdeutschen Städten, in Abhängigkeit von der Stadtgröße 212
48. Häufigkeit der Fahrten mit öffentlichen Verkehrsmitteln im Städtevergleich 213
49. Verkehrsmittelnutzung im Städtevergleich 214
50. Verkehrsmittelnutzung im Städtevergleich (Großstädte mit mehr als 500.000 Einwohnern) 215
51. Verkehrsmittelnutzung im Städtevergleich (Großstädte mit weniger als 300.000 Einwohnern) 216
52. Stadtbahnnetz Hannover und Straßenbahn-/Metronetz Amsterdam im Vergleich .. 222

Verzeichnis der Tabellen:

1. Personenverkehr und Transportmittel in der Stadt Amsterdam im Jahre 1960 22
2. Entwicklung des Personenverkehrs in der Stadt Amsterdam von 1960 bis 1974 25
3. Transportmittelnutzung im Berufsverkehr nach Stadtteilen in der Agglomeration Amsterdam 1974 26
4. Ausgaben und Einnahmen der Parkierungsverwaltung im Jahre 1987 (Amsterdam) 38
5. Zielverkehr "Binnenstad" Amsterdam nach benutzten Verkehrsmitteln an einem Werktag 1988 42
6. Werktägliche Wege der Einwohner Amsterdams nach Transportmitteln 43
7. Mit dem städtischen Verkehrsbetrieb in Amsterdam beförderte Personen 43
8. Verkehrsmittelnutzung im Städtevergleich (Amsterdam) 44
9. Verkehrsmittelwahl beim Arbeitsweg im Städtevergleich (Stockholm) 62
10. Verkehrsmittelnutzung im Städtevergleich (Stockholm) 63
11. Wirtschaftliche Vergleichsdaten im öffentlichen Stadtverkehr (Bologna) 79
12. In die Altstadt Bolognas werktags ein- und ausfahrende Kfz 84
13. Anteile der Verkehrsmittel am Ziel- und Quellverkehr der Altstadt von Bologna 85

14. Anteile der Verkehrsmittel an den werktäglichen Wegen der Einwohner der Stadt Bologna 87
15. Verkehrsmittelnutzung im Städtevergleich (Bologna) 88
16. Verkehrsmittelnutzung im Städtevergleich (Zürich) 112
17. Verkehrsmittelwahl beim Arbeitsweg der in der Stadt Basel Beschäftigten 129
18. Verkehrsmittelwahl beim Arbeitsweg im Städtevergleich (Basel) 130
19. Fahrgastzahlen der Karlsruher Stadtbahn 1981-1989 152
20. Verkehrsmittelnutzung der Einwohner der Stadt Freiburg 1976 und 1989 171
21. Verkehrsmittelnutzung im Binnenverkehr der Stadt Freiburg 1976 und 1988/1989 172
22. Personenverkehr in die Innenstadt von Groningen 184
23. Anteil der Autonutzer auf dem Weg zur Innenstadt von Groningen, nach Herkunftsort, 1977 und 1978 185
24. Verkehrsmittelnutzung beim Besuch der Innenstadt von Groningen 186
25. Momentaufnahme des Personenverkehrs in der Stadt Groningen am Werktag-Nachmittag und ermittelte Verkehrsanteile 187
26. Strategien im Rahmen von Szenarien zur Verringerung der Autonutzung und geschätzte Effekte (Groningen) 192
27. Personenverkehr von und zur Innenstadt von Groningen 1976 und 1985 193
28. Verkehrsmittelwahl für den Weg zur Arbeit im Städtevergleich (Groningen) 194
29. Verkehrsmittelnutzung im Städtevergleich (Groningen) 195
30. Beförderte Personen im öffentlichen Personennahverkehr - Schaffhausen und vergleichbare deutsche Mittelstädte 207
31. Angebot im öffentlichen Personennahverkehr - Schaffhausen und vergleichbare deutsche Mittelstädte 208
32. Netzdichte des Straßenbahnsystems im Städtevergleich 220
33. Räumliche und zeitliche Dichte des ÖPNV-Angebots im Städtevergleich 221

Zusammenfassung

Umweltbelastungen und Verkehrsprobleme gehören seit vielen Jahren zu den kommunalen Aufgaben, deren Lösung als höchst dringlich gilt. Eine Hauptursache für diese Probleme stellt eindeutig der motorisierte Individualverkehr dar. Er verursacht nicht nur maßgeblich die durch Lärm und Luftschadstoffe bewirkten Schäden und fordert nicht nur Tausende von Verkehrsopfern; die Anpassungen der Städte an die Belange des Autoverkehrs stehen darüber hinaus auch im krassen Gegensatz zu den Zielen einer urbanen, lebendigen und ökologisch orientierten Stadt.

Selektiver Autogebrauch, das heißt die Entscheidung für umweltschonende und flächensparsame Verkehrsmittel, immer dann, wenn ein hinreichendes Angebot vorliegt, ist daher oberstes Ziel der Verkehrsentwicklungsplanung in vielen europäischen Städten geworden. Eine wirkliche Neuorientierung der Verkehrspolitik durch praktische Verkehrsplanung und Verkehrsregelung hat allerdings bisher nur in einzelnen Städten und mit Nachdruck stattgefunden. Jene europäischen Städte, die bei der Realisierung einer zukunftweisenden Verkehrskonzeption am weitesten vorangeschritten sind, werden in dieser Studie vorgestellt. Im Vordergrund stehen dabei Darstellung und kritische Bewertung der Verkehrspolitik und -planung der letzten 15 Jahre, die erreichten Erfolge bei der Entlastung der Städte vom Autoverkehr sowie die jeweiligen siedlungsstrukturellen Auswirkungen.

Als Fallstudienstädte ausgewählt wurden Amsterdam, Stockholm, Bologna, Zürich, Basel, Karlsruhe, Freiburg, Groningen und Schaffhausen, um die Städte ihrer Größe nach aufzulisten. Die Auswahl war von der Vorstellung geleitet, ein möglichst breites Spektrum unterschiedlicher kommunaler Ansätze zu fortschrittlicher Verkehrspolitik, Verkehrsplanung und -regelung in Europa zu erfassen.

Die Fallstudien zeigten unter anderem, daß die Nutzungshäufigkeit der öffentlichen Verkehrsmittel pro Einwohner in fast allen ausgewählten Städten erheblich größer ist als in vergleichbaren westdeutschen Städten. Sie ist beispielsweise in den Schweizer Städten Basel, Bern und Zürich doppelt bis dreimal so groß wie in westdeutschen Städten gleicher Größe, was einen um ein Viertel bis ein Drittel geringeren Autoanteil am Gesamtverkehr zur Folge hat. Auch in den ostdeutschen Städten ist die spezifische Nutzungshäufigkeit der öffentlichen Verkehrsmittel noch deutlich größer als in den westdeutschen; diese noch günstige Situation könnte sich bei zunehmender Konkurrenz durch das private Auto allerdings wandeln, wenn nicht alsbald erhebliche Anstrengungen unternommen werden, um Straßenbahnen und Schienenstrecken zu modernisieren.

Eine höheres Maß an selektiver Autonutzung wurde in den Fallstudienstädten nicht nur durch Verbesserungen des Angebots an öffentlichen Verkehrsmitteln, sondern auch durch Förderung des nichtmotorisierten Verkehrs erzielt. Allen voran geht hier die niederländische Großstadt Groningen. Die Groninger machen über 40 Prozent aller werktäglichen Wege mit dem Fahrrad. Aufgrund dessen ist der Autoverkehrsanteil der Groninger um ein Viertel bis ein Drittel niedriger als im Durchschnitt westdeutscher Städte vergleichbarer Größe.

Merkmale des Verkehrsangebots und andere verkehrspolitische und stadtplanerische Aktivitäten, die zu der vergleichsweise positiven Verkehrsentwicklung in den "vorbildlichen" europäischen Städten maßgeblich beigetragen haben, sind folgende:

- Der öffentliche Personennahverkehr ist wesentlich attraktiver als das durchschnittliche Angebot in westdeutschen Städten. Dies kommt vor allem in einer höheren räumlichen Dichte und kürzeren Zeittakten des ÖPNV-Angebots zum Ausdruck; dabei handelt es sich vorwiegend um Straßenbahnnetze, bei denen ein großzügiges Liniennetz unter Kostengesichtspunkten eher realisierbar ist als bei U-Bahn-Systemen. Kurze Wege zu den Haltestellen und kurze Wartezeiten durch dichten Fahrplantakt sind offensichtlich noch viel entscheidender, als die gesamte Fachwelt bisher angenommen hat.
- In den ausgewählten Städten wird dem Straßenbahn- und Busverkehr bei der Nutzung des Straßenraums durch verschiedenste technische Einrichtungen und Verkehrsregelungen deutlicher Vorrang vor dem motorisierten Individualverkehr gewährt.
- Die Innenstädte wurden durch integrierte Konzepte aufgewertet, welche Verkehrsberuhigung, Parkraumbewirtschaftung und Straßenraumgestaltung umfassen.
- Einige Fallstudienstädte haben durch viele kleine technische oder organisatorische Maßnahmen wesentlich bessere Bedingungen für den Fahrradverkehr geschaffen, so daß das Fahrrad zu einem wichtigen werktäglichen Verkehrsträger wurde.
- Nicht zuletzt gab es in den "vorbildlichen" Städten eine intensive öffentliche Vermittlung und Diskussion der kommunalen Verkehrspolitik, ferner ein durchdachtes Konzept und einen deutlichen politischen Willen zur Umsetzung - dies alles hat zur Bewußtseinsbildung und zur Veränderung des Verkehrsverhaltens mit beigetragen.

Keine Bestätigung lieferte die Studie im Hinblick auf die häufig geäußerten Befürchtungen von Wirtschaftsverbänden, daß eine Verkehrspolitik, die den umweltschonenden Verkehrsarten Vorrang vor dem individuellen Pkw-Verkehr einräume, sich nachteilig auf die wirtschaftliche Entwicklung der Stadt, insbesondere des Stadtzentrums, auswirke. Befunde einer durchweg positiven Innenstadtentwicklung der Untersuchungsstädte belegten erneut die Richtigkeit der Ergebnisse, zu denen bereits die vorangegangene Difu-Untersuchung "Stadtverträgliche Verkehrsplanung" gelangt war: Urbane Qualität und Erreichbarkeit der Innenstädte lassen sich nur erhalten und verbessern, wenn der Anteil der flächensparsamen und umweltschonenden Verkehrsmittel am Gesamtverkehr erhöht wird.

Abstract

Transportation Programmes in European Cities*

Private automobile use and the resulting environmental burdens, dangers and congestion have long been one of the greatest problems facing communities and cities. Since the 1970s

---

* Übersetzung: John Gabriel.

a number of European cities have attempted to decrease automobile traffic rates by concentrating on public transportation systems. However, only a very few cities have actually achieved a true reorientation in transportation policy, in the form of comprehensive traffic planning and concrete measures. The present study discusses nine European cities in which promising transportation programmes for the future have come closest to realization. Interest focusses on a description and critical evaluation of traffic planning and policy over the past fifteen years, successful alleviation of traffic problems in cities, and the resulting effects on urban structure and development.

Einführung

Die Anforderungen des motorisierten Individualverkehrs an die kommunale Planung stehen im krassen Gegensatz zu den Bedingungen einer urbanen, lebendigen und ökologisch orientierten Stadt. Zerschneidungen zusammengehöriger Stadtteile durch Verkehrsbänder, Entwertungen des Wohnumfelds in weiten Bereichen der Städte, Verbrauch wertvoller Freiflächen durch Verkehrsanlagen und die disperse Zersiedlung des Stadtumlandes machen dies mehr als deutlich.

Tradition und Urbanität der europäischen Stadt beruhen auf mannigfaltigen Nutzungen und Angeboten, auf hoher Nutzungsdichte und kompakter Stadtform. Eine solche Stadtform kann nur mit flächensparsamen Verkehrsmitteln existieren. Der Autoverkehr benötigt aber, bezogen auf eine beförderte Person, im Durchschnitt 10- bis 20mal soviel Verkehrsfläche wie die öffentlichen Verkehrsmittel und der nichtmotorisierte Verkehr. Dadurch haben Verkehrsstauungen immer mehr zugenommen, so daß der eigentliche Nutzen des Automobils - mehr Mobilität zu schaffen - oft nicht mehr gegeben ist. Im Gegenteil: Durch die zunehmenden Verkehrsstauungen werden auch die anderen Verkehrsarten, soweit sie nicht über eigene, abgeschirmte Wege oder Spuren verfügen, blockiert.

Es ist damit klar, daß das Automobil zwar für den einzelnen ein wunderbares Verkehrsmittel ist, solange es nur wenige gleichzeitig benutzen, daß es aber für den allgemeinen Massenverkehr in der Stadt und in einem so dicht besiedelten Land wie dem unseren das mit Abstand am wenigsten geeignete Verkehrsmittel ist (vgl. Abbildung 1). Selektiver Autogebrauch, bei dem immer dann die umweltschonenden und flächensparsamen Verkehrsmittel bevorzugt werden, wenn das Angebot es erlaubt, ist also unumgänglich. Es geht nicht um Aufrufe zum Mobilitätsverzicht, sondern um eine verantwortungsbewußte Verkehrsmittelwahl, die Mobilität für alle erst wieder gewährleisten kann.

Dies ist Stadt- und Verkehrsplanern seit mindestens 25 Jahren bekannt. Aber in keinem europäischen Land wurden bisher die verkehrspolitischen Rahmenbedingungen so gestaltet, daß sie solchen Erkenntnissen Rechnung tragen, das heißt Anreize zu einer sinnvolleren Verkehrsmittelwahl schaffen. Gemeinden, die versuchten, den flächensparsameren und umweltschonenderen Verkehrsarten Vorrang vor dem motorisierten Individualverkehr einzuräumen, wurden in ihren Bemühungen weitgehend alleingelassen (abgesehen von staatlichen Fördermitteln für den ÖPNV-Ausbau, die allerdings, soweit sie in den U-Bahn-Bau flossen, indirekt die Dominanz des Autoverkehrs in den Straßenräumen noch verstärkten).

Erst in den letzten Jahren zeichnet sich in einzelnen Ländern ein Wandel ab, der z.B. in den fortschrittlichen Verordnungen zur Luftreinhaltung und Lärmbekämpfung in der Schweiz sowie in dem niederländischen Rahmenplan zur Verkehrsentwicklung (SVV II) zum Ausdruck kommt. In der öffentlichen Diskussion ist inzwischen die mehrheitliche Meinung auszumachen, daß eine Lösung der Umwelt- und Verkehrsprobleme nur durch ein generelles Umdenken, eine grundsätzliche Änderung der Verkehrsgestaltung, möglich ist.

In dieser Situation ist die Nachfrage nach zukunftweisenden städtischen Verkehrskonzepten sowie nach exakt abgestimmten Instrumenten für eine stadtverträglichere Verkehrsplanung stark gestiegen. Dieser Nachfrage stellt sich die vorliegende Untersuchung. Sie widmet sich vor allem der Darstellung und kritischen Bewertung der Verkehrspolitik und -planung seit Mitte der siebziger Jahre in ausgewählten europäischen Städten, die für Stadt- und Verkehrsplaner, für Kommunalpolitiker und fachlich engagierte Bürger von besonderem Interesse sein könnten, weil zumindest einzelne Bereiche dort als vorbildlich gelten können.

Die Auswahl der Fallstudienstädte war geleitet von der Vorstellung, ein möglichst breites Spektrum unterschiedlicher kommunaler Ansätze fortschrittlicher Verkehrspolitik und -planung in Europa abzudecken. Das Schwergewicht lag dabei auf der Erfassung neuer Konzepte für den öffentlichen Personennahverkehr. Von Interesse waren aber auch Städte, in denen der Fahrradverkehr eine große Rolle spielt. Ferner lag es nahe, einige von denjenigen Städten einzubeziehen, die schon bei der "ersten" Untersuchung des Difu dieser Art, die 1984 vorgelegt wurde[1], zu den Fallstudienstädten gehörten. In diesen Fällen können langfristige Wirkungen verkehrsplanerischer Konzepte nachvollzogen werden. Neben den in die Untersuchung einbezogenen Städten gibt es weitere, die sich durch eine "vorbildliche" Verkehrspolitik ausgezeichnet haben, wie z.B. Delft und Erlangen. Sie sind aber bereits hinreichend in der Literatur behandelt worden[2].

---

1 *Dieter Apel*, Umverteilung des städtischen Personenverkehrs. Aus- und inländische Erfahrungen mit einer stadtverträglicheren Verkehrsplanung, Berlin 1984.
2 Z.B. *Rolf Monheim*, Verkehrsplanung in Erlangen, in: Verkehr und Technik, H. 5 (1990), S. 160 ff.

Abbildung 1: Städtische Verkehrsmittel im Vergleich*

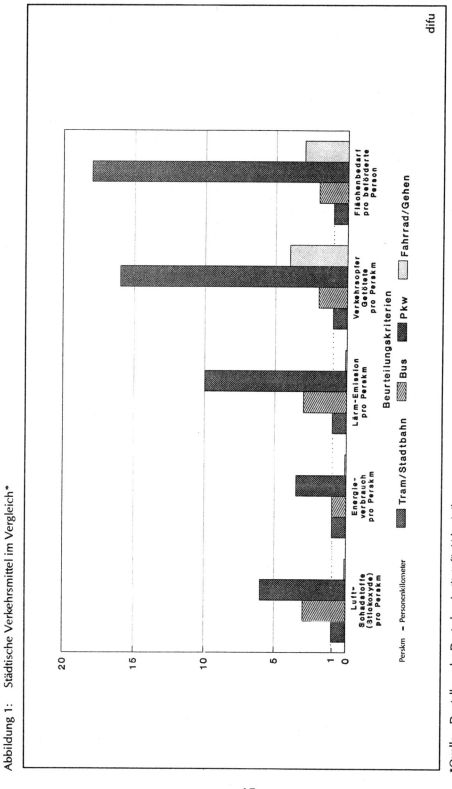

*Quelle: Darstellung des Deutschen Instituts für Urbanistik.

Teil I:

Fallstudien

Amsterdam

1. Die städtebauliche Entwicklung

Amsterdam ist seit Jahrhunderten die bedeutendste Stadt der Niederlande. Im 17. Jahrhundert erlebte Amsterdam durch den weltumspannenden Handel und die Schiffahrt seine Blütezeit. Gegen Ende des 17. Jahrhunderts erreichte die Stadtfläche bereits eine Größe von rund 800 Hektar. Dabei handelt es sich um das gesamte Gebiet innerhalb des halbkreisförmigen Grachtengürtels (Singel) mit einem Radius von etwa 2,3 Kilometer. Zum Vergleich: Die größte deutsche Altstadt ist die Kölns mit 400 Hektar. Um 1700 zählte Amsterdam 210.000 Einwohner und war damit die viertgrößte Stadt Europas.

Im 18. und beginnenden 19. Jahrhundert mußte Amsterdam unter anderem aufgrund der französischen Vorherrrschaft einen Rückgang seiner wirtschaftlichen Bedeutung hinnehmen. Erst in der Zeit der Industrialisierung nach 1870 kam es wieder zu einem Aufschwung. Bis 1900 erweiterte sich das Stadtgebiet um mehr als das Doppelte, die Einwohnerzahl stieg auf über 500.000. In dieser Zeit bis zum Beginn des Zweiten Weltkriegs hatte Amsterdam seine zweite Blütezeit, in der besondere städtebauliche sowie boden- und wohnungspolitische Leistungen zu verzeichnen sind. Wohl in keiner anderen europäischen Großstadt sind die Stadterweiterungen in dieser Zeit so sorgfältig und sozialverantwortlich geplant und durchgeführt worden. Wegbereitend dazu waren eine aktive Bodenerwerbspolitik der Kommune, die Einführung eines Erbpachtsystems (im Jahre 1896) und eine ausgeprägte soziale Wohnraumbewirtschaftung (Gesetz von 1901).

Dank der progressiven Bodenordnung und der hervorragenden städtebaulichen Planungen war Amsterdam 1935 trotz erheblicher Stadterweiterungen und einer Einwohnerzahl von fast 800.000 noch immer eine Stadt der "kurzen Wege". Die bebaute Fläche beanspruchte nur das Gebiet innerhalb eines Radius von 4 Kilometer um die Stadtmitte[3] (vgl. Abbildung 2).

Im Jahre 1935 wurde ein Stadterweiterungsplan vom Magistrat gebilligt, dem eine zukünftige Einwohnerzahl von 960.000 zugrunde lag. Es waren zusätzliche Wohnquartiere, größere Parkanlagen im Westen bzw. Süden und Industrieflächen in Hafennähe vorgesehen. In der Nachkriegszeit bis 1970 wurde dieser Plan (abgesehen von einzelnen Anpassungen) praktisch in seinem ganzen Umfang verwirklicht. Erst die Stadterweiterungen in den siebzi-

---

[3] *Amsterdam*. Städtebauliche Entwicklung, Bauamt der Stadt Amsterdam 1975. *Stadt Amsterdam (Hrsg.)*, Town Planning and Ground Exploitation in Amsterdam, Amsterdam 1967.

ger Jahren wurden auf zusätzlichen Flächen in axialer Richtung nach Süden (Amstelveen) und nach Südosten (Bijlmermeer) auf Gebieten der Nachbargemeinden vorgenommen.

Darüber hinaus wurde das Wachstum der Amsterdamer Agglomeration in die Region gelenkt. Die alten kleineren Nachbarstädte Alkmaar, Purmerend und Hoorn sowie die neuen Polderstädte Lelystad und Almere wurden durch die Raumordnung von Staat und Provinz als "Wachstumskerne" ausgewiesen. Sie sind über vorhandene bzw. im Bau befindliche Bahnlinien mit Amsterdam verbunden (Raumordnungsziel der gebündelten Dekonzentration). Die gesamte Stadtregion Amsterdam umfaßt etwa zwei Millionen Einwohner.

Angesichts des Bevölkerungsrückgangs in der Stadt Amsterdam aufgrund der Verringerung der Wohnungsbelegungsdichte (die höchste Einwohnerzahl erreichte die Gemeinde im Jahre 1960 mit 870.000, gegenwärtig beträgt sie knapp 700.000) ist das städtebauliche Wirken seit Anfang der achtziger Jahre vorwiegend auf das eigene Gemeindegebiet gerichtet, auf die Erneuerung der alten Stadtteile und auf Neuerschließung und Umnutzung im Nahbereich der Innenstadt.

Im Jahre 1983 wurde ein neuer "Structuurplan" mit dem perspektivischen Titel "de stad centraal" beschlossen. Er geht vom Leitbild der "kompakten Stadt" aus: mehr Wohnungsbau in der Stadt, neue Arbeitsstätten des tertiären Sektors an Knotenpunkten des öffentlichen Verkehrs, insbesondere an der in halbzentraler Lage geführten Ringbahn. Grachten, Plätze, Fußgängerstraßen und Fahrradrouten werden den traditionellen Erholungsmöglichkeiten im Grünen gleichgestellt. Im Sommer 1989 wurden in einer großen Ausstellung über die Geschichte der Stadtentwicklung und der städtebaulichen Planung in Amsterdam die neuen Zielsetzungen und Projekte zur Diskussion gestellt, insbesondere die städtebaulichen Projekte entlang der Ij-Ufer und auf alten Hafenanlagen.

2. Die Verkehrsentwicklung seit Beginn der Motorisierung

2.1 Der werktägliche Verkehr zu Beginn der Motorisierung

Detaillierte Verkehrserhebungen, die Ende der fünfziger Jahre und im Jahr 1960 durchgeführt wurden, zeigen, daß auch in der großen Stadt Amsterdam - was von den Niederlanden im allgemeinen bekannt ist - das Fahrrad dominierendes Transportmittel war. Von allen internen Fahrten innerhalb des Stadtgebietes (städtisches Gebiet 140 Quadratkilometer, das ist etwa eine Halbkreisfläche mit einem Radius von rund 6 Kilometern und 865.000 Einwohnern) wurde täglich mehr als die Hälfte mit dem Fahrrad (einschließlich Mofa) zurückgelegt. In der Abendspitzenstunde zwischen 17.00 und 18.00 Uhr wurde sogar ein Anteil von 65 Prozent festgestellt (vgl. Tabelle 1).

Berücksichtigt man alle Wege, die von Einwohnern der Stadt Amsterdam an einem Werktag gemacht wurden, also auch die ausschließlich zu Fuß durchgeführten Wege und die externen Fahrten, so betrug der Anteil des Fahrradverkehrs etwa 35 Prozent, der des Autoverkehrs rund 20 Prozent und der des Tram- und Busverkehrs etwa 15 Prozent. Zum Vergleich: In der Stadt Hamburg (1.800.000 Einwohner) wurden im innerstädtischen Berufsverkehr im Jahr 1961 10 Prozent der Wege mit dem Fahrrad, 14 Prozent mit Auto und Motorrad und

Abbildung 2: Die städtebauliche Entwicklung Amsterdams von 1930 bis 1980*

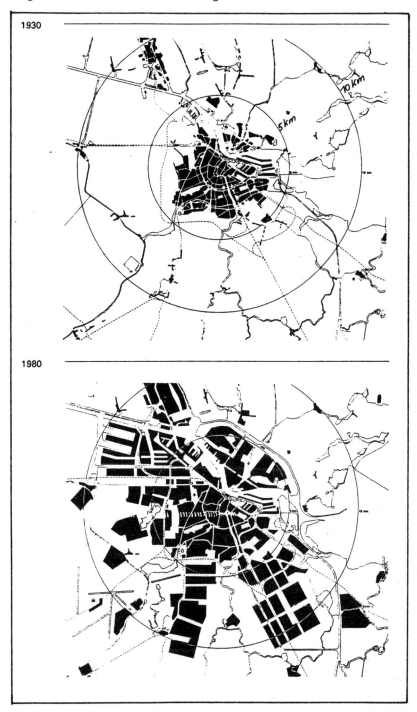

*Quelle: *Stadt Amsterdam (Hrsg.), Developing Sites for Building in Amsterdam,* Amsterdam 1967, S. 8 und 9.

Tabelle 1: Personenverkehr und Transportmittel in der Stadt Amsterdam im Jahre 1960*

	Transportmittel	Personenfahrten in %	
		nachmittags 15-16 Uhr	Spitzenstunde 17-18 Uhr
Binnenverkehr	Bahn, Bus	17	13
	Auto	39	22
	Fahrrad[1]	44	65
Quell- und Zielverkehr	Bahn, Bus	34	55
	Auto	31	54
	Fahrrad	12	14
Insgesamt	Bahn, Bus	19	21
	Auto	41	24
	Fahrrad	40	55
		Personenfahrten am Werktag (24 Stunden)	
		pro Einwohner	Anteile in %
Personenfahrten der Einwohner Amsterdams[2]	Bahn, Bus	0,4	20
	Auto	0,6	30
	Fahrrad	1,1	50
	Insgesamt	2,1	100
Alle Ortsveränderungen der Einwohner Amsterdams[2]	Bahn, Bus	0,4	15
	Auto	0,6	20
	Fahrrad	1,1	35
	zu Fuß[3]	1,0	30
	Insgesamt	3,1	100

difu

*Quelle: Dienst Ruimtelijke Ordening (Hrsg.), AVERIMO, Amsterdam 1980, sowie Berechnungen des Deutschen Instituts für Urbanistik.

1 Einschließlich Mofa.
2 Ungefähre Werte.
3 Die Zahl der pro Einwohner am Werktag ausschließlich zu Fuß zurückgelegten Wege wurde auf der Grundlage von Untersuchungsergebnissen anderer Städte geschätzt, siehe Stadtverkehrsplanung. Teil 1: Dieter Apel und Klaus Ernst, Mobilität. Grunddaten zur Entwicklung des städtischen Personenverkehrs, Berlin 1980.

47 Prozent mit Bahn und/oder Bus zurückgelegt. 29 Prozent der Berufstätigen gingen zu Fuß oder arbeiteten zu Hause[4].

Obwohl in der Stadt Amsterdam ein ausgedehntes und engmaschiges Trambahnnetz vorhanden war, konnte der ÖV - so wird aus dem Vergleich auch deutlich - nie so große Verkehrsanteile wie in deutschen Großstädten aufgrund der bedeutenden Rolle des Fahrradverkehrs erhalten.

2.2 Die Veränderung der Transportmittelnutzung infolge der Motorisierung und der Ausbreitung der Siedlungsflächen

Die Veränderung der Siedlungsstruktur, die nach 1950 begann - Verringerung der Wohnbevölkerungsdichte und Ausdehnung der bebauten Stadtfläche -, kommt in den Verkehrsstromplänen anschaulich zum Ausdruck (vgl. Abbildung 3). Zum Beispiel haben die öffentlichen Transportmittel im Jahre 1974 noch etwa die gleiche Zahl von Passagieren befördert wie 1960, die Bedienung erstreckte sich jedoch 1974 über eine erheblich größere Fläche. Die durchschnittliche Fahrtweite stieg von 4,6 auf 5,2 Kilometer an. Ähnlich war die Entwicklung bei den anderen Transportmitteln (vgl. Tabelle 2). Diese Entwicklung hat die aufkommende Nutzung des Autos und auch umgekehrt die Entwicklung disperser Siedlungsausbreitung begünstigt.

Die Zahl der Autofahrten verdoppelte sich in der Zeit zwischen 1960 und 1974, insbesondere nahm die Zahl der über die Stadtgrenze hinausführenden Fahrten zu (Vervierfachung, vgl. Tabelle 2). Gleichzeitig halbierte sich die Zahl der Fahrradfahrten. Insgesamt blieb die Zahl der Personenfahrten im gesamten Binnen-, Quell- und Zielverkehr etwa gleich bei etwa konstanter Einwohnerzahl in der Agglomeration. Das heißt, die spezifische Wegehäufigkeit, die "Mobilität" der Bevölkerung, ist annähernd konstant geblieben, nur die Distanzen und der Modus haben sich verändert.

Die nunmehr längeren Distanzen bieten aber allein keine ausreichende Erklärung für die Veränderungen der Transportmittelnutzung. So nahmen die durchschnittlichen Distanzen (Luftlinie) im Binnenverkehr von 1,9 Kilometer auf 2,7 Kilometer und im gesamten Binnen-, Quell- und Zielverkehr (ohne Fußgängerverkehr) von 2,6 auf 4,2 Kilometer zu, liegen also zum größten Teil noch im fahrradfreundlichen Bereich. Zum Beispiel betrug die durchschnittliche Fahrtweite der Fahrrad- und Mofafahrten im Jahr 1974 2,5 Kilometer (Luftlinie).

Die Veränderung der Transportmittelnutzung erklärt sich auch und vor allem durch die vorwiegende Ausrichtung fast aller städtebaulichen und verkehrlichen Vorhaben in den sechziger Jahren auf Belange des ansteigenden Autoverkehrs und der damit verbundenen zunehmenden Erschwernisse und Gefährdungen des Radfahrens. Denn obwohl die Bewohner der äußeren Stadtteile im Durchschnitt längere Distanzen zu überwinden haben, benutzen sie das Fahrrad zur Arbeitsstätte häufiger als Bewohner der inneren Stadtteile, wie aus Tabelle 3 ersichtlich ist.

---

4 *Stadtverkehrsplanung.* Teil 1: Dieter Apel und Klaus Ernst, Mobilität. Grunddaten zur Entwicklung des städtischen Personenverkehrs, Berlin 1980.

Abbildung 3: Verkehrsbeziehungen in Amsterdam, Veränderungen 1960-1985 *

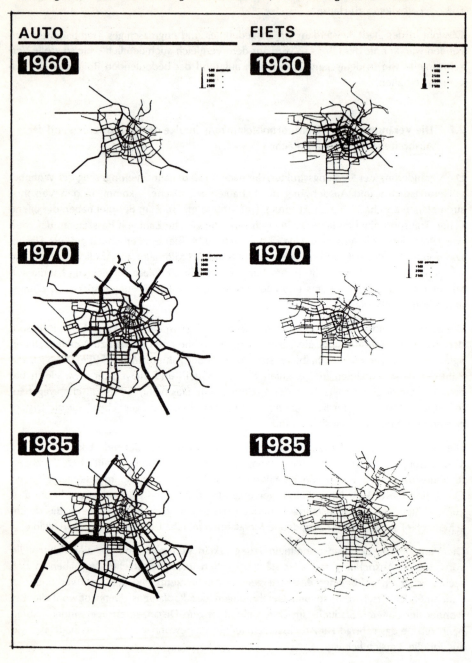

*Quelle: *Gemeente Amsterdam (Hrsg.), Amsterdam op de fiets*, Amsterdam 1987, S. 8.

Tabelle 2: Entwicklung des Personenverkehrs in der Stadt Amsterdam von 1960 bis 1974*

		Im Jahre 1960 abs.	%	Im Jahre 1974 abs.	%
Einwohner Stadt Amsterdam		865.000		770.000	
Arbeitsplätze Stadt Amsterdam		341.000		357.000	
Einwohner Agglomeration Amsterdam[1]		950.000		900.000	
Personenfahrten in der Spitzenstunde (17-18 Uhr)					
a) Binnenverkehr	Bahn, Bus	30.600	13	33.000	18
	Auto	57.200	22	84.600	45
	Fahrrad[2]	148.000	65	69.000	37
	Insgesamt	230.000	100	187.000	100
b) Quell- und Zielverkehr	Bahn, Bus	28.600	55	25.000	25
	Auto	16.000	31	66.000	67
	Fahrrad	7.000	14	7.700	8
	Insgesamt	51.500	100	99.000	100
c) Binnen-, Quell- und Zielverkehr	Bahn, Bus	59.000	21	58.000	20
	Auto	67.000	24	151.000	53
	Fahrrad	155.000	55	77.000	27
	Insgesamt	281.000	100	285.000	100
Fahrtweiten[3]		km		km	
a) Binnenverkehr	Bahn, Bus	3,3		3,6	
	Auto	1,9		2,9	
	Fahrrad	1,6		2,1	
	Insgesamt	1,9		2,7	
b) Quell- und Zielverkehr	Bahn, Bus	6,0		7,3	
	Auto	5,6		6,8	
	Fahrrad	5,4		6,5	
c) Binnen-, Quell- und Zielverkehr	Bahn, Bus	4,6		5,2	
	Auto	2,8		4,7	
	Fahrrad	1,8		2,5	
	Insgesamt	2,6		4,2	

difu

*Quelle: Dienst Ruimtelijke Ordening (Hrsg.), AVERIMO, Amsterdam 1980, sowie Berechnungen des Deutschen Instituts für Urbanistik.

1 Die Agglomeration umfaßt die Stadt Amsterdam und direkt benachbarte Gemeinden im Süden: Amstelveen, Ouder-Amstel, Diemen, Badhoevedorp und Schiphol.
2 Einschließlich Mofa.
3 Luftlinienabstand.

Tabelle 3: Transportmittelnutzung im Berufsverkehr nach Stadtteilen in der Agglomeration Amsterdam 1974, in %*

	Fahrten von der Arbeitsstätte[1] mit		
	Bahn/Bus	Auto	Fahrrad[2]
Bewohner der Innenstadt (historische Altstadt bis Singelgracht)	34	48	18
Bewohner der Vorkriegsquartiere (1870-1940)	32	44	24
Bewohner der Nachkriegsquartiere im äußeren Stadtgebiet und in den direkt angrenzenden Gemeinden im Süden	20	52	28
Bewohner der Agglomeration Amsterdam im Mittel	26	48	26

*Quelle: Nach *Dienst Ruimtelijke Ordening* (Hrsg.), AVERIMO, Amsterdam 1980, S. 142.

1 In der Abendspitzenstunde von 17-18 Uhr, Fußgänger nicht berücksichtigt.
2 Einschließlich Mofa.

3. Die Entwicklung des Verkehrssystems

3.1 Das Autostraßennetz

Die Kapazität des Straßennetzes für den Autoverkehr nimmt von außen nach innen stark ab. Die historische Innenstadt innerhalb des Grachtengürtels (Singel) hat vorwiegend nur schmale Straßen. Großzügiger wurden die Hauptstraßen in den Quartieren der zwanziger und dreißiger Jahre konzipiert. Diese haben aber vielfältige Funktionen zu erfüllen (Geschäftsstraßen, Wohnnutzung, Trasse der Straßenbahn, wichtige Fahrradverkehrswege usw.). Sehr leistungsfähig für den Autoverkehr sind die Hauptverkehrsstraßennetze in den Nachkriegsquartieren angelegt worden.

Dank der weit vorausschauenden Flächennutzungsplanung der Vorkriegszeit wurde um die "Vorkriegsstadt" (1935) eine ringförmige breite Trasse für die Erweiterung des Eisenbahnnetzes und zum Teil auch für eine Hauptverkehrsstraße freigehalten. Zum größten Teil auf dieser Trasse wurde in den sechziger Jahren eine 32 Kilometer lange Ringautobahn konzipiert. Seit zehn Jahren ist eine Hälfte des Rings in Betrieb; im September 1990 wurde der letzte Abschnitt der Ringautobahn (A 10) dem Verkehr übergeben. Sie fängt sechs radial gerichtete nationale Autobahnen auf. Hinsichtlich der Beeinflussung der Verkehrsmittelwahl und des damit zusammenhängenden Schutzes der alten Stadtteile vor zuviel motorisiertem Verkehr ist der Abstand der Ringautobahn von der Stadtmitte (zwischen 4 und 6 Kilometer) als günstig zu bezeichnen. Die Ringschnellstraße hält viel Durchgangsverkehr von der alten Stadt fern, sie ist aber noch gerade weit genug vom historischen Zentrum entfernt, um nicht für Zielverkehr zur Innenstadt Autobenutzung zu stimulieren (vgl. Abbildung 7).

Innerhalb der Ringautobahn sind bis auf eine Ausnahme keine Straßenbauten durchgeführt worden, die diesen Nutzen der Ringautobahn gefährden. Die Ausnahme bilden die Ij-Untertunnelung im östlichen Teil der Innenstadt und der Ausbau der anschließenden Straßen, so daß man auf einer Schnellstraße bis in die Innenstadt vordringen kann (Wibautstraat, Weesperstraat).

3.2 Das Schienenverkehrsnetz

Die Eisenbahn spielt in der gesamten "Randstad Holland", insbesondere für den täglichen Pendlerverkehr, eine große Rolle. Neben dem Hauptbahnhof gibt es weitere acht Bahnhöfe im Stadtgebiet, die täglich von etwa 150.000 Reisenden benutzt werden. Eine Erweiterung des Netzes hat mehrfach stattgefunden, zum Beispiel durch den Bau einer neuen Eisenbahnlinie Amsterdam-Leiden-Den Haag über den unterirdischen Flughafenbahnhof Schiphol. Die Vorsorgeplanung der zwanziger Jahre - das Freihalten einer breiten Trasse für eine Ringbahn um die Vorkriegsstadt - ist bis heute noch nicht voll in Anspruch genommen worden.

Amsterdam hat ein relativ dichtes Straßenbahnnetz mit geringen Haltestellenabständen (im Mittel 363 Meter); dadurch ergibt sich eine gute Erschließung der Fläche.

In den sechziger Jahren wurden - wie auch in deutschen Städten vergleichbarer Größe - Pläne für den Ersatz der Straßenbahn durch eine Metro entwickelt. Mit dem Bau der ersten Linie von der Innenstadt (Hauptbahnhof) in die südöstlichen Stadterweiterungen (Bijlmermeer) wurde 1970 begonnen. 1977 wurde die 18 Kilometer lange Strecke zum Teil und 1980 vollständig in Betrieb genommen. Sie fährt in den alten Stadtteilen im Tunnel, in den äußeren Stadtbereichen oberirdisch, zum Teil entlang einer vorhandenen Eisenbahnlinie.

4. Amsterdamer Initiativen für eine andere Verkehrspolitik

Die hohen Umweltbelastungen, die vielen Unfallopfer, der große Flächenbedarf bei ohnehin schmalen Straßen und der Abriß von ganzen Häuserblocks für den Straßenbau in der östlichen Innenstadt führten schon in den sechziger Jahren zu erheblichen Protesten in der Bevölkerung. Ziel der zahlreichen sich bildenden Initiativen und Bewegungen war eine andere Verkehrspolitik, durch die das Auto als Haupttransportmittel in der Innenstadt abgelöst werden sollte.

- "PROVOS", die Monatsschrift der 1965 gebildeten Initiative, veröffentlichte 1966 den "Weiße-Fahrräder-Plan" ("witte fietsenplan") gegen den "Asphaltterror der motorisierten Bourgeoisie". Eine große Zahl von weißgemalten Fahrrädern sollte zur Benutzung durch jeden in der Innenstadt bereitgestellt werden. Gleichzeitig sollte der nicht notwendig motorisierte Verkehr in der Innenstadt zurückgedrängt werden.
- 1970 propagierten die "Kabouter" eine andere Verkehrspolitik, bei der ebenfalls das Fahrrad und die Straßenbahn im Vordergrund stehen sollten. Entwickelt wurden ein Lieferwagen-Fahrrad auf drei Rädern und der "Weiße-Auto-Plan". Weiße Elektro-Autos ("witkar") sollten für den Verkehr in der Innenstadt zur Verfügung gestellt werden. Die-

ses Experiment kam 1973 zur Realisierung. 35 Elektro-Kleinwagen in genossenschaftlichem Besitz waren einige Jahre in Betrieb[5].
- Aber nicht nur an dem für die Stadt als schädlich erkannten Verkehrssystem Auto entzündete sich Protest. Er erhob sich auch gegen den U-Bahn-Bau in der Innenstadt, dem ganze Häuserblocks zum Opfer fielen. Statt mit immensen Investitionen Stadtzerstörung zu betreiben - so der Vorwurf -, sollte das vorhandene Trambahnnetz mit verkehrsregelnden Maßnahmen verbessert und in die Neubaugebiete erweitert werden. Neben Protesten von Intellektuellen und Alternativplanungen von Bürgergruppen gab es auch gewaltsame Auseinandersetzungen zwischen betroffenen Bürgern und der Polizei, Besetzungen von Häusern und gewaltsame Räumungen[6]. Es spricht für die tolerante Einstellung der Stadt, daß die gewaltsamen Ereignisse der siebziger Jahre in einer ständigen Ausstellung des Metrobahnhofs Neumarkt dokumentiert worden sind.
- Parallel zu diesen großen Initiativen entstanden Tausende von kleinen, die die Begrünung der Straßen und ihre Wiedergewinnung als Aufenthaltsbereich zum Ziel hatten. An den Häuserwänden wurde Klinker-Pflaster herausgenommen und Pflanzen eingesetzt, bepflanzte Kübel und Tonnen ergänzen das Bild und sichern den Gehsteig vor parkenden Autos[7].

5. Neuere verkehrspolitische Ziele

Auch wenn die Initiativen der Bürger zunächst von den Behörden bekämpft wurden, haben sie schließlich doch erhebliche Veränderungen des öffentlichen Bewußtseins bewirkt. Mit dem Verkehrsentwicklungsplan 1978 wurde vom Gemeinderat ein gegenüber den vorangegangenen Aktivitäten umfangreicheres und wirksameres Maßnahmepaket beschlossen, das darauf gerichtet ist, den Autoverkehr in der alten Stadt zu beschränken und den öffentlichen Verkehr sowie die Benutzung des Fahrrads in der ganzen Stadt zu fördern. Dazu wurde der frühere Metroplan revidiert. Bei der fertiggestellten ersten Linie soll es bleiben. Statt eines weiteren Ausbaus der U-Bahn soll das bestehende Straßenbahnnetz verbessert und erweitert werden, um angesichts der Ausdehnung der Siedlungsflächen über die Stadtgrenzen hinaus möglichst bald ein attraktives öffentliches Verkehrsangebot bieten zu können.

Mit dem 1982 vorgelegten "Structuurplan"[8] gehen Stadtplanung und Gemeinderat noch einen Schritt weiter. Für das dort vorgeschlagene und beschlossene Raumordnungskonzept der "kompakten Stadt" haben verkehrliche Zielsetzungen mit eine Rolle gespielt: Dem anhaltenden Trend zu immer längeren Distanzen bis zum Fahrziel soll entgegengewirkt werden, und die Erreichbarkeit von Arbeitsstätten und Einrichtungen per Bahn, Bus oder Fahrrad soll durch die Entwicklung zur kompakten Stadt erleichtert werden. Die Beeinflussung der Verkehrsmittelwahl wird als notwendig angesehen. Die Verkehrspolitik soll auf "essentiellen Autogebrauch" gerichtet sein, das heißt einen Gebrauch, der nicht auf andere Verkehrsmittel verlagerbar ist; entsprechende Maßnahmen sind Parkplatzbewirtschaftung und das Angebot besserer Fahrrad- und Bahnverkehrseinrichtungen.

---

5   *Arno Loessner*, Das weiße Auto von Amsterdam, in: Iula-Nachrichten, Den Haag, 1976, Nr. 10.
6   *Gerhard Steger*, Vom Stadtbahnnetz zur Ein-Linien-Metro, in: Bus und Bahn, H. 2 (1981), S. 12 ff.
7   Vgl. *Annegret Wendel*, Verkehrsberuhigung Amsterdam und Berlin - ein Städtevergleich, Berlin 1987, Technische Universität Berlin, Fachbereich 14, S. 44 ff. (Manuskript).
8   *Gemeente Amsterdam (Hrsg.)*, "De Stad Centraal". Voorontwerp Strucutuurplan, Amsterdam 1982.

Im "Verkeerscirculatieplan Amsterdam 1985"[9] wurde dazu folgendes konkretes Programm aufgestellt:

- Priorität wird der Verbesserung und Erweiterung des ÖPNV und den Einrichtungen für Fußgänger- und Radverkehr gegeben.
- Ein Gesamtplan für den Schienenverkehr mit Schwerpunkt auf Versuchen mit einer Schnellstraßenbahn/Stadtbahn ("sneltram") soll umgehend aufgestellt werden.
- Es sollen nur soviel Parkgelegenheiten angeboten werden wie unter dem Gesichtspunkt der Aufenthaltsqualität verträglich. Priorität wird dem Kurzparken, dem Geschäftsverkehr und Bewohnern gegeben. In der "Binnenstad" soll Langparken eingeschränkt werden.
- Es wird eine eigene Organisationseinheit für die Verwaltung und Kontrolle des Parkierens eingerichtet.

Das Gesamtverkehrskonzept hat drei Schwerpunkte:

- Weiterentwicklung und Ausdehnung des Trambahnsystems,
- Verbesserung der Bedingungen für den Fahrradverkehr und
- Parkplatzbewirtschaftung.

6. Weiterentwicklung und Ausdehnung des Trambahnsystems

Die Strategie ist - so heißt es bereits im Verkehrsentwicklungsplan 1978 - auf die Beeinflussung der Verkehrsmittelwahl gerichtet. Dazu wurde der Straßenbahnverkehr seit den siebziger Jahren in verschiedenen Bereichen verbessert:

- Eigene Bahnkörper und freie Gleiszonen für die Tram wurden auf weiteren mehr als 20 Kilometern Streckenlänge realisiert. Beachtenswert ist, daß dabei nicht unüberquerbare und städtebauliche Fremdkörper in den gegenüber den Auswirkungen des motorisierten Verkehrs überwiegend anfälligen Straßen entstanden, sondern es blieben Baumbestand, Geh- und Radwege erhalten. Im Gegenteil: Es wurde die Chance genutzt, Radwege neu anzulegen. Die nötigen Flächen wurden in der Regel von der Autofahrbahn abgenommen, auch wenn nur noch ein Fahrstreifen verbleibt. In einigen schmalen Straßenabschnitten wurde der Autoverkehr auf eine einspurige Einrichtungsfahrbahn neben dem Gleisbereich reduziert, aber selbstverständlich ein Radweg auch in Gegenrichtung neben der Straßenbahn eingerichtet (vgl. Abbildung 4).

  Musterbeispiel für eine solche Umgestaltung einer Verkehrsstraße in eine für Tram- und Fahrradverkehr bevorrechtigte "Hauptstraße" ist der "Binnenring", der innerhalb des äußeren Grachtenrings (Singel) verläuft.

- Bei der Schaffung eigener Gleiskörper wurde den Straßenbahnen gleichzeitig an den ampelgeregelten Kreuzungen Priorität eingeräumt. Mit Hilfe des Systems "VETAG" schalten die Ampeln, denen sich die Bahnen nähern, auf "freie Fahrt".
- Das Streckennetz der Tram wurde durch andere Abschnitte, insgesamt um über 10 Kilometer Neubaustrecke erweitert. Durch diese Streckenverlängerungen konnten unter anderem Verbindungen mit den neuen Bahnhöfen der Eisenbahn auf der Ringbahn hergestellt werden.

---

9   *Gemeente Amsterdam (Hrsg.)*, Verkeerscirculatieplan Amsterdam 1985, Amsterdam 1985.

- Eine größere Erweiterung des Tramnetzes wurde Ende 1990 mit dem Anschluß eines Siedlungsschwerpunktes am südlichen Stadtrand (Amstelveen) fertiggestellt (etwa 13 Kilometer Neubaustrecke). Hierbei wurde - was für die neuere Entwicklung der städtischen Schienenverkehrsnetze in den niederländischen Großstädten charakteristisch ist - ein kombiniertes, flexibles Bahnsystem eingeführt: Die Amstelveen-Verbindung wurde erstens über einen Abzweig von der vorhandenen Metrostrecke mit anschließendem Übergang auf einen eigenen Bahnkörper im Straßenniveau vorgenommen. Das erforderte ein Zweisystemfahrzeug (E-Stromversorgung), wie es auch bei der Stadtbahn Karlsruhe entwickelt wurde. Dieses neue, auch breitere (2,65 Meter) und damit komfortablere Fahrzeug wird "sneltram" genannt. Selbstverständlich wurden alle Kreuzungspunkte mit dem sonstigen Straßenverkehr mit Lichtsignalvorrangschaltung ausgestattet. Zweitens wurde die neue Strecke auch an das vorhandene Trambahnnetz konventionell angeschlossen, so daß sie von zwei verschiedenen Fahrzeugtypen befahren wird, was beim Bau der Bahnsteige berücksichtigt wurde (hoher und niedriger Teil).
- Zwei weitere Schnelltram-Linien mit zusammen rund 15 KilometernNeubaustrecke sollen bis 1995 realisiert werden. Bei der ersten handelt es sich um eine Streckenverlängerung in das westliche Neubaugebiet Sloten, wo rund 10.000 zusätzliche Wohnungen entstehen sollen. Das zweite Projekt ist eine Ringlinie auf dem seit 50 Jahren freigehaltenen Bahndamm, der breit genug angelegt wurde, um neben den Eisenbahngleisen auch noch zwei Stadtbahnspuren anlegen zu können. Eine solche Ringlinie wird aus stadtstrukturellen und verkehrlichen Gründen als eine sinnvolle Weiterentwicklung des Schienennetzes betrachtet. Die Schnittpunkte der Ringbahn mit den radialen Tram- und Eisenbahnlinien sind Standorte höchster Erreichbarkeit mit dem ÖPNV sowohl aus der Stadt als auch aus der Region. Daher werden an diesen Standorten seit mehr als zehn Jahren neue flächenintensive Arbeitsstätten angesiedelt[10].
- Für den Zeitraum nach 1995 ist ein weiterer Ausbau des Tramnetzes geplant - die Verlängerung der Ringlinie entlang der Wasserfront und ein Anschluß von Amsterdam-Nord (vgl. Abbildungen 5 und 6).

7. Verbesserung der Bedingungen für den Fahrradverkehr

In den Wohngebieten, die in der Nachkriegszeit entstanden, wurden auch Radwegenetze im Zuge des Aufbaus dieser Gebiete geschaffen, zum Teil entlang den Verkehrsstraßen, zum Teil als selbständig geführte Radwege. Auch zwischen den Stadtteilen im äußeren Stadtbereich sind viele Verbindungen vorhanden.

In der "Vorkriegsstadt" waren Radwege vor einigen Jahren noch kaum vorhanden. Die Straßen sind bis auf wenige Ausnahmen immer als "Mischverkehrsflächen" genutzt worden, was bei der quantitativen "Überlegenheit" des Radverkehrs, die sich dämpfend auf die Geschwindigkeit der motorisierten Fahrzeuge auswirkte, relativ problemlos war. So weist denn auch die offizielle Fahrradkarte von Amsterdam nicht nur die Radwege aus, sondern in erster Linie eine Einteilung der Straßen hinsichtlich ihrer Eignung für den Fahrradverkehr.

Der Verkehrsentwicklungsplan 1978 nannte ebenfalls die "Förderung des Fahrradklimas" an erster Stelle. Es sollten wieder mehr Straßen in der Innenstadt für das Radfahren empfohlen werden können. Dazu werden seit über zehn Jahren "fietsrouten" eingerichtet, die ein

---

10 *Gemeentevervoerbedrijf Amsterdam (Hrsg.)*, Twee railprojecten in Amsterdam, Amsterdam 1987.

weiträumiges Primärnetz für den Fahrradverkehr bilden sollen[11]. Die "fietsrouten" bestehen aus

- Verkehrsregelungen zur Verringerung des Kfz-Verkehrs, häufig als Einbahnstraßenabschnitte ohne Durchgangsverkehrsfunktion,
- von der Fahrbahn abmarkierten Radstreifen, bevorzugt in Gegenrichtung zur Einbahnstraße,
- eindeutiger Führung und möglichst bevorzugter Signalregelung für den Radverkehr an Kreuzungen mit Hauptverkehrsstraßen zur Verbesserung der Sicherheit und zur Verringerung von Wartezeiten,
- Vorfahrtsregelungen gegenüber kreuzenden Nebenstraßen, was allerdings in Konflikt mit Punkt 1 geraten kann, keinen Anreiz für Autodurchgangsverkehr zu eröffnen, und
- selbständigen Radwegen.

Diese in den überwiegend schmalen Straßen angelegten, nach und nach realisierten "fietsrouten" stellen keine vollständige "Separierung" des Fahrradverkehrs dar, wie sie etwa bei den Demonstrationsrouten in Den Haag und Tilburg verwirklicht wurde. Es ist noch immer eine flexible und damit "gemischte" Nutzung der Fahrbahn möglich (der Radstreifen wird auch einmal von Autos befahren oder kurz zum Ausladen benutzt). Der Vorteil ist aber, daß solche "fietsrouten" häufiger und leichter zu realisieren sind und daß die Beseitigung der gravierendsten Konflikte mit dem Autoverkehr im Vordergrund steht. Zur Realisierung der "fietsrouten" wurde 1979 die Werkgruppe "fiets" bei der Stadtverwaltung eingerichtet, an der auch der Fahrradverband (ENFB) mitwirkt. Dafür steht ein jährlicher Etat von etwa 3,5 Millionen Gulden zur Verfügung.

8. Parkplatzplanung, Bewirtschaftung und Kontrolle der öffentlichen Parkplätze in der Innenstadt

Entsprechend dem verkehrspolitischen Ziel, den langparkenden Berufspendlerverkehr in der Innenstadt zurückzudrängen und das illegale Parken auf Gehwegen, Radstreifen, Ladezonen und Fahrbahnen zu verhindern, wurden seit Ende der siebziger Jahre mehrere Maßnahmen ergriffen, die im folgenden dargestellt werden:

---

11 *Gemeente Amsterdam (Hrsg.)*, Amsterdam op de fiets, Amsterdam 1988.

Abbildung 4: Umbau von Verkehrsstraßen - Schaffung "freier Trambahnen" und "Fahrradrouten" in Amsterdam*

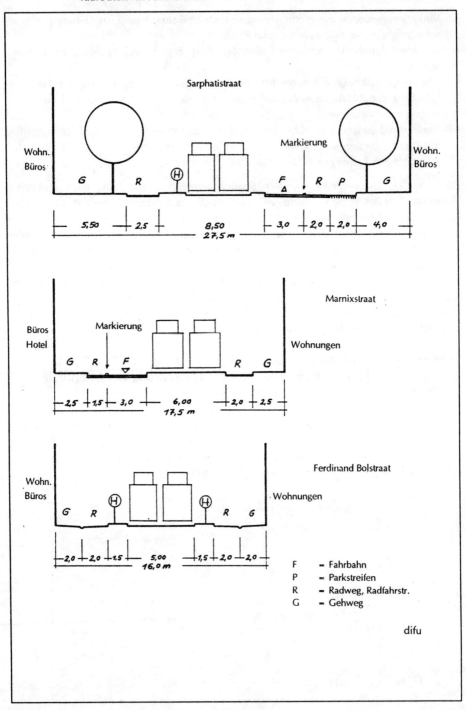

*Quelle: Darstellung des Deutschen Instituts für Urbanistik.

Die Erweiterung des Eisenbahn- und Trambahnnetzes in der Agglomeration Amsterdam*

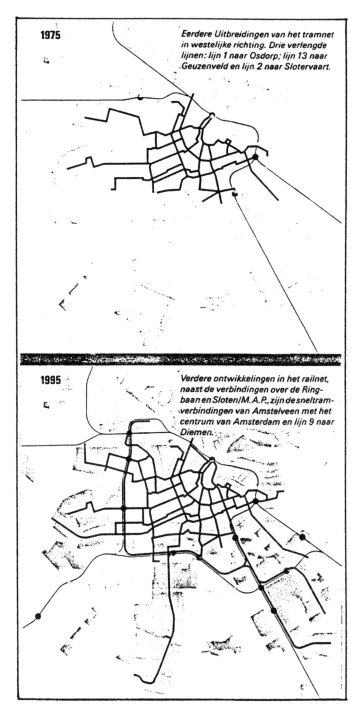

eentevervoerbedrijf Amsterdam (Hrsg.), Twee Railprojecten in Amsterdam, Amsterdam

Abbildung 6: Das bis 1995 vorgesehene Schienenverkehrsnetz in der Agglomeration Amsterdam*

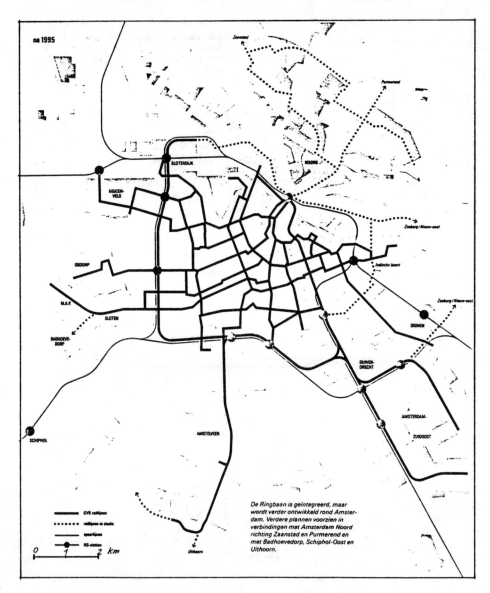

*Quelle: *Gemeentevervoerbedrijf Amsterdam (Hrsg.), Twee Railprojecten in Amsterdam*, Amsterdam 1987.

8.1 Parkierungsregelung durch Straßenprofilierung und Poller

Metallpoller ("Amsterdammertjes") werden seit 1972 in Amsterdam eingesetzt, um Parken auf Geh- und Radwegen zu verhindern. Seit Anfang der achtziger Jahre sind sie Bestandteil eines Konzepts der Neuaufteilung und Gestaltung der Straßenquerschnitte in der Innenstadt. Die meisten Innenstadtstraßen sind schmal und daher nur als Einbahnstraßen zu nutzen. Für diese Straßen wurde das Standard-Grachtenprofil entwickelt. Es besteht im Prinzip aus

- einem Gehweg von mindestens 1,50 Meter Breite,
- einer Fahrbahn von 3,50 Meter Breite,
- Parkstreifen, abhängig von der verfügbaren sonstigen Fläche.

Gehweg und Fahrbahn sind auf gleichem Niveau gepflastert und durch eine Pollerreihe getrennt.

Anders als das alte Profil mit vorwiegend 4 Meter breiter Fahrbahn und schmalerem Gehweg mit Bordstein bleiben die Grachtenstraßen mit dem neuen Profil frei von illegalem Parken. Die Erfahrung hat gezeigt, daß Fahrbahnen mit einer Breite von mehr als 3,50 bis 3,80 Meter von Falschparkern besetzt werden. Dies führt aber zu erheblichen Behinderungen für den Lkw-Verkehr, beeinträchtigt die Verkehrssicherheit und behindert den Fahrradverkehr. Dagegen ist eine Fahrbahnbreite von 3,50 Meter bei mäßiger Verkehrsmenge und -geschwindigkeit ausreichend für Auto-Einbahnverkehr und Fahrradverkehr in beiden Richtungen.

Beträgt die Gesamtbreite zwischen den Hausfluchten weniger als 7,50 Meter, dann wird das Profil der parkierungsfreien Straße geschaffen:

- die gesamte Straße ist auf gleichem Niveau gepflastert;
- die Fahrbahnbreite beträgt 3,50 Meter;
- zwischen Gehweg und Fahrbahn befinden sich Pollerreihen;
- der Autoverkehr ist in einer Richtung, Radverkehr in beiden Richtungen zugelassen.

Die Anlieferung von Waren findet in der Regel auf der Fahrbahn statt. Nachfolgende Fahrzeuge warten. Aber solche Straßenabschnitte sind meistens nur kurz oder haben wenig Anlieferungsbedarf. Bei größerem Bedarf werden abschnittsweise einige Parkplätze zum Entoder Beladen reserviert, zum Teil mit Antiparkierungsbügeln ausgestattet, die vom Schlüsselbesitzer flachgelegt werden können.

Beinahe in der gesamten "Binnenstad" von Amsterdam ist die neue Straßenprofilierung mit Hilfe von Pollern bereits abgeschlossen. Damit wurde die Zahl der legalen Parkplätze merklich verringert, "illegale Parkplätze" sind fast ganz verschwunden. Insgesamt wurde die Zahl der maximal gleichzeitig parkenden Fahrzeuge im öffentlichen Straßenraum der "Binnenstad" von rund 28.000 (1975) um etwa 8.000 (bis 1989) verringert. Außerhalb des Straßenraumes entstanden während dieser Zeit in Garagen und Parkhäusern neue Stellplätze. Seit 1980 wurden etwa 2.000 Plätze gebaut, davon sind 1.300 öffentlich zugänglich (Stand: Ende 1989).

8.2 Parkplatzbewirtschaftung

Um die zersplitterten Zuständigkeiten für das Parken zusammenzufassen und eine effektive Kontrolle ausüben zu können, wurde im Jahre 1984 eine neue Organisationseinheit "Dienst Parkeerbeheer" (Parkierungsverwaltung) gegründet. Ihre Aufgaben umfassen

- Einrichtung und Regelung der Parkplätze im öffentlichen Raum,
- Verwaltung sonstiger Parkplätze,
- Kontrolle und Verfolgung von Falschparkern,
- Information der Öffentlichkeit.

Der Parkierungsverwaltung wurden folgende Richtlinien vorgegeben:

- Zurückdrängen der Nachfrage von Arbeitspendlern in der Innenstadt,
- Regulierung der Parkplätze für den essentiellen Autoverkehr (Anlieferung, Geschäftsverkehr, Anwohner, Behinderte),
- Regulierung und Kontrolle des Parkens zur Verbesserung der Verkehrsabwicklung von Tram und Bus,
- Freihalten von Fahrradwegen und -routen.

Stand der Bewirtschaftung 1989

Bis auf ein Teilgebiet mit vorwiegender Wohnnutzung (Nördlicher Jordaan) und das Hafengebiet ist die gesamte übrige "Binnenstad" (rund 5,0 Quadratkilometer) bewirtschaftet. Das heißt, alle Parkplätze im öffentlichen Raum unterliegen einer generellen Parkzeitbegrenzung auf maximal vier Stunden und einer Gebührenregelung durch Parkuhren oder neuerdings vorwiegend Parkautomaten. Die Parkgebühr beträgt 2,50 Gulden pro Stunde (umgerechnet 2,25 DM), die Tageskarte kostet 17,50 Gulden. Man kann auch eine Wochenkarte für 80 Gulden oder eine Monatskarte für 325 Gulden kaufen; Behinderte zahlen den halben Preis.

Für Bewohner und Betriebe gibt es Vergünstigungen. Vergünstigungen werden auf das Kfz-Kennzeichen ausgeschrieben. Es gibt nur eine Vergünstigungskarte für Betriebe mit bis zu 50 Beschäftigten; bei größeren Betrieben eine Karte pro 50 Beschäftigte. Die Vergünstigung berechtigt zum Parken auf den Parkometerplätzen, aber nur in der "Wohnzone" (die Innenstadt ist in neun Zonen unterteilt). Für Bewohner kostet diese Karte 27,50 Gulden pro Monat (umgerechnet rund 25 DM), für Betriebe das Doppelte.

Im März 1989 waren in acht Zonen der Innenstadt insgesamt 8.560 Parkometerparkplätze vorhanden, gleichzeitig waren 8.135 Vergünstigungskarten ausgegeben worden (zwei Drittel davon für Anwohner). Nach einer Erhebung aus dem Jahr 1988 wird tagsüber etwa die Hälfte aller Parkplätze von "Begünstigten" belegt. Entsprechend einem Ratsbeschluß soll die Zahl der ausgegebenen Vergünstigungen die Zahl der Parkplätze je Zone nicht überschreiten, damit alle Anwohner mit Lizenz eine Chance haben, abends oder nachts einen Parkplatz zu finden. Dies hat dazu geführt, daß rund 200 Antragsteller auf eine Vergünstigungskarte warten müssen.

8.3 Parkierungskontrolle

Bei der Parkierungskontrolle gibt es zwei Aufgabenschwerpunkte:
- die Parkometerplätze und
- die Halteverbotszonen entlang von Tramlinien.

Parkometerkontrolle

In den schon genannten neun Zonen der Innenstadt, der "Wielklemzone", wird täglich nach zwei verschiedenen Methoden kontrolliert, einer fiskalischen und einer strafrechtlichen. Die erste wird mit den aus London und Paris bekannten gelben Radklemmen ("wielklem") vollzogen. Eine Kontrollgruppe besteht aus zwei Personen mit einem kleinen Spezialwagen. Sie bringt, wenn der Parkometer nicht bezahlt ist, am Fahrzeug eine Radklemme an und stellt einen Zettel aus. Wenn der Kraftfahrer an seinen Wagen zurückkommt, findet er einen Hinweis vor, daß er die aufgelaufene Parkgebühr im nächstgelegenen Büro von Dienst Parkeerbeheer bezahlen kann, damit die Parkklemme sogleich entfernt wird. Es gibt zehn "Bezahlbüros" in der Innenstadt, so daß der Weg zum nächstgelegenen nur kurz ist, daß heißt maximal fünf Minuten erfordert. Die Gebühr richtet sich nach der abgelaufenen Parkzeit. Im Durchschnitt werden rund 15 Gulden bezahlt. Pro Tag werden zwischen 300 und 400 Radklemmen angebracht. Der organisatorische Schwachpunkt dieses Systems beginnt am Abend. Bis 18 Uhr müssen die Klemmen beseitigt und dafür Strafzettel ausgeschrieben werden.

Halte- und Parkverbotszonen, insbesondere zugunsten von Tramlinien

In Halte- oder Parkverbotszonen werden keine Radklemmen eingesetzt. Hier werden Strafzettel ausgeschrieben (Verwarnungsgeld 35 Gulden); pro Werktag kommen insgesamt rund 500 Strafzettel einschließlich der Zettel bei Radklemmkontrollen zusammen.

In Halteverbotszonen bei Tramlinien, auf Grachtenbrücken, in Ladehöfen und Fußgängerstraßen begnügt man sich nicht mit Strafzetteln. Hier wird abgeschleppt. Dazu stehen kleine, wendige Kranwagen zur Verfügung, die am Werktag durchschnittlich über 100 Wagen abschleppen. Die Kosten für den Fahrzeugbesitzer sind hoch: 240 Gulden.

Personalbestand

Die Parkierungsverwaltung erreichte bis zum Jahre 1989 einen Personalbestand von rund 300 Mitarbeitern. 100 Parkierungskontrolleure wurden bereits 1984 von der Polizei übernommen. Im Außendienst sind 230 Mitarbeiter tätig, davon 120 für die allgemeine Parkierungskontrolle, 60 für den Abschleppdienst und 50 für den Radklemmdienst.

Ausgaben und Einnahmen

Eine kommunalpolitische Vorgabe war, daß die Parkierungsverwaltung mindestens kostendeckend arbeiten sollte. Dies wurde erreicht, obwohl in den Niederlanden die Verwarnungsgelder vom Staat und nicht von der Gemeinde eingenommen werden.

Tabelle 4: Ausgaben und Einnahmen der Parkierungsverwaltung im Jahre 1987, in Mio. Gulden*

	Ausgaben	Einnahmen
Kosten		
Personalkosten	11,9	
Kapitalkosten (Parkometer, Radklemmen, Fahrzeuge)	1,4	
übrige Kosten	5,1	
Einnahmen		
Parkgebühren (Parkometer)		9,2
Parkgebühren (bewachte Parkplätze)		2,7
Abschleppgebühren		4,3
Beitrag vom Staat		1,8
Beitrag vom Verkehrsbetrieb		0,5
Insgesamt	18,4	18,6

*Quelle: Nach *Jaarsverslag 1987*, Dienst Parkeerbeheer 1987.

8.4 Die zukünftige Gestaltung des Stadtzentrums und die Funktion der Parkierungsverwaltung

Der Bürgermeister und die Dezernenten legten dem Gemeinderat im Jahre 1989 ein Grobkonzept für die Weiterentwicklung des Stadtzentrums vor, das den bemerkenswerten Titel "Zu einem hochwertigen öffentlichen Raum im Stadtkern" trägt.

Die Maßnahmen orientieren sich an folgenden Überlegungen: Die Position der Innenstadt als ökonomisches und kulturelles Zentrum der Stadt und der ganzen Agglomeration solle erhalten bleiben, dazu trage ein gut eingerichteter und gepflegter öffentlicher Raum bei, da er für das ungestörte Funktionieren und das Image der Stadt von großer Bedeutung sei. Es wurde ferner ausgeführt, daß die Aufenthaltsqualität für Fußgänger verbessert werden müsse durch mehr Fußgängerstraßen, breitere Bürgersteige, durch das Verhindern von Parken auf Plätzen, längs der Bordsteine usw.

Zweitens solle die Erreichbarkeit des Zentrums mit der Tram und dem Fahrrad verbessert werden. Die Nutzung des Pkw auf dem Weg zum Arbeitsplatz sei weiter zu verringern, damit die Erreichbarkeit für "Autoverkehr mit hohem ökonomischem Nutzen" verbessert werde. Das Parken solle in der engeren Innenstadt in Garagen oder Parkhäusern konzentriert werden, im Straßenraum prinzipiell nur noch für Liefervorgänge und andere wichtige Dienste erlaubt sein. Die Parkierungsverwaltung soll dafür eine "stringente Handhabung" einführen. Um teilweise einen Ersatz für die entfallenden Parkplätze (Kurzparker und Anwohner) zu schaffen, sollen noch zwei Garagen gebaut werden. Eine davon befand sich 1989 im Bau (am Hauptbahnhof).

9. Einheitliche Standort- und Verkehrsplanung - das Ringbahnzentrenkonzept

Durch den großen Anteil an erhaltenswerter Bausubstanz und Wohnnutzung in der Innenstadt sowie durch die kritische Haltung der Bevölkerung gegenüber kommerziellen Umnutzungen wurden der Ausdehnung von Bürobauten in der Innenstadt schon seit längerem Grenzen gesetzt. Auf 800 Hektar Fläche wohnen 70.000 Einwohner, befinden sich die Arbeitsplätze von 86.000 Beschäftigten. Zum Vergleich: In der Hamburger City (innerhalb des Wallrings) haben 180.000 Berufstätige ihren Arbeitsplatz auf einer kleineren Stadtfläche. In der Amsterdamer "Binnenstad" konnte also eine Nutzungsmischung erhalten werden, die als ein Kennzeichen und als Voraussetzung vonUrbanität angesehen wird. Daß dies gelingen konnte und auch die Schaffung von Büroraum in den innenstadtnahen Wohnquartieren begrenzt wurde, hängt mit der Entwicklung neuer Arbeitsstättenstandorte an der Ringbahn zusammen.

Auf der um die "Vorkriegsstadt" laufenden und seit den zwanziger Jahren freigehaltenen Ringbahntrasse werden seit den siebziger Jahren Eisenbahnlinien und gegenwärtig auch Schnelltramlinien ausgebaut. Die Schnittpunkte der Ringbahn mit den radialen Tramlinien sind Standorte höchster Erreichbarkeit mit dem ÖPNV in der gesamten Stadtregion. An diesen Schnittpunkt-Bahnhöfen werden seit den siebziger Jahren neue Arbeitsstätten und zentrale Einrichtungen konzentriert, wie zum Beispiel das Kongreßzentrum (RAI), das World Trade Centrum, die "Vrije Universiteit" und das Telekommunikationszentrum "Teleport"[12] (vgl. Abbildung 7).

Diese neuen großen Arbeitsstätten werden nach voller Inbetriebnahme der Eisenbahn- und Schnelltramlinien über die Ringbahn hervorragend mit dem ÖPNV erreichbar sein. Dies gilt auch für das Fahrrad, da die Distanzen sowohl von den alten Stadtteilen als auch von den Neubauwohngebieten nur mäßig sind.

Auch die Erreichbarkeit dieser Arbeitsstätten für den nicht verlagerungsfähigen, notwendigen Anteil des Kfz-Verkehrs ist gegeben, da die Ringautobahn fast alle Standorte tangiert.

Ende der achtziger Jahre wurde das Konzept der Ringbahnzentren ergänzt, indem ein Entwicklungsgebiet entlang des nördlichen Teils der Ringbahn auf den alten, innenstadtnahen Hafenanlagen einbezogen wurde. Entlang der Wasserfront sollen neue Wohn- und Arbeitsstätten sowie kulturelle Einrichtungen entstehen. Dieses Entwicklungsband soll neben der Eisenbahn durch einen Boulevard mit Schnellstraßenbahn erschlossen werden[13].

Die Vorzüge eines solchen Zentrenkonzepts sind deutlich:

- Die herkömmlichen, radial auf das Zentrum ausgerichteten ÖPNV-Netze müssen in Anpassung an veränderte Stadtstrukturen ohnehin zu komplexeren Netzen verknüpft werden, die neben radialen auch tangentiale Verbindungen anbieten.
- Die neu entstehenden Knotenpunkte im ÖPNV-Netz sind Standorte hoher Erreichbarkeit. Sie bieten sich an für Einrichtungen mit hohem spezifischen Personenverkehrsaufkommen, mit dem ein großer ÖPNV-Nutzungsgrad erreichbar ist.
- Solche Knotenpunkt-Standorte außerhalb der Innenstadt können neue Bürobauten und ähnliche Ansiedlungen aufnehmen, die der Innenstadt (Altstadt) schaden würden. Sie

---

12 Gemeente Amsterdam (Hrsg.), Structuurplan Amsterdam. Deel C-Werken in Amsterdam, Amsterdam 1981.
13 Gemeente Amsterdam (Hrsg.), De IJ-As. Perspectief voor Amsterdam, Amsterdam 1988.

sind auch eine Voraussetzung dafür, daß innenstadtnahe Wohnquartiere nicht für Büroraum umgenutzt werden.
- Ein auf das ÖPNV-Netz abgestimmtes Zentrenkonzept ist aber auch als Alternative zu möglichen dispersen Ansiedlungen neuer Bürohauskomplexe am Stadtrand erforderlich.

Neben diesen Vorteilen eines Bahnknoten-Zentrenkonzepts bestehen gegenüber einer Ansiedlung von neuen Arbeitsstätten im Stadtzentrum auch Nachteile bzw. Gefahren:

- Außerhalb des Stadtzentrums lassen sich gewöhnlich eher als im Stadtzentrum Stellplätze für die Beschäftigten neuer Betriebe erstellen. Dies würde aber den Zielen eines möglichst hohen Nutzungsgrades des ÖPNV und des Fahrrads im Berufsverkehr zuwiderlaufen.
- Dieser Gefahr kann man nur durch eine entsprechende kommunale Stellplatzsatzung für die Zentrengebiete begegnen. Sie hat unter anderem festzulegen, welche maximale Zahl von Stellplätzen bei welcher Nutzungsart in welchem Gebiet eingerichtet werden darf[14].

10. Erfolge der Amsterdamer Verkehrspolitik und Stadtplanung

10.1 Innenstadtentwicklung

Die Flächen für den Autoverkehr (sowohl Fahrbahn- als auch Parkierungsflächen) wurden in der Innenstadt seit mehr als zehn Jahren verkleinert zugunsten des Tram-, Bus-, Fahrrad- und Fußgängerverkehrs. Die baulichen Umgestaltungen der Straßen und die effiziente Parkierungskontrole haben in erster Linie den Berufspendlerverkehr mit dem Auto zurückgedrängt, während essentielle Kfz-Verkehre wie der Lieferverkehr, der Geschäftsverkehr im engeren Sinne, Transport von Behinderten usw. bessere Bedingungen erhielten.

Diese für den Autoverkehr zum Teil restriktive Verkehrsregelung hat sich auf die Entwicklung der Innenstadt nicht negativ ausgewirkt. Im Gegenteil: Die Innenstadt ist weiterhin das mit großem Abstand attraktivste Zentrum des Landes. Trotz Abnahme der Zahl der Arbeitsplätze aufgrund des gewachsenen spezifischen Flächenbedarfs ist die Gesamtzahl der Menschen, die täglich in die Innenstadt kommen, nicht geringer geworden. Denn zugenommen hat vor allem die Zahl der Besucher von kulturellen Einrichtungen und Restaurants[15]. Werktags kommen mehr als 300.000 Menschen in die "Binnenstad"; darunter sind 75.000 bis 80.000 Arbeitspendler und etwa 200.000 Personen, die einkaufen oder private Erledigungen und Besuche machen. Über 60 Prozent des gesamten Zielverkehrs der "Binnenstad" wird mit Bahn und Bus abgewickelt, weitere 20 bis 25 Prozent kommen per Fahrrad oder zu Fuß, und nur 15 bis 20 Prozent benutzen das Auto oder ein Motorrad[16].

---

14 Vgl. *Dieter Apel und Michael Lehmbrock*, Stadtverträgliche Verkehrsplanung. Chancen zur Steuerung des Autoverkehrs durch Parkraumkonzepte und -bewirtschaftung, Berlin 1990, Deutsches Institut für Urbanistik.
15 Siehe *Binnenstad Amsterdam*. Periodieke Rapportage 1987, Dienst Ruimtelijke Ordening Amsterdam, Amsterdam 1988. S. 247.
16 Vgl. Tabelle 5.

Abbildung 7: Strukturplan Amsterdam - Arbeitsstätten-Schwerpunkte und Schienenverkehrsnetz*

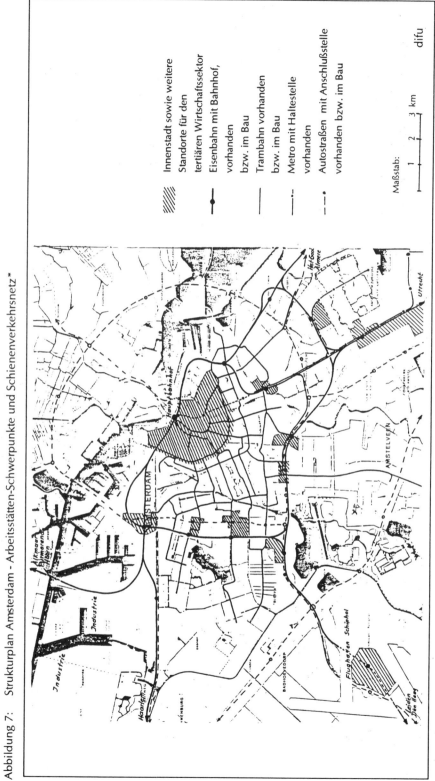

*Quellen: Darstellung des Deutschen Instituts für Urbanistik nach *Gemeente Amsterdam (Hrsg.), Structuurplan Amsterdam. Deel C-Werken in Amsterdam, Amsterdam 1981; Dienst Ruimtelijke Ordening Amsterdam (Hrsg.), Concept Structuurnota verkeer en vervoer, Amsterdam 1982.*

10.2 Verkehrsmittelnutzung

Zu Beginn der privaten Motorisierung - im Jahre 1960 - legten die Einwohner der Stadt Amsterdam ihre alltäglichen Wege noch vorwiegend nichtmotorisiert zurück. Das Fahrrad war das Hauptverkehrsmittel. Mit dem Rad wurden täglich doppelt so viele Wege gemacht wie mit den öffentlichen Verkehrsmitteln (vgl.Tabelle 6 und 7).

Bis 1977 setzte dann mit der starken Zunahme des Pkw-Bestandes und der Ausdehnung der Siedlungsfläche ein rapider Wandel ein. Der Pkw-Verkehr steigerte sich erheblich, Fahrrad- und Fußgängerverkehr nahmen zusammen rund 20 Prozentpunkte ab.

Tabelle 5: Zielverkehr "Binnenstad" Amsterdam[1], nach benutzten Verkehrsmitteln an einem Werktag 1988*

	Zahl der Personen[2]	
	abs.	%
Eisenbahn, Tram, Bus	200.000	60
Fahrrad und zu Fuß	70.000	20-25
Auto, Motorrad, Moped	60.000	15-20
Insgesamt	330.000	100

difu

*Quelle: Überschlägige Ermittlung des Deutschen Instituts für Urbanistik aus unterschiedlichen Quellen; Zählungen der ein- und aussteigendenden Personen an den Haltestellen von Bahn und Bus, Straßenquerschnittszählungen an der Singelgracht, Zählungen der Parkvorgänge in der Innenstadt u.a.

1 Innenstadt innerhalb Singelgracht ohne den Verkehr der 70.000 Bewohner der Innenstadt.
2 In runden Zahlen.

1977 war ein Wendepunkt in der Verkehrsentwicklung. Der Pkw erreichte seinen bisher höchsten Verkehrsanteil. Seit 1977 wirkte sich neben anderen Einflüssen die neue kommunale Verkehrspolitik der Förderung des öffentlichen und nichtmotorisierten Verkehrs aus: Zwischen 1977 und 1982 sank der Pkw-Verkehrsanteil wieder etwas. Der Fahrradverkehr nahm dagegen wieder zu. Seit 1982 hat sich der Modal-Split der Einwohner Amsterdams nur gering verändert.

Was dank der neuen Kommunalen Verkehrspolitik seit 1978 sowie aufgrund der stadtplanerischen Bemühungen um eine urbane Stadtstruktur und kompakte Stadtform an Autoverkehrsentlastung erreicht wurde, läßt sich erst in der Gegenüberstellung mit vergleichbaren Städten erkennen (vgl. Tabelle 8). Durch den relativ großen Anteil des Fahrrad- und des öffentlichen Verkehrs in Amsterdam ist der Pkw-Verkehrsanteil beträchtlich kleiner als in allen großen westdeutschen Städten. Nur in großen ostdeutschen Städten, wie zum Beispiel Leipzig, sind Auto- und ÖPNV-Anteil derzeit etwa gleich groß (vgl. Tabelle 8).

Tabelle 6: Werktägliche Wege der Einwohner Amsterdams, nach Transportmitteln, in %*

Transportmittel	Jahr			
	1960	1977	1982	1989[1]
Zu Fuß	30	25	24	23
Fahrrad und Mofa	35	21	23	23
Bahn und Bus	15	20	23	23
Auto	20	34	30	31
	100	100	100	100
				difu

*Quelle: Nach *Dienst Ruimtelijke Ordening (Hrsg.)*, AVERIMO, Amsterdam 1980; Kengetallen Amsterdam Rapport 1980, Amsterdam 1982; VCP EVALUATIE 1982, Concept, Afdeling Verkeer en Vervoer März 1983, sowie Berechnungen des Deutschen Instituts für Urbanistik.

1 Angaben auf-/abgerundet.

Tabelle 7: Mit dem städtischen Verkehrsbetrieb (GVB) in Amsterdam[1] beförderte Personen, in Mio.*

Jahr	Beförderte Personen
1960	148
1973	190
1979	222
1981	225
1989	218

*Quelle: Nach *Gemeentevervoerbedrijf Amsterdam (Hrsg.)*, Concept Produktieplan 1991, Amsterdam 1990.

1 Einflußgebiet: Gemeinde Amsterdam plus Nachbargmeinden mit zusammen etwa 800.000 Einwohnern.

Tabelle 8: Verkehrsmittelnutzung im Städtevergleich, in %*

Stadt	Erhebungsjahr	Verkehrsmittelanteile[1]			
		Pkw	zu Fuß	Fahrrad	ÖPNV
Amsterdam	1989	31	23	23	23
München	1989	40	24	12	24
Stuttgart	1989	43	29	5	23
Hannover	1989	39	23	16	22
Nürnberg	1989	44	25	12	19
5 große Städte in NW[2]	1985	47	28	7	18
Leipzig	1987	28	33	6	33
Leipzig	1990	32	35	9	24
Zürich	1988	29	25	4	42
					difu

*Quellen: Amsterdam: Unterlagen der Stadtverwaltung und Berechnungen des Deutschen Instituts für Urbanistik; München, Stuttgart, Hannover, Nürnberg: Socialdata (Hrsg.), Mobilität in Leipzig, München 1990, S. 18; 5 große Städte in NW: Minister für Stadtentwicklung und Verkehr des Landes NW (Hrsg.), Generalverkehrsplan Nordrhein-Westfalen, Düsseldorf 1990, S. 98; Leipzig: Socialdata (Hrsg.), Mobilität in beiden Teilen Deutschlands, Dresden, Technische Universität Dresden, S. 16; Zürich: Socialdata (Hrsg.), Zahlen und Fakten zur Mobilität, Freiburg 1990, S. 20.

1 Werktägliche Wege der Einwohner der Stadt.
2 Mittelwert der Städte Köln, Düsseldorf, Duisburg, Dortmund, Essen.

1
Altstadt Amsterdam,
eigener Bahnkörper
der Tram.

2
Der überwiegende
Teil der Straße ist der
Tram reserviert.

3
Abgegrenzte Gleiszone der Tram.

4
Hauptverkehrsstraße mit Tram: eine Fahrspur, Radfahrstreifen.

5
Fahrradroute in einer Fußgängerstraße.

6
Fahrradroute in einer Einbahnstraße.

7
Parkierungsregelung durch das "Standard-Grachtenprofil" in Amsterdam.

8
Durch Bemessung der Fahrbahnbreite auf 3,50 bis 3,80 Meter wird illegales Parken auf der Fahrbahn verhindert, aber eine Begegnung von Auto und Fahrrad bei mäßigem Tempo ermöglicht.

9
"Parkierungsfreie Straße": Bei Straßenbreiten unter 7,50 Meter wird Parken ausgeschlossen.

10
"Parkierungsfreie Straße" als Bestandteil des Hauptfahrradnetzes - für die Belieferung der Geschäfte ist eine "verschließbare" Ladebucht vorgesehen.

11
Parkierungskontrolle in Amsterdam: Radklemme erzwingt Zahlung der Parkgebühr.

12
Darstellung der Parkierungsbehörde in Amsterdam.

Stockholm

1. Die städtebauliche Entwicklung

Stockholm ist mit 670.000 Bewohnern und rund 500.000 Arbeitsplätzen das Zentrum einer Agglomeration von etwa 1,5 Millionen Einwohnern (Stor-Stockholm)[1]. Rund 220.000 Arbeitspendler kommen an Werktagen aus den benachbarten Gemeinden und dem weiteren Umland ins Stadtgebiet.

Die schwedische Hauptstadt war bis in die vierziger Jahre ebenso wie mittel-, west- und südeuropäische Städte sehr dicht bebaut und hatte eine hohe Bewohnerdichte. Um die Jahrhundertwende hatte Stockholm bereits rund 300.000 Einwohner auf einer Fläche von nur rund 15 Quadratkilometern. Die höchste Einwohnerzahl im kommunalen Gebiet der Stadt Stockholm war Anfang der vierziger Jahre mit rund 800.000 erreicht. Seitdem hat die Bewohnerdichte in der inneren Stadt (Inre Staden, 35 Quadratkilometer) von 460.000 auf 240.000 (Jahr 1989) abgenommen. Die Zahl der Arbeitsplätze stieg dagegen auf rund 260.000.

Die derzeitige städtebauliche Struktur Stockholms läßt sich mit einem einfachen Schema darstellen (vgl. Abbildung 8):

- die dichtbewohnte Innenstadt mit einem Durchmesser von 4 bis 5 Kilometern, die bis etwa 1930 entstand ("Stenstaden"),
- die Gartenvorstädte, die um Haltestellen der Eisenbahn und früherer Tramlinien etwa ab 1920 entstanden sind,
- die Großsiedlungen der Nachkriegszeit, die von der Stadtbahn erschlossen werden,
- und die sternförmige regionale Entwicklung entlang der Eisenbahnlinien.

Die schwedische Hauptstadtregion ist in den vergangenen Jahrzehnten permanent und stärker als andere schwedische Regionen gewachsen. Prognosen besagen, daß diese Entwicklung sich fortsetzen oder noch verstärken wird. Die zukünftige jährliche Zuwachsrate an Arbeitsplätzen im Land Stockholm (Stockholm Län) wird mit über 5000 angegeben[2].

---

1 Der Verwaltungsbezirk bzw. das Land "Stockholms Län" hat über 1,6 Millionen Einwohner.
2 *Göran Langsved,* New Traffic Planning in the City of Stockholm. Vortrag bei der Friedrich Ebert Stiftung, Lissabon, April 1990.

Abbildung 8: Schema der städtebaulichen Struktur Stockholms*

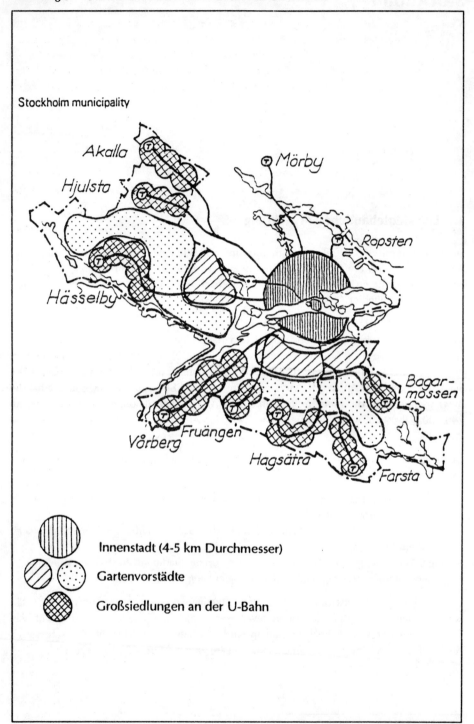

*Quelle: *Stockholm City Streets and Traffic Administration (Hrsg.)*, Traffic Planning in Stockholm, Stockholm 1981.

2. Koordinierte Siedlungs- und Verkehrsplanung

Die große Wohnungsnachfrage Anfang der vierziger Jahre und die Notwendigkeit der Erschließung neuer Siedlungsgebiete mit öffentlichen Verkehrsmitteln führten zur Konzeption der Stadtbahn und der Koordination von Siedlungs- und Trassenplanung. Bereits 1945 begann der Bau der "Tunnelbana", die in den äußeren Stadtgebieten aber vorwiegend oberirdisch verläuft, da die Trassenplanung frühzeitig vor Beginn des Siedlungsbaus und in Abstimmung mit der städtebaulichen Planung erfolgte. Die einzelnen Siedlungseinheiten konnten dadurch um die Stadtbahnhöfe entwickelt und die Stadtbahnhöfe in die Versorgungszentren der neuen Stadtteile integriert werden. Auch wurden die Geh- und Radwege, die von den Wohnungen zum Bahnhof führen, vom Kfz-Verkehr weitgehend getrennt.

Diese optimale Koordinierung von Stadtbahn- und Siedlungsplanung während der expandierenden Stadtentwicklung der fünfziger und sechziger Jahre machte Stockholm damals zum Mekka der Stadt- und Regionalplaner.

Das Streckennetz der kreuzungsfreien Stadtbahn erreichte 1980 eine Länge von über 100 Kilometern mit 94 Bahnhöfen. Das ist beachtlich im Vergleich mit U-Bahn-Netzen anderer großer Städte (U-Bahn Hamburg 93 Kilometer, U-Bahn München 51 Kilometer), und war auch nur aufgrund der relativ niedrigen Baukosten für die großenteils oberirdischen Trassen zu realisieren.

3. Autobahnbau

Trotz dieser besten Voraussetzungen für ein leistungsfähiges Hauptverkehrssystem auf der Schiene plante Stockholm in den sechziger Jahren zusätzlich, wie andere Städte auch, ein großzügiges Netz von Autobahnen und anderen neuen Hauptverkehrsstraßen für den Kfz-Verkehr. Der Regionalplan von 1966 sah neben den nach Stockholm führenden Autobahnen einen Ring um die innere Stadt (etwa 6 Kilometer Durchmesser) und weitere Ringverbindungen in größerem Abstand von der Stadtmitte vor. Dieses System wurde nur zum Teil ausgeführt (vgl. Abbildung 9). Der Bau der Autobahnen hat aber gleichwohl erheblich dazu beigetragen, daß der Autoverkehr bis in die Innenstadt hinein schon in den sechziger Jahren einen großen Umfang erreichte, der sich in den siebziger Jahren nur noch wenig erhöhte.

4. Die neue Verkehrspolitik in den siebziger Jahren

Die negativen Auswirkungen des motorisierten Individualverkehrs - Lärm, Luftschadstoffe, Unfälle und Behinderung der öffentlichen Verkehrsmittel - sowie die Zerschneidung von städtischen und landschaftlichen Räumen und Beziehungen durch die Autobahnen führten während der siebziger Jahre zu einer Änderung der verkehrspolitischen Ziele. Die bisher vernachlässigten Aspekte und die bisher benachteiligten Verkehrsteilnehmer wie Fußgänger, Radfahrer, Nutzer von Bus und Bahn rückten in den Vordergrund. Die neue Verkehrspolitik wurde mit dem "Trafikplan 1977" dokumentiert.

Zu den neuen Zielsetzungen gehörten vor allem folgende: Fernhalten von durchgehenden Autoverkehrsströmen aus Wohngebieten, Verlangsamung des Straßenverkehrs in Wohngebieten, Erhöhung der Verkehrssicherheit, Verringerung von Lärm und Immissionen, Vorrang für die öffentlichen Verkehrsmittel und bessere Bedingungen für den Rad- und Fußgängerverkehr. Besonders bemerkenswert ist die Ausweisung von durchgangsverkehrsfreien Stadtteilen im Trafikplan 1977. Was in der Bundesrepublik ab etwa Mitte der siebziger Jahre unter dem Stichwort "Verkehrsberuhigung" diskutiert wurde, wurde bereits 1972 in einem Stockholmer Distrikt (Östermalm) unter dem Begriff "Verkehrssanierung" praktiziert. Verkehrssanierung meint nicht nur Verlangsamung des Kfz-Verkehrs, sondern auch Verhindern von unerwünschtem Durchgangsverkehr durch Eingriffe ins Straßennetz.

Bemerkenswert ist ferner, daß der "Trafikplan 1977" mit intensiver Bürgerbeteiligung aufgestellt wurde. Dazu wurden zu neun verschiedenen Sachthemen Beratungsgruppen, besetzt mit Vertretern von Bürgergruppen und Organisationen sowie mit Verwaltungsangehörigen, eingerichtet.

5. Parkierungspolitik

Im Herbst 1980 beschloß der Gemeinderat, den Autoverkehr in der gesamten Innenstadt (das heißt etwa auf 18 Quadratkilometern) um 20 Prozent zu reduzieren - und dies in erster Linie mit Instrumenten der Parkierungspolitik. Wichtigste Elemente der Parkierungspolitik sollten sein:

- eine generelle Erhebung von Parkgebühren und eine deutliche Erhöhung der Gebühren,
- Bevorrechtigungen für Anwohner und
- spezielle Erleichterungen für den Lieferverkehr.

Im Jahre 1989 war folgender Stand erreicht: In die Bewirtschaftung der öffentlich zugänglichen Parkplätze war die gesamte Innenstadt im Umkreis von rund 2,5 Kilometern um die Stadtmitte, also ein erheblich größeres Gebiet als die City selbst, einbezogen. Es wurde ein sehr klares und einfaches System der Bewirtschaftung entwickelt, nämlich die Regelung über den Preis. Dafür wurden viele Einzelbestimmungen wie Parkdauerbeschränkungen und ähnliches abgeschafft. Die Parkplatzbewirtschaftung besteht aus folgenden Elementen:

- In der gesamten Innenstadt besteht werktags von 8.00 bis 18.00 Uhr ein generelles Parkverbot.
- Ausgenommen sind Parkplätze an Parkuhren und Parkautomaten. Hier gilt eine gestaffelte Parkgebühr auf relativ hohem Tarifniveau: von 10 Kronen pro Stunde (etwa 3 DM) in der City bis 5 Kronen pro Stunde in den Wohnbereichen der Innenstadt.
- Anwohner mit spezieller Berechtigungskarte für ein bestimmtes Quartier können an den Parkuhren zu ermäßigter Gebühr parken. Sie haben die Wahl zwischen einem Tagesparkschein für 10 Kronen (etwa 3 DM) oder einer Monatskarte für 150 Kronen (etwa 45 DM).
- Bei der Parkierungskontrolle sind die Verwarnungsgelder und Bußen vergleichsweise hoch: mindestens 225 Kronen (etwa 70 DM).
- Die Normen für die Schaffung von Bauplätzen beim Neubau von Gebäuden wurden für das Gebiet der Innenstadt gesenkt. Sie betragen derzeit für Wohnungen 0,12 Einstellplätze pro Wohnraum (einschließlich Küche); für Bürogebäude 4 bis 6 Einstellplätze pro 1.000 Quadratmeter Geschoßfläche, das entspricht etwa einem Einstellplatz für 8 bis 10 Beschäftigte.

Abbildung 9: Das Primärnetz für den Kfz-Verkehr in Stockholm, Planungsstand 1966 und Zustand 1980*

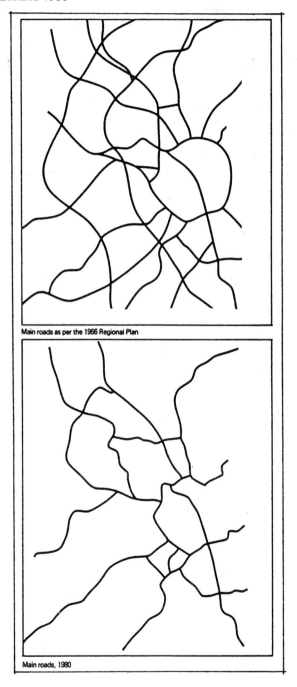

*Quelle: *Stockholm City Streets and Traffic Administration (Hrsg.)*, Traffic Planning in Stockholm, Stockholm 1981, S. 15.

Das Ziel einer 20%igen Abnahme des Pkw-Verkehrs in der Innenstadt wurde bisher nicht erreicht. Dies wird vor allem darauf zurückgeführt, daß die ab 1983 gesunkenen Benzinpreise und eine positive Einkommensentwicklung wieder zu einem stärkeren Anstieg des Pkw-Bestandes führten, der in dem Jahrzehnt vor 1983 annähernd konstant geblieben war.

Die Wirkung der Parkierungspolitik auf die Verkehrsmittelnutzung läßt sich angesichts dieser gegenläufigen Überlagerungseffekte kaum quantifizieren.

Wenn man die Attraktivität der Innenstadt an der Höhe des gesamten Besucheraufkommens mißt, läßt sich für die Entwicklung der Attraktivität eine klare Tendenz feststellen: Von 1983 bis 1987 ist das gesamte tägliche Personenverkehrsaufkommen der Innenstadt im Ziel- und Quellverkehr um etwa 7 Prozent gestiegen[3]. Wenn diese Zunahme auch überwiegend auf die positive Einkommensentwicklung zurückgeführt werden kann, so hat sich die Einführung einer konsequenten Parkplatzbewirtschaftung mit höheren Parkgebühren doch mindestens nicht negativ auf die Attraktivität der Innenstadt ausgewirkt.

6. "Regionalplan 90" und "Trafikplan 89"

6.1 Übergeordnete und kommunale Zielsetzungen

1983 fingen die Benzinpreise an zu fallen, gleichzeitig die Einkommen in Schweden wieder an zu steigen - die Folge war eine erneute Ausweitung des Pkw-Bestandes und des Kfz-Verkehrs. Dieser Trend wurde noch verstärkt durch das anhaltende ökonomische und demographische Wachstum der Stockholmer Region. Die Umweltproblematik - zum großen Teil durch den Kfz-Verkehr bedingt (65 Prozent der Stickoxide, 90 Prozent der Kohlenwasserstoff- und 40 Prozent der Kohlendioxidemissionen stammen im Raum Stockholm vom Straßenverkehr) - spitzt sich also weiter zu, zumal die Folgewirkungen für die Gesundheit und der Zusammenhang von Emissionen und Waldsterben/Klimaveränderungen deutlicher erkannt worden sind.

Vor diesem Hintergrund setzte das schwedische Parlament mit einem Beschluß das nationale Ziel, die Stickoxidemissionen für die Periode 1980 bis 1995 um 30 Prozent und für die Periode 1980 bis 2000 um 50 Prozent zu reduzieren. Dies waren wichtige Vorgaben für den "Regionalplan" und den "Trafikplan", die Ende der achtziger Jahre verabschiedet wurden. Der "Trafikplan 89"[4] hebt folgende Zielsetzungen hervor:

- Verringerung der Umweltbelastungen,
- Reduzierung der Verkehrsunfälle,
- Verbesserung der Erreichbarkeit mit öffentlichen Verkehrsmitteln und
- Verbesserung der Verkehrsbedingungen für den notwendigen Wirtschaftsverkehr.

Um diese Ziele zu erreichen, sei es notwendig, Teile des motorisierten Individualverkehrs auf die öffentlichen Verkehrsmittel zu verlagern. Konkret soll das Kfz-Verkehrsaufkommen während der Hauptverkehrszeit an einem um die innere Stadt (Inre Staden, 34 Quadratkilometer) gelegten Zählkordon um mindestens 30 Prozent gegenüber 1987 verringert werden.

---

3 *Stockholm Stadsbyggnadskontor (Hrsg.)*, Planeringsunderlag. Bilaga 1 till Förslag 89. Översiktsplan för Stockholms Stad, Stockholm 1989, S. 29.
4 *Trafikplan 89*, Stockholm Gatukantor, Stockholm 1989.

6.2 Maßnahmenprogramm

Die genannten Ziele erfordern umfassende und komplexe Lösungen. "Regionalplan" und "Trafikplan" sehen dazu im einzelnen vor:

- große Investitionen für das Eisenbahnnetz - Neubau einer Eisenbahnstrecke in der inneren Stadt und Ausbau bestehender Fern- und Regionalverkehrsstrecken bis an den Rand der Region (insgesamt über 100 km);
- einzelne Verlängerungen des Stadtbahnnetzes ("Tunnelbana");
- Neubau einer Schnellstraßenbahn ("snabbsparväg") als Ringlinie zur besseren Vernetzung des radialen Schienennetzes (Länge etwa 30 Kilometer). Gleichzeitig soll sie neue Wohn- und Arbeitsstättegebiete in Stockholms äußeren Stadtteilen miteinander verbinden (vgl. Abbildung 9);
- Erweiterung des Primärnetzes für den Kfz-Verkehr um eine Ringverbindung in rund 15 Kilometer Abstand von der Stadtmitte;
- Ausbau von Radwegen und Einrichten von Fahrradrouten;
- Siedlungsentwicklung nur auf den von den Bahnstrecken vorgegebenen und auf den mit neuen Bahnstrecken abgestimmten Achsen (vgl. Abbildung 10);
- neue Schwerpunkte für Arbeitsstätten z.B. des Bürosektors, an Knotenpunkten des Bahnsystems von Eisenbahn, Stadtbahn und Schnellstraßenbahn (vgl. Abbildung 11).

6.3 Preispolitische Steuerungsmittel

Zum Erreichen der verkehrspolitischen Ziele sollen zusätzlich "ökonomische Steuerungsmittel" eingesetzt werden, die im folgenden erläutert werden.

6.3.1 Gebietsabgabe in der Innenstadt

Die Erhebung einer Straßenbenutzungsgebühr für Pkw und Lkw in Form einer Gebietslizenz für den erweiterten Innenstadtbereich (Stadtgebiet innerhalb der ehemaligen Zollstationen, Fläche rund 30 Quadratkilometer) wird seit mehreren Jahren diskutiert und vorbereitet. Die Gebührenpflicht soll von Montag bis Freitag zwischen 7.00 und 18.00 Uhr gelten und alle Pkw und Lkw betreffen, die in der Innenstadt fahren oder parken (Ausnahmen für Behinderte, Notdienste usw.). Es ist an eine Tagesgebühr von 25 Kronen (etwa 8 DM) gedacht bzw. an eine Monatsgebühr von 300 Kronen (rund 100 DM). Die Monatskarte soll auch zur Benutzung der öffentlichen Verkehrsmittel berechtigen. Es wird geschätzt, daß eine Gebietsgebühr in dieser Höhe zu einer Verringerung des Kfz-Verkehrs in der Innenstadt um 15 Prozent führen würde.

6.3.2 Parkierungspolitik

Durch Anheben der Parkgebühren und Verstärkung der Parkierungskontrolle soll die Parkraumbewirtschaftung effektiver gestaltet werden. Dabei soll der notwendige Lieferverkehr und ähnlicher Serviceverkehr bessere Parkierungsbedingungen erhalten.

Abbildung 10: Das Projekt eines Schnellstraßenbahn-Rings zur Verbindung von Wohn- und Arbeitsstätten in Stockholms äußeren Stadtteilen*

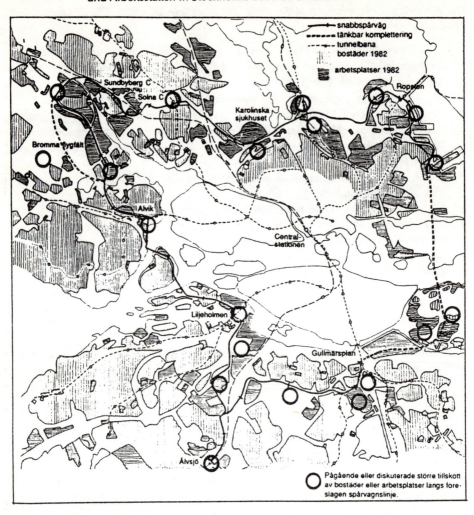

*Quelle: *Stockholm Stadsbyggnadskontor (Hrsg.)*, Planeringsunderlag. Bilaga 1 till Förslag 89. Översiktsplan för Stockholms Stad, Stockholm 1989, S. 32.

Abbildung 11: Bahnlinien und Siedlungsflächen in Groß-Stockholm*

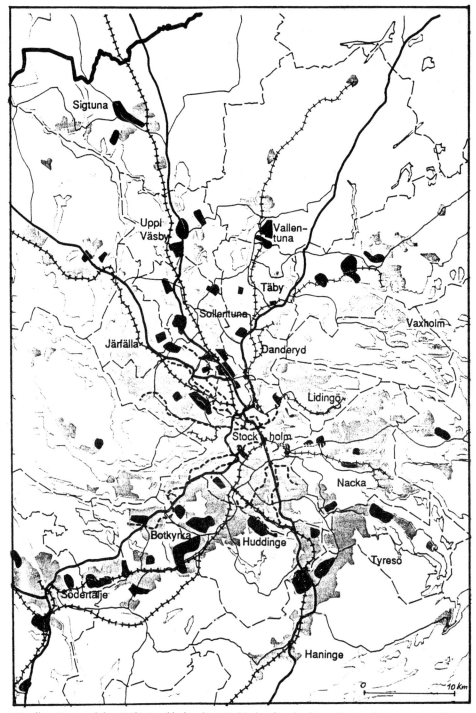

*Quelle: *Regionalplan 90 för Stockholms län*, Stockholms läns landsting, Regionalplane- och trafikkontoret, Stockholm, Juni 1989, S. 79.

Abbildung 12: Bahnlinien und Standorte neuer Arbeitsstätten in Groß-Stockholm*

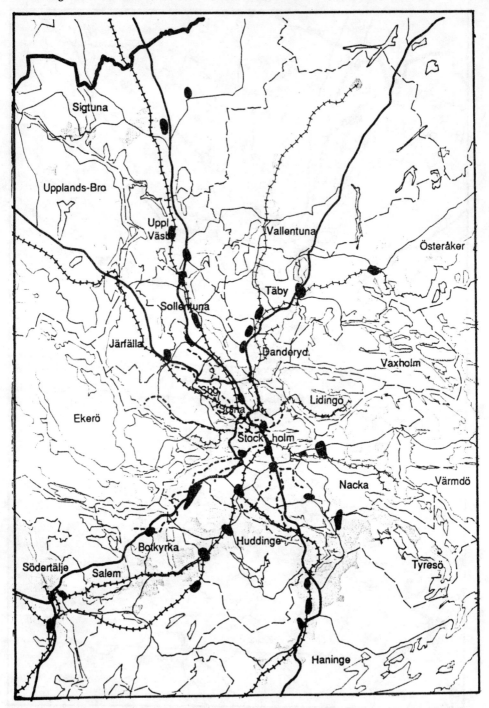

*Quelle: *Regionalplan 90 för Stockholms län*, Stockholms läns landsting, Regionalplane- och trafikkontoret, Stockholm, Juni 1989, S. 87.

6.3.3 Regionale Umweltabgabe

Zusätzlich zur gebietsbezogenen Abgabe beim Befahren der Innenstadt kommt eine allgemeine Umweltabgabe für das ganze Land Stockholm in Frage. Sie soll zweckmäßigerweise als Treibstoffabgabe eingeführt werden. Es wird geschätzt, daß eine Abgabe in Höhe von einer Krone pro Liter Treibstoff (etwa 0,30 DM) zu einer Verringerung des regionalen Kfz-Verkehrs um 5 Prozent führen könnte.

6.4 Stand der Einführung einer Gebietsgebühr Anfang 1991

Die unter dem Schlagwort "Stockholmer Modell" auch in Deutschland bekanntgewordene geplante Gebietsgebühr für die Stockholmer Innenstadt wird vorerst nicht erhoben. Darauf einigten sich die drei größten politischen Parteien in der Stadt und im Land Stockholm Ende Januar 1991[5]. Sie verständigten sich zunächst auf ein umfangreiches Investitionsprogramm für den Ausbau des Verkehrssystems im Land Stockholm. Danach sind Investitionen für die öffentlichen Verkehrsmittel in Höhe von 12,4 Milliarden Kronen (etwa 3,7 Milliarden DM) für den Zeitraum von 1991 bis 2005 vorgesehen (Ausbau des Eisenbahn- und Stadtbahnnetzes, Neubau einer Schnelltramlinie, Beschleunigung des Busverkehrs, Anschaffung von umweltfreundlicheren Bussen). Aber auch für den Straßenbau (Ergänzung des Autobahnnetzes, Park-and-Ride-Anlagen, städtebauliche Integration von Hauptverkehrsstraßen) sind insgesamt Investitionsmittel in ähnlicher Größenordnung wie für den öffentlichen Verkehr vorgesehen.

Eine Entscheidung über die exakte Struktur des Gebührensystems, mit dem ein Teil der geplanten Investitionen finanziert werden soll, schien den Stockholmer Politikern Anfang 1991 noch nicht möglich. Diese soll im Jahr 1992 fallen. Angestrebt wird ein Gebührensystem, das die Straßenbenutzung differenzierter bewertet (schwere und leichte Fahrzeuge, Tageszeit, spezifische Abgasemission der Fahrzeuge).

7. Verkehrsmittelanteile im Städtevergleich

In den Tabellen 9 und 10 ist die unterschiedliche Verkehrsmittelnutzung im Städtevergleich dargestellt. Tabelle 9 gibt die Verkehrsmittelwahl beim Weg zur Arbeitsstätte wieder, Tabelle 10 den Modal-Split bei allen werktäglichen Wegen der Einwohner der Städte. Besonders auffällig ist in Stockholm der hohe Anteil der öffentlichen Verkehrsmittel beim Weg zur Arbeit. Er ist zum Teil doppelt so groß wie in vergleichbaren westdeutschen Städten (Frankfurt, Köln, Düsseldorf, Essen, Dortmund). Auch bei den werktäglichen Wegen der Stadtbewohner (vgl. Tabelle 10) insgesamt ist der ÖPNV-Anteil in Stockholm bedeutend größer als in den westdeutschen Städten, nur das schweizerische Zürich kann mithalten. Dadurch hat Stockholm bei den Fahrten der Stadtbewohner einen Autoanteil, der im Mittel rund ein Drittel kleiner ist als bei den vergleichbaren westdeutschen Städten.

Dieses für Stockholm günstige Verkehrsverhalten ist unter anderem sicher auf ein besseres ÖPNV-Angebot, die Konzentration der Siedlungsgebiete entlang der Stadtbahn- und Eisenbahnlinien und die großflächige Parkraumbewirtschaftung zurückzuführen. Ferner haben

---

5 AB Storstockholms Lokaltrafik (Hrsg.), Metropolitan Traffic Negotiations, Presseerklärung vom 23.1.1991.

allgemeine Rahmenbedingungen wie die höheren privaten Kosten für Autofahrer und ein stärker ausgebildetes Umweltbewußtsein in Schweden möglicherweise zusätzlichen Einfluß.

Tabelle 9: Verkehrsmittelwahl beim Arbeitsweg im Städtevergleich, in %*

Stadt	Erhebungs-jahr	Verkehrsmittel[1]		
		Bahn Bus	Pkw Moped	Fahrrad zu Fuß
Stockholm	1975	57	27	16
Stockholm	1989[2]	54	30	16
Frankfurt/M.	1982	24	56	20
Berlin (W)	1986	34	52	14
München	1980	38	42	20
5 große Städte in NW[3]	1985	23	55	22
Zürich	1980	45	35	20
				difu

*Quelle: Stockholm: *Stockholms Kommun (Hrsg.)*, Pendling i Stockholm län, Stockholm 1985; Frankfurt/M.: *Umlandverband Frankfurt (Hrsg.)*, Generalverkehrsplan Umlandverband Frankfurt, Frankfurt/M. 1984; Berlin: *Tilman Bracher u.a.*, Verkehrserhebung in Berlin '86, in: Verkehr und Technik, H. 9 (1988), S. 343 ff.; München: *Stadt München (Hrsg.)*, Münchner Statistik, H. 9 (1980); 5 große Städte in NW: *Minister für Stadtentwicklung und Verkehr (Hrsg.)*, Generalverkehrsplan Nordrhein-Westfalen, Düsseldorf 1990, S. 89 ff.; Zürich: Eidgenössische Volkszählung 1980;
Berechnungen des Deutschen Instituts für Urbanistik.

1 Bezogen auf in der Stadt wohnende Erwerbspersonen.
2 Fortschreibung der Daten von 1975 unter Berücksichtigung der Verkehrsentwicklung.
3 Mittelwert der Städte Köln, Düsseldorf, Duisburg, Essen, Dortmund.

Tabelle 10: Verkehrsmittelnutzung im Städtevergleich*

Stadt	Erhebungs-jahr	Verkehrsmittelanteil[1], in %			
		Bahn Bus	Pkw Moped	Fahrrad Mofa	zu Fuß
Region Stockholm	1986/87	30	42	28	
Stadt Stockholm[2]	1986/87	35-40	30-35	30	
Hannover	1989	28	39	16	23
München	1989	24	40	12	24
Stuttgart	1989	23	43	5	29
5 große Städte in NW[3]	1985	18	47	7	18
Zürich	1988	42	29	4	25
					difu

*Quelle: Stockholm: *Stockholms län landsting (Hrsg.)*, Regionplan 90 för Stockholms län, Stockholm 1989, S. 89; Hannover, München, Stuttgart: *Socialdata (Hrsg.)*, Mobilität in Leipzig, München 1990, S. 18; 5 große Städte in NW: *Minister für Stadtentwicklung und Verkehr (Hrsg.)*, Gesamtverkehrsplan NW, Düsseldorf 1990, S. 98; Zürich: *Socialdata (Hrsg.)*, Zahlen und Fakten zur Mobilität, Freiburg 1990.
Berechnungen des Deutschen Instituts für Urbanistik.

1 Bezogen auf die werktäglichen Wege der Einwohner der Stadt.
2 Schätzung aufgrund der Daten für die ganze Stadtregion und des Modal-Split im Berufsverkehr der Stadtbewohner.
3 Mittelwerte der Städte Köln, Düsseldorf, Duisburg, Essen, Dortmund.

Abbildung 13: Kraftfahrzeuge am Zählring[1] um die innere Stadt von Stockholm*

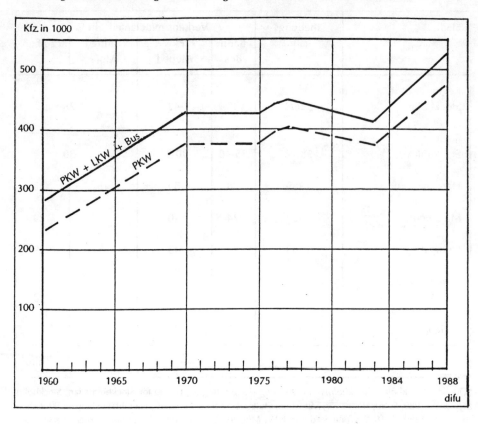

*Quelle: Nach *Statistik arsbok för Stockholm* 1972 bis 1990.

1 Am Werktag zwischen 6.00 und 21.00 Uhr; der Zählring "Innerstadsnittet" hat einen mittleren Radius von rund 3 Kilometern um die Stadtmitte.

Abbildung 14: Fahrradfahrten am Zählring[1] um die innere Stadt von Stockholm*

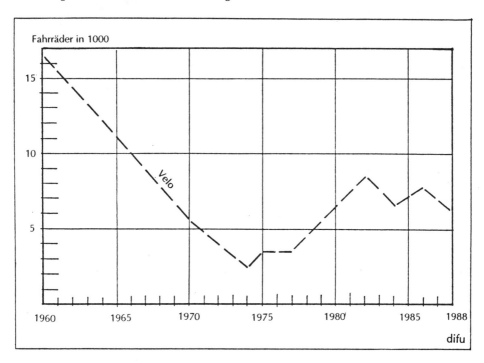

*Quelle: Nach *Statistik arsbok för Stockholm* 1972 bis 1990.

[1] Am Werktag zwischen 6.00 und 21.00 Uhr; der Zählring "Innerstadsnittet" hat einen mittleren Radius von rund 3 km um die Stadtmitte.

Abbildung 15: Mit öffentlichen Verkehrsmitteln beförderte Personen[1] im Raum Stockholm*

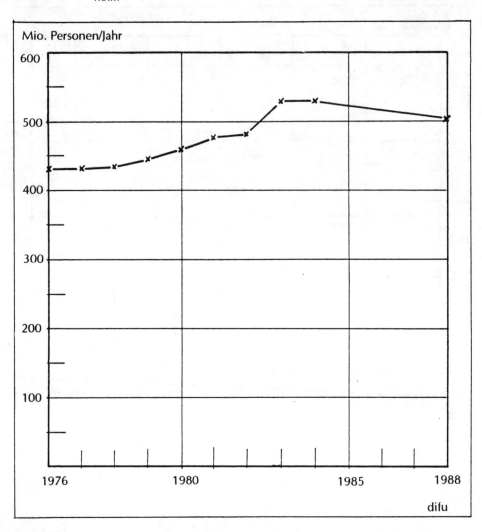

*Quelle: Nach *Statistik arsbok för Stockholm* 1977 bis 1990.

1 Verbundbeförderungsfälle bei AB Stor-Stockholms Lokaltrafik (SL) pro Jahr (Eisenbahn-Nahverkehr, Stadtbahn, Stadtbus, Regionalbus).

13
Busspuren in
Stockholms
Innenstadt.

14
Busspuren werden
vorzugsweise in
Straßenmittellage
eingerichtet.

15
Busspur in Straßenmittellage mit Haltestelle.

16
Busspur in Straßenmittellage mit Haltestelle.

Bologna

1. Kommunale Reformpolitik und städtebauliche Entwicklung

Bologna, Hauptstadt der norditalienischen Region Emilia Romagna, mit fast einer halben Million Einwohner, erfuhr durch seine Reformpolitik in den sechziger und siebziger Jahren weit über die Grenzen Italiens hinaus lebhaftes Interesse. Überwiegend in diesem Zeitraum erschienen mehrere deutsche Veröffentlichungen zur Wohnungspolitik, Stadterneuerung und Partizipation in dieser Stadt[1]. Ohne die generelle Richtung der Bologneser Kommunalpolitik kurz zu beschreiben, die von vielen als ein hoffnungsvolles Modell betrachtet wurde, läßt sich die Verkehrspolitik Bolognas nur schwer verstehen.

Bolognas Gründung und das Wachstum verdanken sich der geographischen Lage zwischen Nord und Süd (Apenninübergang) sowie zwischen Adria und Tyrrhenischem Meer (Via Emilia). Bologna hat immer eine führende Rolle im kulturellen, kommerziellen und industriellen Leben der Region gespielt. Es hat eine der größten erhaltenen Altstädte Europas und beherbergt die älteste europäische Universität. Diese ist bis heute prägend für ganze Viertel der Altstadt; sie stellt in den medizinischen, sozial- und geisteswissenschaftlichen Fächern eine der wichtigsten Universitäten Italiens dar. 1989 hatte sie 40.000 Studenten.

Die Stadtmauer aus dem 14. Jahrhundert umschloß damals neben den Gebäuden für 50.000 Menschen auch unbebaute Flächen mit einer Gesamtausdehnung von 430 Hektar. Um 1900 lebten auf diesem Gebiet etwa 100.000 Bewohner. Im Zuge der weiteren Stadtentwicklung wurde Ende des 19. Jahrhunderts die Stadtmauer abgerissen und durch einen Alleenring ("Viale") ersetzt, der mit 8 Kilometer Länge die gesamte Altstadt umgibt. Die Einwohnerentwicklung der Gesamtstadt erreichte Anfang der siebziger Jahre mit fast 500.000 Einwohnern ihren Höchststand. Die Altstadt hatte 1988 54.000 Bewohner.

---

1 Harald Bodenschatz, Städtische Bodenreform in Italien. Die Auseinandersetzung um das Bodenrecht und die Bologneser Kommunalplanung, Frankfurt/M. und New York 1979 (Campus Forschung, Bd. 88); Harald Bodenschatz und Tilman Harlander, Sozialorientierte Kommunalpolitik an der Wende? Bologna, in: Bauwelt, H. 8 (1978), S. 295 ff.; Peter Debold und Astrid Debold-Kritter, Die Planungspolitik Bolognas. Stadtentwicklung und Stadterhaltung, in: Bauwelt, H. 8 (1978), S. 1112 ff.; Harald Bodenschatz u.a., Bologna. Texte, Protokolle, Materialien. Dokumentation der Exkursion der kooperierenden Lehrstühle für Planung an der RWTH Aachen 1974, Aachen 1975; Sozialorientierte Stadterhaltung als politischer Prozeß. Praxisberichte und Analysen zu Reformprojekten in Bologna und ausgewählten deutschen Städten, hrsg. von den kooperierenden Lehrstühlen für Planung an der RWTH Aachen, Köln u.a. 1976; Peter A. Ulram, Zwischen Bürokratie und Bürger. Sozialistische Kommunalpolitik in Wien, Stockholm und Bologna, Wien 1978.

Die Gewerbestruktur ist vor allem durch Mittel- und Kleinbetriebe gekennzeichnet. Genossenschaftliche Organisationsformen haben Tradition. Die Ausdehnung von Industrieflächen vollzog sich in den beiden letzten Jahrzehnten wie auch in vergleichbaren deutschen Verdichtungsräumen vorwiegend am Stadtrand und in den Umlandgemeinden. Neue Büroarbeitsstätten wurden in der geplanten Entwicklungsachse Richtung Norden außerhalb der Altstadt und jenseits des Bahnhofs - bisher vor allem in Verbindung mit dem Messebereich und der Kongreßhalle - angesiedelt.

Vor 1945 war Bologna einer der Mittelpunkte des Widerstands gegen den Faschismus. Seit 1945 werden sowohl die Stadt als auch die Provinz Bologna von einer Koalition aus Kommunisten und Sozialisten regiert. Diese Linkskoalition entwickelte bis Mitte der siebziger Jahre eine sozialorientierte Kommunalpolitik, die über Italien hinaus Aufsehen erregte. Wesentliche Grundlagen der Bologneser Kommunalpolitik sind und waren:

- Kommunalpolitik soll grundsätzlich als Dienstleistungspolitik praktiziert werden, als Förderung sozialer Einrichtungen statt der weiteren Ausweitung des privaten Konsums;
- Mobilisierung und Beteiligung möglichst aller Bürger oder ihrer Quartiersorganisationen, der Genossenschaften, der Gewerkschaften usw. am politischen Prozeß;
- die möglichst umfassende Berücksichtigung der sozialen, historischen, architektonischen und ökonomischen Gesichtspunkte bei allen räumlichen Planungen und die Bekämpfung der privaten Bodenspekulation.

In den sechziger Jahren wurden die großen urbanistischen Pläne (Piano regolatore generale - der Gebietsentwicklungsplan für die Gesamtstadt, der Plan für das historische Zentrum und das Investitionsprogramm für die Einrichtungen der sozialen Infrastruktur) aufgestellt und beschlossen.

Konkret erreicht wurde im wesentlichen folgendes:

- Unter Schutz gestellt wurden wertvolle Landschaftsteile, insbesondere die Hügelzone, die fast bis an die südliche Grenze der Altstadt heranreicht. Insgesamt wurden 1.600 Hektar als öffentliche Grünflächen ausgewiesen und damit der privaten Bauspekulation entzogen. Die Kommune hat 134 Hektar durch Kauf bzw. Enteignung erworben und der Öffentlichkeit zugänglich gemacht.
- Es gibt eine Bodenvorratswirtschaft zur Steuerung der Siedlungsentwicklung. Zwischen 1967 und 1974 wurden mehr als 1.500 Hektar Boden durch Kauf oder Enteignung von der Kommune zu einem geringen Preis (weniger als 10 DM pro Quadratmeter) aufgrund der bestehenden Gesetze erworben.
- Die soziale Infrastruktur wurde ausgebaut und dabei auf räumlich gleichgewichtige Versorgung geachtet (erhebliche Steigerung der Zahl der Kinderkrippen, Kindergärten, Schulen, Ambulatorien und Bürgerzentren).
- Erhalten und geschützt wurden das bauliche Erbe und die Struktur der Wohnbevölkerung sowie das Gewerbe in der Altstadt. Bau- und Nutzungsbeschränkungen in der Altstadt sollen eine Steigerung der Bodenwerte verbinden und die Wohnfunktion erhalten. Zentrale Funktionen für die Gesamtstadt und die Region sind nur vorgesehen, soweit sie die Erhaltung der historischen Struktur nicht beeinträchtigen (spezialisiertes Kleingewerbe, Einzelhandel).
- Die historischen Paläste in der Altstadt wurden durch Umnutzung, das heißt Unterbringung von Schulen, Universitäts- und sozialen Einrichtungen, erhalten.
- Das historische Zentrum wurde von Nutzungen entlastet, die mit der Erhaltung der historischen Bausubstanz nicht zu vereinbaren sind (große Warenhäuser, Supermärkte,

größere Verwaltungseinheiten, Tankstellen und Garagen sind nicht zugelassen); für derartige Nutzungen wurde die Entwicklungsachse Nord ausgewiesen.
- Im sozialen Wohnungsbau gab es einen ersten Schritt zur erhaltenden Erneuerung von Altstadtwohnungen.
- Es wurde der Aufbau einer Quartiersdemokratie ("Decentramente") eingeleitet. Anfang der sechziger Jahre wurde die Kommune in 15 Quartiere aufgeteilt und mit der Einsetzung demokratischer Organe begonnen. "Schritt für Schritt wurden die Rechte und Entscheidungsbefugnisse sowie der allerdings bescheidene autonome Finanzspielraum der Quartiere ausgedehnt."[2] "Wichtig waren dabei vor allem die weitere Entwicklung direkter Formen von Demokratie durch offene 'Arbeitskommissionen' und die Quartiersversammlungen (von 1970 bis 1975 über 10.000 Sitzungen)."[3]
- Der öffentliche Personennahverkehr wurde in der gesamten Stadt gefördert, der Autoverkehr in der Altstadt verringert.

2. Das neue Verkehrsregelungssystem der siebziger Jahre

2.1 Ausgangslage

Die Innenstadt ist identisch mit der historischen Altstadt, die bis Ende des 19. Jahrhunderts von der Stadtmauer umgeben war. Die Stadtmauer wurde durch eine breite Ringstraße mit Mittelallee ersetzt, was den damaligen europäischen Vorbildern entsprach (Paris, Wien, Köln). Dieser Hauptboulevard umschließt mit 8 Kilometer Länge die gesamte, in ihrer Fläche außergewöhnlich große Altstadt mit 430 Hektar und einem Durchmesser von 2 bis 2,5 Kilometern. (Zum Vergleich: Die Kölner Altstadt innerhalb der Stadtmauer von 1180 bzw. innerhalb der heutigen halbkreisförmigen Ringstraße umfaßt 402 Hektar und war damit jahrhundertelang die flächengrößte Stadt des Reiches.)

In 3 bis 4 Kilometer Abstand vom Innenstadtring besteht seit 1967 im Norden die halbkreisförmige äußere Ringstraße ("Tangentiale"), die Bestandteil des nationalen Autobahnnetzes ist und den größten Teil des Durchgangsverkehrs aufnimmt. Zwischen innerer und äußerer Ringstraße gibt es eine Reihe von radialen Hauptverkehrsstraßen. Diese bilden zusammen vereinfacht das Hauptverkehrsstraßennetz (vgl. Abbildung 16).

2.2 Verkehrsplanerische Zielsetzungen

Aus den stadtentwicklungspolitischen Zielen für die Altstadt (Erhaltung der Wohnfunktion und des kleinbetrieblichen Einzelhandels, Ansiedlung großmaßstäblicher Bauten des Handels und der Verwaltung außerhalb der Altstadt in der Entwicklungsachse jenseits des Bahnhofs nach Norden) wurden die wesentlichen verkehrsplanerischen Zielsetzungen abgeleitet[4]:

---

2 *Bodenschatz/Harlander*, S. 296.
3 Ebenda. Siehe auch *Lothar Jax*, Anspruch und Verwirklichung der Bürgerbeteiligung in der Stadtplanung. Das Modell dezentraler Stadtplanung in Bologna 1956-1987, Diss. Aachen 1988.
4 Erstmalig beschrieben von *Mauro Formaglini*, Case Study Bologna, in: OECD (Hrsg.), OECD Conference "Better Towns with Less Traffic", Paris 1975, S. 53 ff.; sowie von *Manfred Droste*, Ausländische Erfahrungen mit Möglichkeiten der räumlichen und sektoralen Umverteilung des städtischen Verkehrs, Bonn 1978, S. 37 ff. (Städtebauliche Forschung, Bd. 03.063).

Abbildung 16: Stadt Bologna - Übersicht*

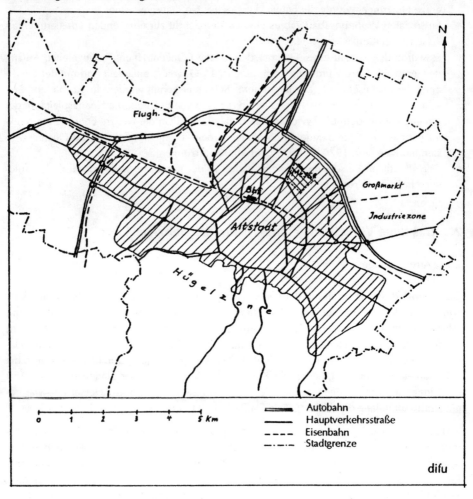

*Quelle: Darstellung des Deutschen Instituts für Urbanistik.

- Die Umweltbedingungen sollen in der Altstadt sowie in der übrigen Stadt verbessert werden.
- Es soll daher der öffentliche Personenverkehr gefördert, die Bevölkerung zu stärkerem selektiven Gebrauch des privaten Wagens motiviert werden.
- Die Altstadt soll vom Durchgangsverkehr entlastet werden.

Grundgedanke war, daß der größte Teil der Fahrten in den äußeren Stadtteilen und Umlandgemeinden entsteht und somit auch dort die Wahl zwischen Bus und Pkw getroffen wird. Eine Politik der Verbesserung des ÖV - so die Auffassung - könne sich nicht auf die Innenstadt beschränken, sondern müsse an der Peripherie ansetzen. "Dies ist einer der wichtigsten Aspekte unserer Maßnahmen, daß wir die ganze Stadt und die Region im Zusammenhang mit der städtebaulichen Planung betrachten, denn es geht nicht nur um technische Aspekte, sondern vor allem um politische Ideen. Nach unserer Meinung kann die Lösung in der Überwindung bestehender Trends, in der positiven Restriktion der generellen Nutzung privater Pkws je nach Art und Zweck der Fahrt durch das Angebot einer effizienten alternativen Mobilität in Form des öffentlichen Verkehrs gefunden werden. Daher ließen wir uns nicht auf einen nutzlosen Kreuzzug gegen das Auto ein; wir wünschten ganz einfach, seinem Gebrauch ohne Diskriminierung entgegenzuwirken."[5]

2.3 Ergriffene Maßnahmen

2.3.1 Differenzierung des Straßennetzes

Das gesamte Straßennetz wurde in zwei grundsätzlich verschiedene Typen von Straßen hinsichtlich der Art der Verkehrsbelastung eingeteilt:

- das Primärnetz für Verbindungsverkehr,
- das Sekundärnetz für Erschließungsverkehr und lokalen Verkehr.

Das Primärstraßennetz umfaßt nur 140 Kilometer der insgesamt 580 Kilometer des gesamten Straßennetzes der Stadt. Innerhalb des Innenstadtrings sind bis auf eine Ausnahme (Via Irnerio) keine Primärstraßen mehr vorhanden. Durchgangsrouten wurden unterbrochen. Häufigstes Regelungselement: gegenläufig geführte Einbahnstraßen (vgl. Abbildung 17).

2.3.2 Förderung des öffentlichen Verkehrs

Bussonderspuren

Wesentliche Maßnahme war die Einrichtung von 29 Kilometer Bussonderspuren und dem Busverkehr reservierten Straßen sowohl in der Altstadt als auch in der übrigen Stadt. Dabei wurde nach folgenden Kriterien vorgegangen:

- Konzentration auf die am meisten frequentierten Linien;
- Modifizierung der Linien in dem Sinne, daß die hauptsächlichen Staubereiche auf separierten Spuren überwunden werden;

---

5 *Formaglini*, S. 59 (Übersetzung vom Verf.).

- Busspuren bevorzugt in Gegenrichtung zum allgemeinen Verkehr (aufgrund der geringen Straßenbreiten häufig Einbahnstraßenregelung).

Die bevorzugte Einrichtung von Bussonderspuren in Gegenrichtung innerhalb von Einbahnstraßen hat folgende Gründe:

- Busse können damit auch in Einbahnstraßen beide Richtungen befahren;
- es wird ein hoher Grad der Separation erreicht (kein gelegentliches Mitbenutzen der Busspuren durch andere Fahrzeuge, kein Parken und Halten auf der Busspur);
- Demonstration für den Vorrang des Busses: der Bus kann auch dort fahren, wo der private Pkw ausgeschlossen ist.

Erweiterung des Angebots im Busverkehr

Aufgrund der Beschleunigung des Busverkehrs durch die Sonderspuren sowie durch Erweiterung des Busparks und das Einstellen von zusätzlichem Betriebspersonal konnten die Busfrequenzen gesteigert und das Liniennetz ausgedehnt werden. Die Betriebsleistung (Buskilometer) wurde von 1972 bis 1977 um 21 Prozent erhöht.

Begrenzter Nulltarif

Im April 1973 wurde in den Berufsverkehrszeiten (am Morgen von 6.00 bis 9.00 Uhr und am Abend von 16.30 bis 20.00 Uhr) der Nulltarif im städtischen Busverkehr eingeführt. Für Schüler wurde außerdem eine freie Rückfahrkarte am Mittag (12.00 bis 15.00 Uhr) gewährt. Im Juni 1974 wurde dieses Tarifsystem erweitert durch Einführung des generellen Nulltarifs während des ganzen Tages für Bezieher geringer Einkommen. Diese Entscheidung hatte eine klare soziale Komponente. Wenn auch der begrenzte Nulltarif nur einige Jahre aufrechterhalten wurde, so blieben die Tarife doch relativ niedrig. 1983 kostete eine Sammelkarte für zwölf Fahrten nur 2.500 Lire (umgerechnet 0,36 DM pro Fahrt), eine Monatskarte für Studenten 6.000 Lire (etwa 10 DM) und ein normales Jahresabonnement (ohne Ermäßigung) 160.000 Lire (etwa 270 DM).

2.3.3 Parkplätze

Mit dem Plan für die Altstadt von 1972 wurden zahlreiche Vorschläge verworfen, Tiefgaragen oder mehrgeschossige Parkhäuser in der Altstadt oder in der direkten Nachbarschaft zu bauen. Die Begründung war, daß dies dem stadtentwicklungspolitischen Ziel, das heißt der Förderung der ÖV-Benutzung und der Einschränkung privater Autonutzung, entgegenlaufe.

Als sinnvoll wurden dagegen Park-and-Ride-Plätze am Stadtrand erachtet. Etwa 5.000 Parkplätze sind für diesen Zweck vorhanden. In der gesamten Altstadt mit über 400 Hektar Fläche gibt es nur einen größeren Parkplatz (Piazza Agosto) für mehrstündiges Parken. Im übrigen ist nur kurzzeitiges Parken (maximal 90 Minuten) am Straßenrand möglich.

Abbildung 17: Bologna - das Verkehrsregelungssystem der Innenstadt*

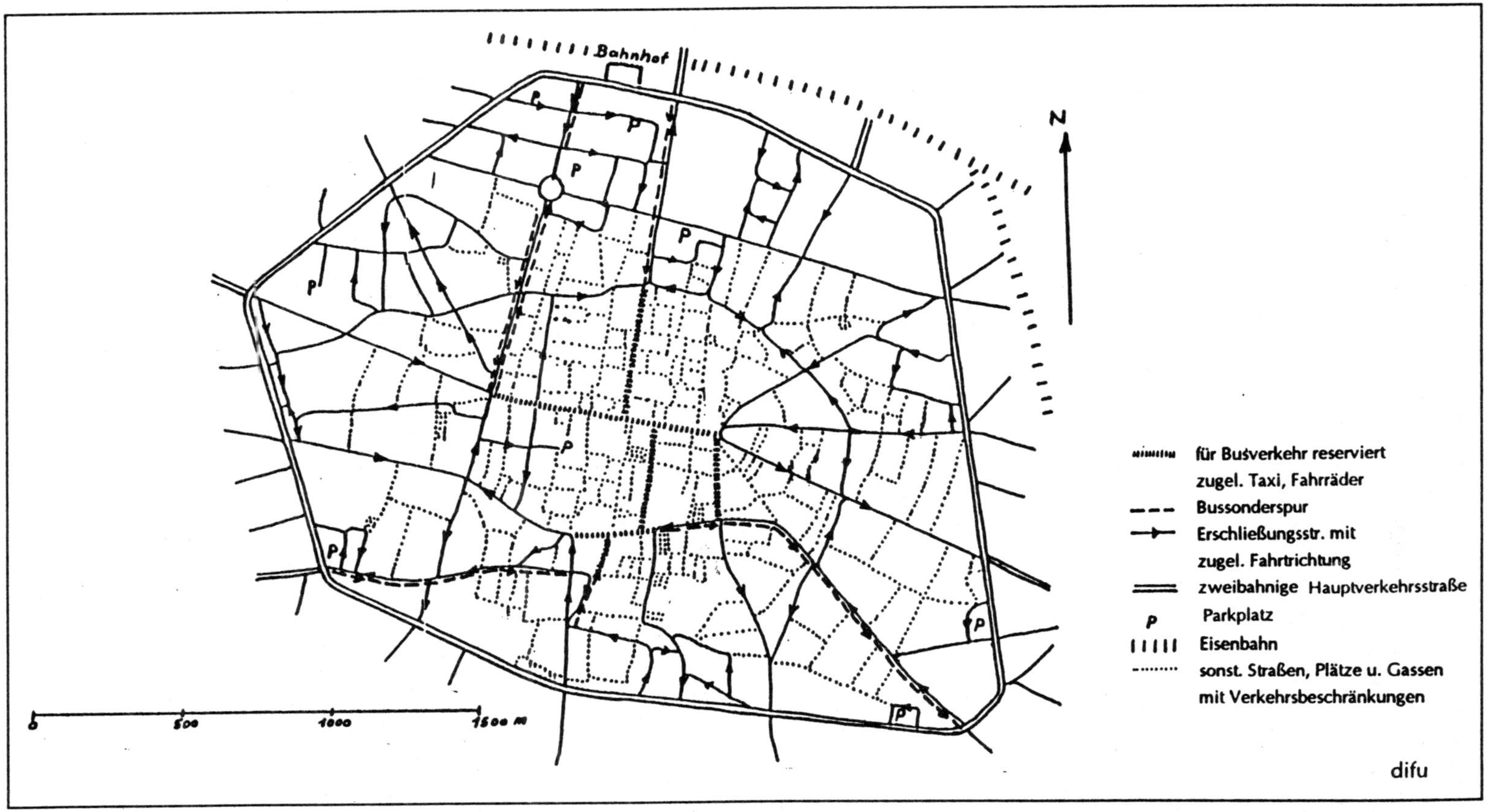

Bahnhof
N
0
500
1000
1500 m
für Busverkehr reserviert
zugel. Taxi, Fahrräder
Bussonderspur
Erschließungsstr. mit
zugel. Fahrtrichtung
zweibahnige Hauptverkehrsstraße
P Parkplatz
Eisenbahn
sonst. Straßen, Plätze u. Gassen
mit Verkehrsbeschränkungen
difu

*Quelle: Darstellung des Deutschen Instituts für Urbanistik.

2.3.4 Beteiligung und Information der Bevölkerung[6]

Der größte Teil der später umgesetzten Vorschläge entstand auf Stadtteil-Ebene und wurde dort mit den betroffenen Anliegern und Interessengruppen sowohl während der Planungs- als auch während der Einführungsphase diskutiert.

Darüber hinaus wurde der Öffentlichkeitsarbeit durch Presseverlautbarungen, Anzeigen und Handzettel große Aufmerksamkeit gewidmet. Besondere Sorgfalt ließ man bei der Präsentation von Inhalten und bei der Verteilung von etwa 80.000 Handzetteln walten, in denen mit Hilfe von Graphiken, Diagrammen und prägnanten kurzen Texten die Prinzipien der beabsichtigten Maßnahmen dargestellt wurden. Bei der Verteilung wurden verschiedene Methoden erprobt: Ausgabe an Knotenpunkten durch die Verkehrspolizei an Autofahrer; Verteilung an alle Haushalte und Geschäfte im jeweils betroffenen Gebiet; Verteilung durch Händler in Kiosken an Zeitungs- und Zeitschriftenkäufer. Dabei erwies sich die Kiosk-Methode als die wirkungsvollste.

3. Wirkungen und Erfolge der Verkehrspolitik der siebziger Jahre

3.1 Kfz-Verkehrsaufkommen der Altstadt

Zählungen der in die Altstadt einfahrenden Fahrzeuge zeigten, daß zwischen 1972 (vorher) und 1974 (nachher) der Autoverkehr um etwa 20 Prozent zurückging. Berücksichtigt man, daß die Zahl der Lieferfahrzeuge und der Bewohnerfahrzeuge kaum abgenommen hat, dann ist der erreichte Rückgang des sonstigen Autoverkehrs - des Berufs- und Einkaufsverkehrs der Innenstadt - mit weit mehr als 20 Prozent zu beziffern. Bei einer Wiederholungszählung im Jahre 1982 wurde etwa das gleiche Ergebnis erzielt wie 1974, das heißt, die festgestellte Zunahme des Autoverkehrs betrug nur etwa 3 Prozent, obwohl in dieser Zeit die Motorisierung der Bevölkerung noch erheblich (etwa 20 Prozent) zunahm.

3.2 Durchschnittsgeschwindigkeit

Auf 24 Straßenabschnitten mit einer Gesamtlänge von 95 Kilometern (das sind zwei Drittel des Primärstraßennetzes) wurden am Morgen (7.30 bis 8.30 Uhr) und am Abend (18.30 bis 19.30 Uhr) im Mai 1974 die durchschnittlichen Geschwindigkeiten (einschließlich der Halte) gemessen. Das Ergebnis lag bei 23 km/h, das heißt, es gab nach Einführung des neuen Verkehrssystems keine wirklichen Stauungen oder Verkehrszusammenbrüche. Der Innenstadtring mit der höchsten Kfz-Belastung aller Straßen erreichte noch einen Durchschnittswert von 19 km/h. Ursachen für Verzögerungen waren zu 80 Prozent Verkehrsampeln, zu 15 Prozent kreuzende Straßen und zu 5 Prozent querende Fußgänger.

3.3 Zunahme der Buspassagiere

Die Zahl der mit öffentlichen Verkehrsmitteln in der Stadt Bologna (Bus) beförderten Personen konnte seit 1972 - dem Stand vor Beginn der eingeführten Verbesserungen - erheblich

---

6 Nach *Droste*, S. 39.

gesteigert werden. Von 1972 bis 1975 betrug die Zunahme 58 Prozent, 1977 lag die Steigerung gegenüber 1972 bei 64 Prozent.

Dieser Erfolg kann nicht auf einzelne Maßnahmen zurückgeführt werden, sondern ist in der gesamten verbesserten Angebotspolitik begründet: Es kamen mehr Busse zum Einsatz, das Netz wurde erweitert, durch die Busspuren wurde mehr Pünktlichkeit und Leistungsfähigkeit erreicht. Der Einfluß des Nulltarifs kann nicht isoliert von der gesamten Verkehrs- und Stadtpolitik beurteilt werden. Der große Erfolg im Hinblick auf die Annahme des Busverkehrs wird im kooperativen Verhalten der Bevölkerung gesehen. "Sie (die Bürger) haben kooperiert, weil sie diese Politik insgesamt wirklich verstanden und akzeptiert haben."[7]

3.4 Geschwindigkeit des Busverkehrs

Die Durchschnittsgeschwindigkeit im gesamten städtischen Busnetz konnte 1974 gegenüber den im Fahrplan ausgewiesenen Fahrzeiten um 5 bis 10 Prozent erhöht werden; gegenüber den real vorhandenen Geschwindigkeiten im Jahre 1972 war eine Steigerung um 10 bis 15 Prozent von 14,4 km/h auf 16,0 km/h möglich. Auf einzelnen Routen konnte in Straßenabschnitten mit den größten Belastungen die durchschnittliche werktägliche Geschwindigkeit von etwa 10 km/h auf 17 km/h erhöht werden, also um 70 Prozent.

Wiederholungsmessungen im Jahre 1981 ergaben jedoch, daß sich die durchschnittliche Reisegeschwindigkeit im Gesamtnetz wieder verschlechtert hatte. Zwischen 1976 und 1981 sank sie von 16,0 km/h auf 14,6 km/h. In der Innenstadt lag sie unter dem Gesamtdurchschnitt, je nach Straßenabschnitt zwischen 12 und 14 km/h. Grundanliegen aller Planungsbemühungen ist daher die weitere Verbesserung des Verkehrsflusses für den Busverkehr. Denn "eine Steigerung um 1 km/h könnte die Verfügbarkeit des öffentlichen Verkehrs um 6,5 Prozent steigern, das entspricht einer Zunahme von 32.000 Fahrgästen pro Tag"[8].

3.5 Kosten des öffentlichen Personennahverkehrs

Der Erfolg der ÖV-Politik der Stadt Bologna, der in der hohen Benutzungshäufigkeit des ÖV zum Ausdruck kommt (etwa 50 Prozent höher als in vergleichbaren westdeutschen Städten, vgl. Tabelle 11), ist sicher auch auf die Tarifgestaltung zurückzuführen. Es ist deshalb von großem Interesse, die ökonomische Seite der Verkehrspolitik zu betrachten.

Die in der Tabelle 11 aufgeführten wirtschaftlichen Betriebskennziffern beziehen sich auf den Stadtverkehr Bologna (servizio urbano), der die Stadt Bologna und drei Nachbargemeinden mit zusammen 530.000 Einwohnern bedient. Zum Vergleich sind Durchschnittswerte der deutschen Unternehmen des Verbandes öffentlicher Verkehrsbetriebe (VÖV) herangezogen. Aus der Gegenüberstellung geht hervor, daß der Kostendeckungsgrad in Bologna aufgrund der niedrigen Verkehrstarife natürlich viel geringer ist. Auch ist das Defizit, bezogen auf die Einwohnerzahl, im Einzugsbereich der Verkehrsbedienung in Bologna größer, aber in viel geringerem Maße (1:1,4), als das Verhältnis der Fahrpreise (1:4) vermuten läßt. Das Defizit je beförderte Person ist in Bologna sogar geringer als im VÖV-Durch-

---

7 *Formaglini*, S. 86 (Übersetzung vom Verf.).
8 *Roberto Matuli u.a.*, Per la Qualità dell'Ambiente Urbano, Bologna 1982, S. 10.

schnitt. Dies hängt mit der höheren Benutzungshäufigkeit und der stärkeren Auslastung der Busse in Bologna zusammen (vgl. Tabelle 11).

Fazit: Niedrige Tarife können auch aus betriebswirtschaftlicher Sicht vertretbar sein; verbunden mit anderen verkehrspolitischen Maßnahmen können sie die Verkehrsnachfrage beträchtlich steigern und damit zu einer besseren Ausnutzung des Verkehrsangebots führen. Bei einer volkswirtschaftlichen bzw. sozialwirtschaftlichen Betrachtung mußten noch erhebliche Kosten externer Effekte in die Rechnung eingehen, die zugunsten einer Verkehrsverlagerung auf den ÖV sprechen (weniger Lärm, Abgase, Verkehrsunfälle, Energieverbrauch, Stauungen, Zeitverluste im Verkehr und anderes mehr).

4. Neuere verkehrspolitische Veränderungen

Bolognas Verkehrspolitik hat in den beiden letzten Jahren ein großes publizistisches Echo gefunden. Einerseits wurde Bologna als Modellfall für die Lösung städtischer Verkehrsprobleme in zu vereinfachender Weise dargestellt, andererseits hat das Schlagwort der "autofreien Stadt Bologna" Mißverständnisse und den Bologneser Planungszielen nicht gerecht werdende Kritik ausgelöst[9]. Inzwischen sind aufklärende, präzisere Informationen zugänglich[10].

4.1 Ausgangslage Mitte der achtziger Jahre

Bologna besitzt - wie bereits erwähnt - noch heute eine außergewöhnlich große, zusammenhängend erhaltene mittelalterliche Altstadt. Die hohe städtebauliche Qualität liegt unter anderem in den Arkaden, die etwa 80 Prozent der Straßen säumen. "Diese Säulengänge von fast 40 Kilometer Länge bieten einen privilegierten öffentlichen Raum, der den Fußgänger insbesondere vor Autos - auch vor parkenden - schützt."[11] Die ausgedehnte historische Altstadt weist eine Vielfalt unterschiedlicher Nutzungsarten auf: Wohnen, Geschäfte, Restaurants, Handwerksbetriebe, Büros und kulturelle Einrichtungen. Diese Nutzungsmischung und ihre kleinteilige Struktur aufgrund der Einpassung neuer Nutzungen (Büros, Universität, Hotels usw.) in die alten Gebäude hat der Stadt Urbanität bewahrt.

Die Verringerung des Autoverkehrs in der Altstadt durch den Verkehrslenkungsplan der siebziger Jahre war noch nicht ausreichend, um bei weiter gestiegener Motorisierung in diesem Stadtgebiet noch verträgliche Bedingungen zu schaffen. Zudem werden Lärm- und Abgasbelastungen durch die städtebauliche Besonderheit der Arkaden verstärkt. "In dieser Situation griff die Bologneser Stadtverwaltung 1984 auf ein in Italien gebräuchliches Instrument zurück, die Volksabstimmung."[12] "Die vorgeschlagene selektive Sperrung der Altstadt für den (Pkw) Privatverkehr war mit großer Mehrheit positiv beurteilt worden (70 Prozent).

---

9 Vgl. *Henning Walcha*, Bologna - beispielhafte Lösung oder Etikettenschwindel?, in: BAG-Nachrichten, H. 10 (1990), S. 11 ff.; sowie *Rudolf Kreitz*, "Autofreie" Stadt mit 60.000 Autos?, in: BAG-Nachrichten, H. 10 (1990), S. 15 ff.

10 Vgl. *Patricia Gout*, Beschränkung des Autoverkehrs in Bologna, in: Monatsbericht Arbeitsbereich Verkehr des ILS, H. 11 (1990).

11 Ebenda, S. 2.

12 *P. Potz*, Bologna. Modell einer verkehrsfreien Stadt. Vortrag im Rahmen der Italienischen Wochen der Stadt Fürth, Fürth 1990.

Das bildete die Grundlage für ein neues noch ehrgeizigeres Verkehrskonzept, übrigens in der Kontinuität der Zielsetzungen und Maßnahmen, die seit den siebziger Jahren schon entwickelt wurden. Dafür hat die Stadtverwaltung einen externen Gutachter beauftragt."[13]

Tabelle 11: Wirtschaftliche Vergleichsdaten im öffentlichen Stadtverkehr*

Betriebskennziffern[1]	Unternehmen des VÖV[2]	Stadtverkehr Bologna
Zahl der beförderten Personen pro Einwohner und Jahr	200[3]	308
Beförderte Personen je Wagen-Kilometer	3,7	8,6
Mittlere Reiselänge	5,7 km	4-5 km
Betriebskosten je beförderte Person	1,30 DM	325 L/0,60 DM[4]
Durchschnittliche Einnahmen je beförderte Person	0,82 DM	104 L/0,20 DM[4]
Kostendeckungsgrad	63 %	33 %
Anteil Personalaufwendungen an Gesamtkosten	59 %	71 %
Defizit pro Einwohner im Einzugsbereich pro Jahr	80-90 DM	68.000 L/120 DM[4]
Defizit je beförderte Person	0,48 DM	220 L/0,40 DM[4]
		difu

*Quelle: Nach *Azienda Trasporti Consorziali Bologna* (Hrsg.), Conto Consuntivo 1981, Bologna 1982; Verband öffentlicher Verkehrsbetriebe (VÖV), Statistik '81, Köln 1982; Berechnungen des Deutschen Instituts für Urbanistik.

1 Im Jahr 1981.
2 Verband öffentlicher Verkehrsbetriebe.
3 Großstädte über 300.000 EW, ungefährer Wert.
4 Ungefähre Werte nach dem Wechselkurs von 1982.

---

13 *Gout*, 1990, S. 2.

4.2 Der Verkehrsentwicklungsplan

Die Verkehrsplanung für die Altstadt hat der Gutachter Prof. Bernhard Winkler (Technische Universität München) in eine gesamtstädtische "Mobilitätsplanung" eingebettet. Wesentliches Merkmal des vorgeschlagenen Verkehrskonzepts ist das Vorgehen in Einzelschritten[14]:

Kurzfristig kommen nur organisatorische Maßnahmen in Frage wie

- selektive Zufahrtsbeschränkung in die Altstadt,
- Reglementierung für die Nutzung der Parkplätze in der Altstadt,
- Vergrößerung des Fußgängerbereichs in der Altstadt,
- Neuorganisation des Autobusnetzes und
- Ausweisung von Park-and-Ride-Plätzen an der Peripherie.

Mittelfristig ist folgendes vorgesehen:

- Ausbau von Kurzparkzonen am Rande der Altstadt im Bereich der historischen Stadttore und am Bahnhof,
- Verkehrsberuhigung und Einrichtung von Busspuren in an die Altstadt angrenzenden Stadtgebieten.

Langfristig stehen als Ziele an:

- Vervollständigung einer ringförmigen Hauptverkehrsstraße zwischen Altstadtring und der Autobahn-Tangentiale am Stadtrand,
- Umbau der Verkehrsknoten des Altstadtrings (bessere Bedingungen für Fußgänger-, Fahrrad- und Busverkehr),
- Planung eines Stadtbahnnetzes (teilweise unterirdisch).

4.3 Die selektive Beschränkung des Autoverkehrs in der Altstadt

Der Grundgedanke der Bologneser Verkehrsregelung richtet sich nach der Tatsache, daß in einer dichten, urbanen Stadt Mobilität und akzeptable Umweltbedingungen nur gewährleistet werden können, wenn man das Transportmittel mit dem größten Flächenbedarf und den stärksten Umweltbelastungen auf den für das Funktionieren der Stadt und der Wirtschaft "notwendigen" Anteil beschränkt. Es geht also um das Unterscheiden des "notwendigen" und des sonstigen Autoverkehrs und um dafür geeignete Regelungsmöglichkeiten. Der Gutachter Bernhard Winkler hat das in einem Interview folgendermaßen begründet: "Die Frage ist, ob es eine legitime Freiheit ist, von jedem Punkt zu jedem Punkt in jeder Situation mit dem Auto fahren zu können. Denn das Auto nimmt ja die 50fache Fläche des Fußgängers ein, wenn man die Parkplätze zu Hause und in der Stadt bedenkt. Es gehört zu den Stadtfreiheiten, daß man seine Gedanken frei äußern kann, sich auch frei in der Stadt bewegen kann, im öffentlichen Raum. Das ist es, was wir Stadtplaner erfüllen müssen, dem Bürger die Bewegungsfreiheit zu garantieren. Ob das ein Kind ist oder eine Frau mit Kinderwagen, ein Fußgänger, ein alter Mann, ein Geschäftsmann oder ein Gewerbetreibender, der das Auto braucht, das ist eine zweite Frage. Oder ein Pendler, der mit dem Bus fährt oder mit der Untergrundbahn. Oder ein Auto, das auf der Umgehungsstraße oder Autobahn fährt, da glaube ich, muß man sehr differenziert denken. In jedem Fall und

---

14 Ebenda, S. 3.

in jeder Situation geht es darum, für den Bürger zur Garantie seiner Bewegungsfreiheit das mögliche und günstige Verkehrsmittel zur Verfügung zu stellen. Seine eigenen Schuhe oder Füße, das Fahrrad, den Fahrradweg, das öffentliche Verkehrsmittel und so weiter. Aus diesem Grund, um den Bürgern die unbedingt notwendige Bewegungsfreiheit zu garantieren, sind wir in Bologna zu dem Schluß gekommen, man muß diese alte Stadt für den Individualverkehr schließen. Weil nur das - so paradox es klingt - die Bewegungsfreiheit garantiert."[15]

Seit Mitte 1989 sind die kurzfristigen und auf die Altstadt bezogenen Maßnahmen durchgeführt. Fast der gesamte Bereich der Altstadt (etwa 400 Hektar) wurde für den motorisierten Individualverkehr täglich von 7.00 bis 20.00 Uhr selektiv gesperrt. Zugelassen sind bei einer Höchstgeschwindigkeit von 30 km/h in der gesamten Altstadt:

- Busse, Taxi und Mietfahrzeuge mit Fahrer,
- Fahrzeuge mit zwei oder drei Rädern (Fahrräder, Mopeds, Motorroller und die in Italien sehr verbreiteten kleinen Lieferwagen mit drei Rädern),
- Kleinlaster (mit 1,75 bis 4,0 Tonnen zulässigem Gesamtgewicht),
- Fahrzeuge, die außerhalb der Region Bologna zugelassen sind,
- Fahrzeuge von Hotelgästen und
- Fahrzeuge mit einer Sonderberechtigung.

Sonderberechtigungen (Plaketten) werden an Bewohner der Altstadt, an Betriebe (für den Wirtschaftsverkehr), an Benutzer von Privatgaragen und in sehr geringem Umfang an Einzelpersonen kostenlos vergeben. Im Herbst 1989 wurden vergeben[16]:

- 40.000 Plaketten an Betriebe und Lieferanten,
- 22.000 Plaketten an Bewohner und
- 20.000 Plaketten an Betreiber oder Benutzer privater Garagenanlagen.

Ergänzt wird das System der Zufahrtsberechtigung durch eine restriktive Regelung der Parkmöglichkeit in der Altstadt:

- Pkw der Altstadtbewohner dürfen nur in den Straßen des Viertels parken, in dem sich die Wohnung befindet. Die Altstadt wurde dazu in vier Viertel unterteilt.
- Die privilegierten Fahrzeuge der in der Altstadt ansässigen Betriebe und der Lieferanten dürfen im öffentlichen Straßenraum nur bis zu 30 Minuten parken.
- Die Fahrzeuge, für die ein Privatparkplatz nachgewiesen wurde, dürfen nur auf diesem Parkplatz und nicht auf der Straße parken.

Die quantitative Seite der Parkmöglichkeiten in der Altstadt ist folgende:

- 2.200 Parkplätze auf Straßen und Plätzen sind gebührenpflichtig mit einer Höchstparkdauer von 90 Minuten;
- 10.000 sonstige Parkplätze im Straßenraum sind gebührenfrei;
- 9.000 private Stellplätze sind vorhanden, davon werden 2.000 bis 3.000 von Beschäftigten genutzt;
- 3.000 Straßenparkplätze befinden sich am Alleenring, aber außerhalb des Rings.

---

15 *Bernhard Winkler*, Passierschein für Autos, in: Radfahren, H. 3 (1990), S. 110.
16 Angaben von *Andrea Zanelli*, Commune di Bologna, Oktober 1989. Die Zahl der angegebenen Plaketten sagt nichts über die Zahl der privilegierten Fahrzeuge aus, da Doppelvergabe von Plaketten möglich ist, z.B. an den Besitzer einer privaten Garage, der auch als Bewohner eine Plakette hat. Teilweise gelten Plaketten für Betriebe nur für einen Tag in der Woche.

Zum Ausgleich der Beschränkungen wird das bestehende System von Park-and-Ride-Plätzen am Stadtrand ausgebaut und - mit Blick auf die positiven Erfahrungen in Mailand - der Anteil der bewachten Park-and-Ride-Plätze erhöht. Im Oktober 1989 bestand insgesamt ein Park-and-Ride-Angebot von 7.000 Plätzen. Davon sind 3.000 Plätze bewacht.

Bezogen auf die Bewohner der Altstadt ergibt sich folgende überschlägige Bilanz der Kfz-Abstellmöglichkeiten: Für etwa 22.000 Kraftfahrzeuge von Bewohnern (die Motorisierungsziffer beträgt 400 Kfz/1.000 Einwohner) stehen folgende Abstellmöglichkeiten zur Verfügung:

- 10.000 Parkplätze im Straßenraum,
- 9.000 private Stellplätze auf Höfen oder in Garagen,
- der Rest von etwa 3.000 Fahrzeugen wird nach Schätzungen des Verkehrsplanungsamtes außerhalb des Alleenrings abgestellt.

Bei dieser für westdeutsche Verhältnisse äußerst knappen Ausstattung des Altstadtgebietes mit Parkplätzen ist die Notwendigkeit einer wirkungsvollen Bevorrechtigung für die Parkraumbedürfnisse der Anwohner im öffentlichen Straßenraum offenkundig.

Mit dem Auto in die Altstadt hineinfahren dürfen also nicht mehr die normalen Berufspendler, Einkäufer und sonstigen Besucher, die aus Bologna oder der Region kommen. Sie sollen auf die öffentlichen Verkehrsmittel umsteigen oder nichtmotorisiert in die Altstadt gelangen.

Die Kontrolle der Einfahrtsberechtigung erfolgte während der Einführungsphase an allen Stadttoren, danach hauptsächlich gegenüber den parkenden Fahrzeugen. Die Verwarnungsgelder wurden in Italien im Sommer 1989 auf 25.000 bis 75.000 Lire (etwa 35 bis 106 DM) angehoben. In Bologna wird zur Zeit überwiegend der untere Rahmen dieses Ermessensspielraums ausgeschöpft. Desweiteren wurden durch staatliche Regelungen die Voraussetzungen zum Abschleppen illegal geparkter Fahrzeuge vereinfacht. Eine Behinderung des Verkehrs oder anderer Verkehrsteilnehmer ist nicht mehr zwingende Voraussetzung des Abschleppens.

Insgesamt sind in Bologna 560 Personen bei der Parkraumüberwachung eingesetzt. Davon sind 80 Parkraumkontrolleure in der Altstadt beschäftigt. Zum Abschleppen stehen dort fünf Wagen zur Verfügung. Halter abgeschleppter Fahrzeuge müssen neben den Abschleppkosten und der Verwarnungsgebühr auch Parkgebühren für den Zeitraum bis zur Einlösung des abgeschleppten Wagens zahlen.

Öffentlichkeitsarbeit und Partizipation haben in Bologna seit den siebziger Jahren besondere Bedeutung. Wenngleich sich viele Erwartungen an eine dezentralisierte "Stadtteildemokratie" nicht erfüllten[17], so wurden Winklers Pläne doch von den Stadtteilbeiräten breit diskutiert und teilweise modifiziert. Damit konnte vor allem eine umfassende Einsicht in die Notwendigkeit der getroffenen Maßnahmen vermittelt werden, die nach Auskunft von Vertretern des Verkehrsplanungsamtes besonders deswegen wichtig ist, weil die getroffenen Maßnahmen für viele Menschen auch erhebliche Beschränkungen bedeuteten[18].

---

17 Vgl. Jax.
18 Zur Einführung der Zufahrtsbeschränkungen zur Altstadt hat die Stadt Bologna im Juni 1989 eine Broschüre mit einem Faltplan unter dem Titel "Una città per viverci" herausgegeben.

4.4 Ergänzende Verkehrsangebote in und außerhalb der Altstadt

Wesentlicher Bestandteil der Planungen von Winkler ist auch ein Konzept von Fußwegeverbindungen. Besondere Bedeutung hat darin eine Verbesserung der städtebaulichen Qualität der Fußwegebeziehung Innenstadt-Bahnhof. Eine der Haupteinkaufsstraßen (Via dell'Indipendenza) wurde dazu in den Fußgängerbereich einbezogen. Besondere Bedeutung hat auch die städtebauliche Integration eines Busbahnhofs in der Nähe des Hauptbahnhofs. Darauf abgestimmt sind bereits erfolgte Änderungen der Verkehrsführung in einem Stadtteil, der sich nördlich der Gleisanlagen anschließt. Auf einem zentralen Platz wurde dort ein Fußgängerbereich mit relativ provisorischen Mitteln eingerichtet, der einerseits den zentralen Durchgangsverkehr unterbricht und erschwert und andererseits zusätzliche Erholungsflächen in zentraler Lage (Basketballfeld, Ruhezonen) bietet.

Parallel zu der selektiven Beschränkung des Pkw-Verkehrs in der Altstadt wurde das Busliniennetz neu organisiert. Die Schließung der Altstadt für den nichtprivilegierten Autoverkehr war die Voraussetzung für das gute Funktionieren des Busverkehrs in diesem Bereich[19]. Das System der Bussonderspuren, die häufig in Gegenrichtung zum allgemeinen Kfz-Verkehr verlaufen, wurde nicht nur im Zentrum erweitert. Neue Bussonderspuren wurden in drei Hauptausfallstraßen außerhalb der Altstadt eingerichtet[20]. Einzelne kurze Straßenabschnitte wurden sogar ganz zugunsten des Busverkehrs umgewidmet, womit die Verkehrsbelastung eines solchen Straßenzuges und damit auch die Verkehrsbehinderungen für den Busverkehr erheblich vermindert wurden (z.B. im Quartier nördlich des Bahnhofs). Diese bevorzugten Busachsen sind mit Park-and-Ride-Anlagen am Stadtrand verbunden.

In der Altstadt konnte die Reisegeschwindigkeit des Busverkehrs durch das verringerte Kfz-Verkehrsaufkommen erhöht werden. "Aber durch diese Verkehrsminderung prägen auch die Busse das Straßenbild jetzt viel stärker als vorher. Das bewegt einige Bewohner, sich über die Abgase, den Lärm und die Größe der Busse zu beklagen. So wird mehr über intensivere Öffentlichkeitsarbeit nachgedacht, um die Akzeptanz des ÖPNV als umweltfreundliches Verkehrsmittel zu erhöhen. Außerdem wurden auch Minibusse in engen Straßen eingesetzt, und der Einsatz von O-Bussen ist in Kürze geplant. Es bestehen auch - noch vage - Planungen für ein U-Bahnnetz in der Innenstadt."[21]

4.5 Die Verringerung des Pkw-Verkehrsaufkommens der Altstadt

Ziel der selektiven Beschränkung des Autoverkehrs in der Altstadt ist das Fernhalten "nicht notwendigen" Kfz-Verkehrs. Als "nicht notwendig" wird der Pkw-Verkehr der Berufs- und Ausbildungspendler sowie der Einkaufs- und Besucherverkehr mit Pkw betrachtet. Für diese Verkehrszwecke wird ein Umsteigen auf andere Verkehrsmittel, die die weit überwiegende Mehrheit schon immer genutzt hat, für akzeptabel gehalten. Das Schlagwort von der "autofreien Stadt" stammt nicht aus Bologna. Ziel der Bologneser Verkehrspolitik ist die Verhinderung des das notwendige Maß überschreitenden Autoverkehrs, damit die Lebensqualität der Stadt und die Chance auf Mobilität für alle nicht bedroht werden. Dies ist bei der Beurteilung der Verkehrszählungsergebnisse zu berücksichtigen.

---

19 Gout, S. 60.
20 Ebenda.
21 Ebenda.

Zählungen der über den Alleenring in die Altstadt ein- und ausfahrenden Kraftfahrzeuge zeigen eine starke Abnahme der Verkehrsmenge trotz gestiegenen Motorisierungsgrads. Die Zahl der am Tag ein- und ausfahrenden Fahrzeuge betrug 1972 199.000 Kfz. Nach Durchführung des ersten Verkehrsregelungsplans der Altstadt wurde 1974 eine Abnahme auf 174.000 Kfz festgestellt. Bis 1982 war das Tagesverkehrsaufkommen wieder geringfügig auf 181.000 Kfz angestiegen. Ein halbes Jahr nach Vollendung der neuen Verkehrsregelung für die Altstadt wurde Ende 1989 eine Gesamtmenge der ein- und ausfahrenden Fahrzeuge von 95.000 Kfz/Tag gezählt[22]. Gegenüber der Verkehrsmenge von 1982 wurde also der in die Altstadt einfahrende Kfz-Verkehr um 48 Prozent reduziert. Betrachtet man nur die privaten Pkw (die Zahl der Lastwagen, Lieferwagen, Taxis und Busse wurde ja nicht verringert), dann ergab sich zwischen 1982 und 1989 eine Senkung des Verkehrsaufkommens von 152.000 auf 58.000 Pkw/Tag, also um 62 Prozent (vgl. Tabelle 12)[23].

Tabelle 12: In die Altstadt Bolognas werktags ein- und ausfahrende Kfz*

Zeitpunkt der Verkehrszählung		Gezählte Kfz	
		insgesamt	davon Pkw (ohne Taxis)
Januar	1972	199.000	
Mai	1974	174.000	
März	1982	181.000	152.000
November	1989	95.000	58.000
Veränderung 1982-1989	in %	-48	-62
			difu

*Quelle: Zusammenstellung des Deutschen Instituts für Urbanistik nach Unterlagen der Stadt Bologna und Angaben von Architekt Andrea Zanelli, Commune di Bologna, Dezember 1989.

4.6 Veränderungen im gesamten Personenverkehrsaufkommen der Altstadt

Während der private Pkw-Verkehr zur Altstadt um mehr als 60 Prozent sank, legten alle anderen Verkehrsarten zu: der Fahrrad- und Mopedverkehr (sowie der in Italien beliebten Motorroller), der Taxiverkehr, die Zahl der Buspassagiere und der Fußgängerverkehr. Obwohl die Fahrgastzahlen des Busverkehrs seit 1982 in Bologna sowie in ganz Italien rückläufig sind, bewirkte die Zunahme der Fahrgastzahlen für die Strecken zur und aus der Altstadt im

---

22 Angabe von Architekt *Andrea Zanelli*, Commune di Bologna, Dezember 1989.
23 *Gout*, S. 8.

Jahre 1989 wieder eine Aufwärtsentwicklung in der Gesamtbilanz des städtischen Verkehrsbetriebs (ATC)[24] (vgl. Abbildung 18).

Ob und wie stark sich das Personenverkehrsaufkommen der Altstadt insgesamt verändert hat, ist datenmäßig nicht belegt. Nach den Einschätzungen der Planer hat das Personenverkehrsaufkommen insgesamt zugenommen: "Die Stadt ist seit der Schließung (für nichtprivilegierte Pkw) voller Menschen."[25]

Die Anteile der verschiedenen Verkehrsmittel (ohne Fußgängerverkehr) am Ziel- und Quellverkehr der Altstadt (vgl. Tabelle 13) haben derzeit folgende Größenordnungen: 78 Prozent der Personenfahrten werden mit dem Linienbus gemacht, rund 2 Prozent mit Taxi, 11 Prozent mit dem privaten Pkw und 8 Prozent mit Fahrrad, Moped oder Motorroller[26]. Diese Zahlen kann man nicht mit dem Modal-Split deutscher Citygebiete vergleichen, da die Altstadt Bolognas flächenmäßig erheblich größer ist (4,3 Quadratkilometer) und es dort 54.000 Bewohner und 80.000 Beschäftigte gibt, ferner große Teile der Universität auf dieser Fläche untergebracht sind.

Tabelle 13: Anteile der Verkehrsmittel am Ziel- und Quellverkehr der Altstadt von Bologna, in %*

Verkehrsmittel	Anteil an den Personenfahrten (ohne Fußgängerverkehr)[1]
Linienbus	78
Taxi	2
Privater Pkw	12
Fahrrad, Moped, Motorroller	8
Insgesamt	100

*Quelle: Nach *Patrizia Gout*, Beschränkung des Autoverkehrs in Bologna, in: Monatsbericht Aufgabenbereich Verkehr des ILS, H. 11 (1990), S. 8.

1 Stand Ende 1989.

---

24 Ebenda.
25 *Winkler*.
26 *Gout*, S. 8.

Abbildung 18: Die Entwicklung der Fahrgastzahlen bei den städtischen Verkehrsbetrieben Bologna*

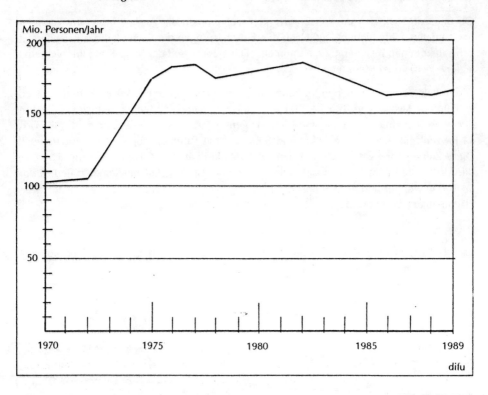

*Quelle: Nach *Azienda Trasporti Consorziali Bologna (Hrsg.)*, Conto Consuntivo 1981, Bologna 1982, S. 36, sowie *Azienda Trasporti Consorziali Bologna (Hrsg.)*, Bilancio di previsione 1987, Bologna 1988, S. 30 und 31.

5. Verkehrsmittelanteile im Städtevergleich

Auf der Basis der Fahrgastzahlen der städtischen Verkehrsbetriebe Bologna (siehe Abbildung 18), Daten zum Modal-Split der Personenfahrten, die Patrizia Gout recherchierte[27], sowie durch eine Schätzung des Fußwegeanteils mit Hilfe von Städtevergleichen konnten die ungefähren Anteile der einzelnen Verkehrsmittel an den werktäglichen Wegen der Einwohner der Stadt Bologna ermittelt werden. Das Ergebnis ist in Tabelle 14 wiedergegeben. Eine Gegenüberstellung mit vergleichbaren westdeutschen Großstädten (vgl. Tabelle 15) läßt erkennen, daß in Bologna hauptsächlich bedingt durch einen höheren ÖPNV-Anteil der Autoverkehrsanteil doch deutlich geringer ist.

---

27 *Gout*, S. 8.

Tabelle 14: Anteile der Verkehrsmittel an den werktäglichen Wegen der Einwohner der Stadt Bologna, in % *

Verkehrsmittel	Anteil an den Wegen[1]
Öffentliche Verkehrsmittel	30
Pkw einschließlich Taxi	30-35
Zu Fuß	30-35
Zweirad (Fahrrad, Moped, Motorroller)	6
Insgesamt	100
	difu

*Quelle: Darstellung des Deutschen Instituts für Urbanistik.
1 Stand 1990, ungefähre Werte.

6. Fazit

Die 1989 eingeführten Verkehrsregelungen entsprechen einer schon längerfristig angelegten zielgerichteten Kommunalpolitik, bei der es vor allem um Erhaltung und Umnutzung der historischen Kernstadt, Förderung des öffentlichen Personenverkehrs und strenge Beschränkung des Parkplatzbaus in der Altstadt geht. Und sie beruhen auf einem breiten gesellschaftlichen Konsens und der Legitimation durch eine Volksabstimmung[28].

Die selektive Zufahrtsbeschränkung für die Altstadt dient der Besserstellung der Bewohner und des Wirtschaftsverkehrs. Nicht zugelassen ist die Nutzung des privaten Pkw durch Beschäftigte, Einkaufende und Besucher der Altstadt. Ausnahmen werden zugestanden.

Die Vorteile dieser Verkehrsregelungen liegen erstens im geringen Kosten- und Zeitaufwand; zweitens in der leichteren Verkehrsüberwachung weniger Zufahrten in die Altstadt und drittens in der über Parkraumbewirtschaftung hinausgehenden Möglichkeit der selektiven Beschränkung und der Senkung des Autoverkehrs. Der letzte Gesichtspunkt kann vor allem in bezug auf den Besucher- und Freizeitverkehr wichtig werden, wenn eine Senkung des Verkehrsaufkommens nicht nur über preispolitische Mittel (Parkgebühren) angestrebt werden soll.

Die Strategie der selektiven Zufahrtsbeschränkung für die Altstadt ("Zona a traffico limitato") wird von der Bevölkerung sehr positiv beurteilt und mittlerweile auch von der Geschäftswelt akzeptiert[29]. Es gibt sogar Druck von den Bewohnern für eine zeitliche (nachts) und flächenmäßige Ausweitung. In drei Innenstadtbereichen werden bis 1995 von der Gemeinde Veränderungen angestrebt[30].

---

28 *Gout*, S. 9.
29 *Bernhard Winkler*, Die Mobilitätsplanung der Stadt Bologna, in: Parametro, H. 2 (1990), S. 89.
30 *Gout*, S. 9.

Tabelle 15: Verkehrsmittelnutzung im Städtevergleich, in %*

Stadt	Erhebungs-jahr	Verkehrsmittelanteile[1]			
		Pkw	zu Fuß	Fahrrad	ÖPNV
Bologna	1989/1990	35	30-35	3	30
Hannover	1989	39	23	16	22
München	1989	40	24	12	24
Stuttgart	1989	43	29	5	23
5 große Städte in NW[2]	1985	47	28	7	18
Leipzig	1987	28	33	6	33
Leipzig	1990	32	35	9	24
Zürich	1988	29	25	4	42

difu

*Quelle: Bologna: Ermittlung des Deutschen Instituts für Urbanistik aufgrund von Unterlagen der Stadt Bologna und der Verkehrsbetriebe; Hannover, München, Stuttgart, Leipzig: *Socialdata (Hrsg.), Mobilität in Leipzig, München 1990*, S. 18; 5 große Städte in NW: *Minister für Stadtentwicklung und Verkehr (Hrsg.), Gesamtverkehrsplan NW, Düsseldorf 1990*, S. 98; Zürich: *Socialdata (Hrsg.), Zahlen und Fakten zur Mobilität, Freiburg 1990*, S. 20.

1 Auf den werktäglichen Wegen der Einwohner der Stadt.
2 Mittelwert der Städte Köln, Düsseldorf, Essen, Dortmund, Duisburg.

Bleibt die Frage, ob die Strategie der "Zona a traffico limitato", die auch in anderen italienischen Städten angewendet wird, auf deutsche Verhältnisse übertragbar ist. Winkler ist vorerst der Ansicht: "Das ist eine typische italienische Lösung, die nicht so ohne weiteres hier bei uns möglich ist."[31] Die Hauptfrage lautet: "Wie kann man unbedingt notwendigen Verkehr zulassen und den nicht notwendigen Verkehr entschieden aussperren? ... Wie wir das hier machen werden, in der Bundesrepublik, das muß sich erst zeigen, da sind wir dran"[32].

---

31 *Winkler*, S. 110.
32 Ebenda.

17
Für Bus und Taxi reservierte Fahrstreifen in der Altstadt Bolognas.

18
Es gibt zahlreiche Einbahnstraßen mit der Busspur in Gegenrichtung.

19
Fußgängerzone in der Altstadt von Bologna.

20
Auch außerhalb der Innenstadt wurden Busspuren eingerichtet, hier in Gegenrichtung zum Individualverkehr.

Zürich

1. Die städtebauliche Entwicklung

Im Vergleich mit deutschen Städten hat Zürich - da von Kriegszerstörungen verschont - eine noch weitgehend erhaltene, kompakte bauliche Struktur der Kernstadt. Aufgrund seiner Entwicklungsdynamik als wirtschaftliches Zentrum der Schweiz und internationaler Finanzplatz unterscheidet sich die Siedlungsstruktur im Stadtumland - mit Ausnahme der beiden Siedlungsbänder entlang der Seeufer und der uferparallelen Eisenbahnlinien - aber nur wenig von der anderer europäischer Ballungsräume: Es handelt sich ebenfalls um eine vorzugsweise autoorientierte, disperse Siedlungsstruktur[1]. Um 1950, ehe der Autoboom einsetzte, wohnten rund 70 Prozent der Einwohner der Agglomeration in der Stadt Zürich, heute sind es nur noch rund 40 Prozent von 840.000 Einwohnern (vgl. Abbildung 19). Innenstadt und innenstadtnahe Stadtteile verloren seit 1950 rund 90.000 Bewohner, während die Zahl der Büroarbeitsplätze rapide zunahm. Heute gehört etwa jeder zweite Arbeitsplatz einem Einpendler, der außerhalb der Stadtgrenze wohnt (vgl. Abbildung 21).

2. Die Förderung der Straßenbahn - Vorbild für öffentlichen Nahverkehr

Die Zürcher Verkehrsbetriebe (VBZ) haben seit Anfang der achtziger Jahre, in einer Zeit sonst vorwiegend stagnierender oder abnehmender Fahrgastzahlen, einen beachtlichen Anstieg bei der Zahl beförderter Personen erzielt. Dies geschah auf einem bereits hohen Niveau der spezifischen Fahrtenhäufigkeit (ÖPNV-Fahrten pro Einwohner und Jahr) im Vergleich mit anderen europäischen Großstädten, was besondere Beachtung verdient und auch weit über die Schweiz hinaus Beachtung fand (vgl. Abbildungen 22 und 23). Welche Faktoren haben zu dieser positiven Entwicklung geführt? Was können andere Großstädte daraus lernen?

---

1 *Willi Hüsler*, Zusammenhänge von Verkehrsplanung und Raumordnung, in: Zukunft des Verkehrswesens, Gesamthochschule Kassel, Kassel 1986, S. 16 ff.

Abbildung 19: Siedlungsstruktur im Raum Zürich*

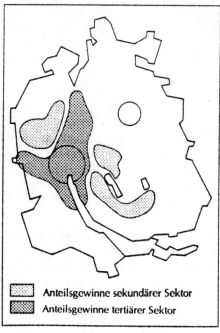 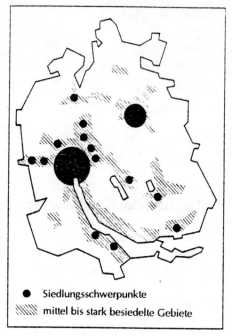

Arbeitsplätze   Siedlungsschwerpunkte

*Quelle: Amt für Raumplanung des Kantons Zürich (Hrsg.), Siedlungsstruktur, Zürich, Dezember 1983, S. 87.

Zürichs Straßenbahngeschichte umfaßt bereits mehr als 100 Jahre. 1882 fuhr das erste "Rösslitram" (Pferdebahn) und 1894 die erste "Elektrische". Bereits 1897 ging die Straßenbahn in Gemeindebesitz über. Die Stadt Zürich war damit nach Walter Trüb die erste Stadt Europas, die ihre Straßenbahn kommunalisierte "und damit einen öffentlichen Verkehrsbetrieb schuf, der nach sozialen und gemeindepolitischen Gesichtspunkten der Gesamtheit dienen sollte"[2].

"Für heute relevant sind die sehr alte, ungebrochene Identifikation der Stadt und des Zürchers mit 'seinem' Verkehrsbetrieb und die Tatsache, daß seit Pferdebahnzeiten bis in die jüngste Zeit wichtige Linien tagsüber alle 6 Minuten verkehren."[3] "Bis etwa 1930 verliefen Stadt- und ÖPNV-Entwicklung ausgesprochen homogen: die Stadt wuchs konzentrisch um den alten Kern - setzte als Jahrringe an -, der Straßenbahnbau verlief parallel mit ausgesprochener Radialstruktur."[4]

---

2 Walter Trüb, 80 Jahre Zürcher Straßenbahn, Zürich 1968, S. 31.
3 Heinrich Brändli, Planung des Personennahverkehrs in einem internationalen Dienstleistungszentrum, in: Internationale Konferenz "Umweltökonomie in der Stadt", Berlin, Januar 1989, S. 394.
4 Ebenda.

Abbildung 20: Einwohnerverteilung von Zürich und Umland*

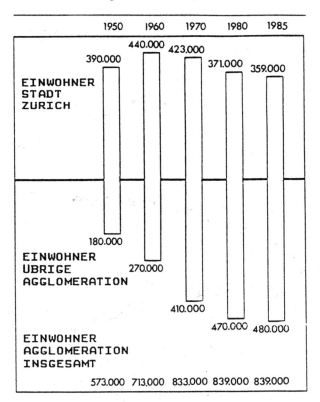

*Quelle: *Willi Hüsler*, Zusammenhänge von Verkehrsplanung und Raumordnung, in: Zukunft des Verkehrswesens, Gesamthochschule Kassel, Kassel 1986, S. 20.

Abbildung 21: Pendlerschere Stadt Zürich*

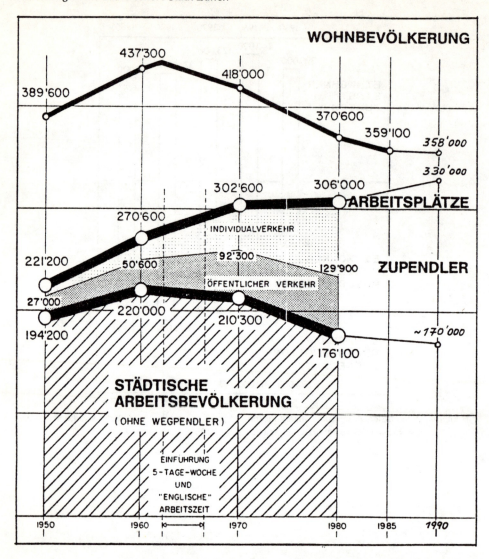

*Quelle: *Der Stadtrat von Zürich*, Zur Verkehrspolitik der Stadt Zürich, Zürich, August 1987, S. 5, sowie Ergänzung des Deutschen Instituts für Urbanistik für den Bereich 1980 bis 1990.

Abbildung 22: Beförderte Personen bei den Verkehrsbetrieben Zürich (VBZ)*

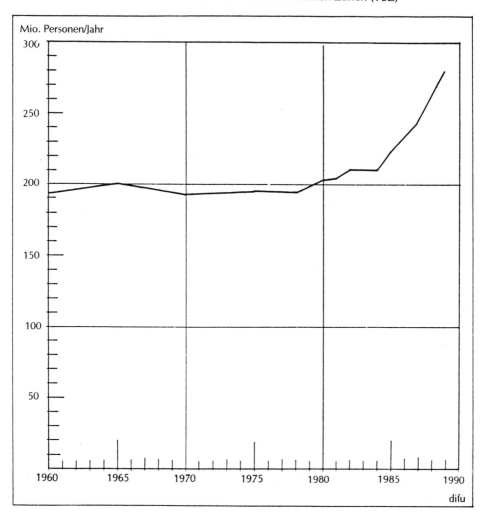

*Quelle: Nach *Statistisches Jahrbuch der Stadt Zürich*, 79. bis 84. Jahrgang.

Abbildung 23: Spezifische Fahrtenhäufigkeit mit Bahn und Bus im Städtevergleich*

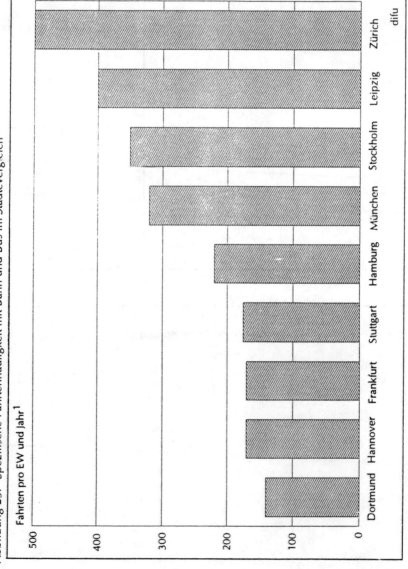

*Quelle: Berechnung und Darstellung des Deutschen Instituts für Urbanistik.

1 Im Bedienungsgebiet der Städtischen Verkehrsbetriebe. Fahrten mit S-Bahn oder sonstigem Eisenbahnverkehr zusätzlich überschlägig berücksichtigt (Stand 1989).

Ab etwa 1930 stagniert der Ausbau des Straßenbahnnetzes bei rund 80 Kilometer Streckenlänge einschließlich der privaten Umlandlinie (Forchbahn).

In der Zeit des starken Wirtschafts-, Siedlungs- und Verkehrswachstums der fünfziger und sechziger Jahre wurden von der Verwaltung - ähnlich wie in den großen Städten der Bundesrepublik - anspruchsvolle Projekte entworfen, die aber politisch scheiterten. So wurden der Plan für eine Tiefbahn 1962 und das Projekt einer U-Bahn 1973 per Volksentscheid verworfen. Das Scheitern der großen Investitionsvorhaben zwang die Verkehrsplaner und Verkehrslenker, eine deutliche Verbesserung der Betriebsverhältnisse für Tram (Straßenbahn) und Bus im Straßenraum durch konsequente Beseitigung der Behinderungen aufgrund des stark zugenommenen Autoverkehrs vorzunehmen. Sie wurden darin unterstützt durch eine Volksinitiative zur Förderung des öffentlichen Verkehrs, die 1977 per Volksentscheid angenommen und mit einem "Kredit" von 200 Millionen Franken ausgestattet wurde.

Zur Durchführung dieser Verkehrspolitik der "Bevorzugung von Straßenbahn und Bus im vorhandenen Straßenraum"[5] entschied man sich für eine besondere Form interdisziplinärer Zusammenarbeit. Als neues Führungs- und Entscheidungsorgan wurden der "Stab zur Förderung des öffentlichen Verkehrs" und zur Bearbeitung und Koordination der Projekte die "Arbeitsgruppe zur Förderung des öffentlichen Verkehrs" eingerichtet[6].

Im Oktober 1979 bestärkte der Stadtrat das Primat des öffentlichen Verkehrs noch einmal mit einer Dienstanweisung folgenden Wortlauts: "In Übereinstimmung mit dem vom Stadtrat zum wiederholten Male zum Ausdruck gebrachten Willen, dem öffentlichen Verkehr im Widerstreit der verschiedenen Verkehrsinteressen Priorität einzuräumen, werden die städtischen Ämter angewiesen, den öffentlichen Verkehr grundsätzlich zu bevorzugen. Im weiteren sind die Bedürfnisse der Fußgänger, Behinderten, Velofahrer (Fahrradfahrer) und Warentransporte angemessen zu berücksichtigen. Dem Umweltschutz, der Wohnlichkeit der Stadtquartiere und dem Stadtbild soll ebenfalls Rechnung getragen werden."[7]

Die Förderungsmaßnahmen für Straßenbahn und Bus konzentrierten sich auf drei technische Bereiche (hinzu trat eine gezielte Imagepflege):

- "Freie, vom Individualverkehr unbehinderte Fahrt zwischen den Knotenpunkten, durch Schaffung von Eigentrassees und separaten Busspuren.
- Maximale Bevorzugung der öffentlichen Verkehrsmittel an den durch Lichtsignale geregelten Knotenpunkten, durch deren direkte Beeinflussung durch Straßenbahn und Bus, mit dem Ziel: Wartezeit Null für die öffentlichen Verkehrsmittel.
- Ausbau des rechnergesteuerten Betriebsleitsystems, damit einerseits die Fahrer laufend über ihre exakte Fahrplanlage orientiert sind und so den Fahrplan exakt einhalten können, und damit andererseits die Betriebsleitung jederzeit über Fahrplanabweichungen und Störungen orientiert ist und mit vorbereitenden Maßnahmen korrigierend und helfend eingreifen kann."[8]

---

5   *Ernst Joos*, Ökonomische, umweltgerechte Verkehrspolitik einer Halb-Millionen-Stadt, in: Straßen und Verkehr 2000. Internationale Straßen- und Verkehrskonferenz Berlin 1988, S. 68 (Konferenzberichte, Bd. 1 A).
6   Ebenda.
7   Ebenda.
8   Ebenda.

Zum ersten Punkt: "unbehinderte Fahrt zwischen den Knotenpunkten" ist auszuführen: Straßenbahn und Bus sollen "... zähfließende oder stehende Autokolonnen überholen und den nächsten Knotenbereich zügig erreichen können, damit die dort angebotenen Prioritäten zum Tragen kommen. Zudem muß ausgeschlossen werden, daß auf den freien Strecken linksabbiegende oder abgestellten Fahrzeugen ausweichende Autos Straßenbahnen und Busse zum Abbremsen oder Anhalten zwingen. Diese Maßnahmen mußten in der Regel ohne Aufweitung des Straßenraumes verwirklicht werden, sei es durch Umwandlung eines ganzen Straßenabschnittes in einen Fußgänger-/ ÖV-Bereich, sei es durch Aufheben der Straßenrandparkplätze, sei es durch bauliche Umgestaltung des Straßenquerschnittes mit separatem Gleiskörper oder ähnlichem. Mit dieser Zielsetzung wurden in den vergangenen fünfzehn Jahren folgende Maßnahmen verwirklicht: In 15 Straßenzügen Parkierungs- und Halteverbote. 35 Linksabbiege-Verbote in Straßenbahnstraßen. 65 Verfügungen: 'Kein Vortritt' an Einmündungen in Bus- und Straßenbahnstraßen. 16 Kilometer Busspuren. Rund 30 Bauprojekte wie Haltestelleninseln, eigene Bahnkörper, Fußgängerbereiche mit Straßenbahn und Bus, mehrgleisige Anlagen, Busspuren usw. 2 Neubaustrecken für Straßenbahnverlängerung von 2 Kilometer bzw. 6,4 Kilometer, durchgehend mit eigenem Gleiskörper. Die Kosten dieser Maßnahmen liegen in der Größenordnung von 250 Mio. Franken".

"Zur Durchsetzung von Verboten und Anordnungen wurde eine angemessene Präsenz der Uniform-Polizei sichergestellt. Die Beamten wurden im Sinne der Bevorzugung der öffentlichen Verkehrsmittel instruiert."[9]

Zum zweiten Punkt: "Bevorzugung des ÖPNV an den Kreuzungen" ist anzumerken: Nach der Philosophie "Straßenbahn und Bus brauchen nicht lange Grünzeiten, aber sie brauchen die Grünzeit dann und nur dann, wenn sie sich dem Knotenpunkt nähern"[10], und dank der Computertechnik entwickelte die in Zürich zuständige Stadtpolizei "ein nahezu perfektes, ÖV-freundliches Regelungskonzept für Lichtsignalanlagen"[11]. Heute werden von den 270 Signalanlagen, die von Tram und Bus berührt werden, 217 von diesen Verkehrsmitteln gesteuert.

"Die Beeinflussung geschieht mit kleinen Sendern in den Fahrzeugen und Induktionsschleifen im Straßenkörper. Die Vorteile kommen jeder Straßenbahn und jedem Bus zu, unabhängig seiner Fahrplanlage. Die Auswirkungen dieses Regelungskonzeptes können wie folgt zusammengefaßt werden:

- Straßenbahn und Bus bekommen nur dann freie Fahrt, wenn sie diese wirklich brauchen. Dann aber mit Wartezeit Null, oder nahezu Null.
- Beim Fahren über mehrere Lichtsignalanlagen schaltet der Verkehrscomputer im Normalfall eine "grüne Welle" für das öffentliche Verkehrsmittel.
- Bei Lichtsignalanlagen, unmittelbar nach Haltestellen, meldet sich die Straßenbahn oder der Bus bei der Einfahrt in diese an. Nach 10-15 Sekunden schaltet das Signal auf 'freie Fahrt' und bleibt offen, bis durch die Weiterfahrt die Abmeldung erfolgt. Bei Umsteige- oder Endhaltestellen mit variabler Haltezeit erfolgt die Anmeldung durch die Betätigung des Türverriegelungsschalters durch den Fahrer.
- Der Privatverkehr kann in der Regel - trotz offensichtlicher Bevorzugung des öffentlichen Verkehrs - im bisherigen Umfang bewältigt werden. Durch die Einsparung unnöti-

---

9 Ebenda, S. 69.
10 Ebenda.
11 Ebenda.

ger Grünphasen und durch systematische Stauraumüberwachung werden Verkehrszusammenbrüche vermieden.
- Gesamthaft gesehen profitieren auch Privatverkehr und Fußgänger von der bedarfsgesteuerten Regelungstechnik, weil damit die Reserven des Netzes optimal ausgeschöpft werden können."[12]

Neben den technisch-betrieblichen Förderungsmaßnahmen, die objektiv das Verkehrsangebot verbesserten, waren es vor allem zwei öffentlichkeitswirksame Aktionen, die ab 1985 die Fahrgastzahlen hochschnellen ließen: die Einführung der "Regenbogenkarte" und eine riesige Werbekampagne. Der Erfolg der preisgünstigen, übertragbaren Monatskarte (Preis 45 Franken), nach dem Vorbild des 1984 in Basel "erfundenen" Umweltabonnements Anfang 1985 eingeführt, übertraf alle Erwartungen. Man hatte sich für den Verkauf ein Limit von 60.000 Monatskarten gesetzt, da sich dann Mehrverkehr und Minderertrag etwa die Waage halten würden. Am Ende des Jahres hatte man schon 90.000 Karten pro Monat verkauft und eine Erhöhung der Fahrgastzahlen von 6 Prozent erreicht. 1990 wurde die Marke von 150.000 Regenbogenkarten überschritten. Das übertrifft die Zahl der in Zürich zugelassenen Pkw (128.000) bei weitem. Inzwischen beteiligen sich auch viele Firmen am Verkauf der Regenbogenkarte an ihre Mitarbeiter und gewähren dabei einen Firmenbeitrag der häufig 10 Franken für die Monatskarte ausmacht.

Die Imagepflege der "Züri-Linie", wie sich die VBZ auch nennt, ist daher bewußt auf Zusammenarbeit mit der Wirtschaft ausgerichtet, sie ist offensiv sowie erfolgsbewußt gestaltet und stellt sich in den Dienst des Umweltschutzes wie auch einer neuen Stadt- und Verkehrskultur ("Wo wir fahren, lebt Zürich").

Werbung allein kann aber sicherlich nur wenig bewirken, wenn nicht dahinter ein ausgezeichnetes Angebot steht. Und das wird, wie Willi Hüsler es überzeugend dargelegt hat, weniger bestimmt durch wenige schnelle Linien (beispielsweise einer U-Bahn), sondern stärker durch ein räumlich und zeitlich dichtes Angebot in einem kompletten Netz. Oder anders ausgedrückt: Der Erfolg der Züri-Linie ist darin begründet, daß Tram und Bus in einem hohen Maß in Zürich präsent sind[13]. Es besteht nicht nur ein dichtes Netz von Tram- und Buslinien im gesamten Stadtgebiet, sondern der Fahrplan hat auch einen dichten Takt, und der Verkehr findet im Straßenraum und nicht im Untergrund statt. Die Flächenerschließung - gemessen an der Zahl von Haltestellenabfahrten pro Quadratkilometer Siedlungsfläche am Tag - ist in Zürich mit über 2400 mehr als viermal so groß wie z.B. in nordrhein-westfälischen Vergleichsstädten[14].

Aus meiner Kenntnis der Verkehrsverhältnisse in vielen europäischen Städten stimme ich Willi Hüsler zu, wenn er resümiert: "Ich glaube, wenn es irgend etwas gibt, was man als das 'Geheimnis von Zürich' bezeichnen könnte, dann ist es wahrscheinlich diese Präsenz"[15] (von Tram und Bus im Stadtbild).

---

12 Ebenda. Nähere Ausführungen siehe auch *Hanspeter Oehrli*, Die Bevorzugung öffentlicher Verkehrsmittel an LSA, in: Verkehr und Technik, H. 4 (1987), S. 125 ff.
13 *Willi Hüsler*, Zürich - ein Verdichtungsraum schafft sich Luft, in: Verkehr, Mensch, Umwelt, ZATU e.V., Nürnberg 1990.
14 Ebenda, S. 30.
15 Ebenda, S. 26.

3. Die Verkehrspolitik der Stadt Zürich seit 1987

Obwohl erfreuliche Resultate bei der Förderung des ÖPNV und der Verkehrsberuhigung in einigen Wohnquartieren erzielt wurden, konnten die verkehrsbedingten Umweltbelastungen noch nicht ausreichend verringert werden. Aufgrund der Umweltschutzgesetzgebung entstand erneuter Handlungsdruck. Die eidgenössischen Verordnungen zur Luftreinhaltung und zum Lärmschutz setzten 1986 und 1987 verbindliche Grenzwerte und Termine für deren Geltungsbeginn fest. Messungen der Belastungssituation ergaben, daß die Jahresmittelwerte bei der Stickoxyd-Konzentration den Grenzwert von 30 ug/m3 im ganzen Siedlungsgebiet, an vielen Straßen sogar um das Zwei- bis Dreifache übertreffen[16]. Untersuchungen über die voraussichtlichen Wirkungen der eingeleiteten technischen Maßnahmen bei Heizungen, Industrie und Kraftfahrzeugen (Kat) ergaben, daß diese nicht genügen, um die neuen Grenzwerte bei den Stickoxyden einhalten zu können. Die Gutachten empfahlen Geschwindigkeitsbeschränkungen für den Motorfahrzeugverkehr und dessen generelle Eindämmung[17].

Aus dieser Sachlage zog der Zürcher Stadtrat 1987 nachstehende Folgerungen: "Die Erfüllung aller Mobilitätswünsche kann deshalb in Zukunft nicht mehr in Frage kommen. Eine Zunahme der heute schon sehr großen Mobilität soll nicht eintreten. Transporte sind in Zukunft mit dem umweltverträglichsten Mittel durchzuführen, statt mit dem für den Einzelnen bequemsten oder scheinbar billigsten. Die Freiheit der Wahl des Verkehrsmittels muß ihre Grenze dort finden, wo die Lebensgrundlagen, sei es des ganzen Volkes, sei es einzelner Bevölkerungsgrupen, unmittelbar oder auch langfristig ernsthaft gefährdet sind."[18]

Die Schwerpunkte der neuen Verkehrspolitik wurden vom Stadtrat im August 1987 folgendermaßen definiert:

- "die öffentlichen Verkehrsmittel fördern,
- den Motorfahrzeugverkehr reduzieren,
- den Motorfahrzeugverkehr kanalisieren - die Wohngebiete beruhigen,
- das Parkplatzangebot nicht vergrößern, sondern eher reduzieren, namentlich für die Pendler,
- umweltfreundliche Mobilität (Velo, Fußgänger) sichern"[19].

Was ist nun bisher geschehen, um diese fünf Grundsätze der neuen Verkehrspolitik umzusetzen?

Im Bereich "öffentliche Verkehrsmittel" wurde schon Erhebliches geleistet. Neben der bereits geschilderten Förderung des Tram- und Busverkehrs wurde im Mai 1990 ein neues S-Bahn-System und ein Verkehrsverbund für die gesamte Stadtregion eröffnet.

Auch im Bereich "Parkierung" sind die kommunalen Möglichkeiten zum großen Teil bereits genutzt worden. Seit 1970 wurde die Zahl öffentlicher Parkplätze im Straßenraum um 10.000 (von 61.000 auf 51.000) verringert, vornehmlich entlang von Straßen mit Tram-

---

16 *Ruedi Aeschbacher*, Zürichs Antwort auf die verkehrspolitische Herausforderung unserer Zeit, in: Studiengesellschaft Nahverkehr, Stadtverkehr 2000, Berlin und Bielefeld 1989, S. 98 ff.
17 Ebenda, S. 101.
18 *Der Stadtrat von Zürich*, S. 10.
19 Ebenda, S. 19 ff. Siehe auch *Ruedi Ott*, Zürcher Verkehrspolitik: Umsteigen auf umweltfreundliche Verkehrsmittel. Reduktion des individuellen Motorfahrzeugverkehrs, Referat in Hannover am 28.2.1991.

oder Busverkehr[20]. In der City und in den citynahen Gebieten gibt es kaum noch öffentliche Parkplätze ohne Parkuhren. Die bisher starke Zunahme der Parkplätze auf privatem Grund wurde mit zwei Verordnungen eingeschränkt: Seit 1986 verlangt eine Verordnung bei Neubauten und großen Umbauten in Gebieten mit guter ÖV-Erschließung bedeutend weniger Pflichtstellplätze (Senkung auf 40 Prozent der vorherigen Richtzahlen für City und Cityrand). Eine zweite Verordnung aus dem Jahr 1988 verbietet es den Bauherren, zahlreiche zusätzliche Stellplätze über die Zahl der Pflichtstellplätze hinaus zu erstellen[21].

Im Bereich "Förderung des Veloverkehrs" wurde ebenfalls Beachtliches geleistet, doch warten noch viele geplante Projekte auf ihre Realisierung (vgl. Kapitel 7).

Der Bereich "Reduzierung des Kfz-Verkehrs" wurde bereits planerisch intensiv bearbeitet. Ein 42-Millionen-Rahmenkredit für ein Maßnahmenbündel zur Einschränkung der Kapazität des Straßennetzes scheiterte jedoch bei der Volksabstimmung im Jahr 1988. Der Stadtrat mußte daraus die Lehre ziehen, daß mehr als die einfache Mehrheit vor einem Abstimmungskampf, eher eine Drei-Viertel-Mehrheit erforderlich ist, um gegen härter werdende Gegner bestehen zu können, die mit enormen finanziellen Mitteln ausgestattet sind und es verstehen, die vorgelegten Pläne wirkungsvoll zu diffamieren[22].

4. Die S-Bahn und der Kantonale Verkehrsverbund

Das Projekt der S-Bahn für die ganze Region Zürich wurde in einer Volksabstimmung 1981 mit großer Mehrheit angenommen. Rückblickend erscheint den meisten Planern die Verwerfung der U-Bahn-Vorlage durch die Stimmbürger(innen) im Jahre 1973 als sinnvoll, denn sie führte schließlich zu einer besseren Lösung auf der Grundlage des bestehenden Bahnnetzes und zur Bevorrechtigung und Modernisierung der Trambahn. Kernstück der S-Bahn ist die Ergänzung des Hauptbahnhofs als Kopfbahnhof mit einem viergleisigen unterirdischen Durchgangsbahnhof, die eine 12 Kilometer lange Tunnelneubaustrecke erforderte.

Ansonsten wurde das konventionelle Netz der Bundesbahnen und einiger Nebenbahnen in der Region Zürich (rund 400 Kilometer) aktiviert und durch einige Verbindungsstrecken zusammengeschlossen. Das ganze System wird damit auf einem völlig neuen Niveau betrieben. Dies ist sicher eine intelligente und relativ kostengünstige Lösung (auch wenn das Investitionsvolumen einschließlich Fahrzeugbeschaffung immerhin rund 1,5 Milliarden Franken ausmachte), wenn man bedenkt, daß damit ein rund 400 Kilometer langes S-Bahn-Netz entstanden ist. Es reicht mit sieben Durchmesserlinien, sieben Radiallinien und zwei Außenzubringern weit in die Fläche hinaus (etwa 30 Kilometer) und bedient ein Siedlungsgebiet mit über eine Million Einwohnern in einem dichten Fahrplantakt[23].

---

20 *Andreas Oehler*, Verkehrspolitik der Stadt Zürich. Vortrag am 3.9.1990 in Berlin.
21 Ebenda sowie: *Parkraumplanung in der Stadt Zürich*, in: Raumplanung, H. 2 (1988), S. 9 und 10. Die Zahl der Stellplätze darf die der Pflichtstellplätze in der City nur um 2,5 Prozent, in citynahen Gebieten und Nebenzentren nur um maximal 5 Prozent überschreiten.
22 *Aeschbacher*, S. 104 und 105.
23 Siehe *Hüsler*, Zürich - ein Verdichtungsraum; *Brändtli; Schweizerische Bundesbahn SBB, Kreisdirektion III (Hrsg.), S-Bahn Zürich*, Zürich 1990.

Die S-Bahn "stellt betrieblich außerordentlich hohe Anforderungen", da sie nur auf der Neubaustrecke über eigene Gleise verfügt, ansonsten aber auf einem äußerst stark vermaschten, zum Teil einspurigen Netz, im gemischten Verkehr mit Fernreisezügen, Regionalzügen und Güterzügen betrieben wird[24].

Mit der S-Bahn, die im Mai 1990 eröffnet wurde, ist der bisherige, ohnehin gut organisierte Eisenbahnvorortverkehr im Umland Zürichs noch stark verbessert worden. Das S-Bahn-Netz hat eine außerordentlich große Dichte und ist stark vermascht. Mit 2,2 Kilometer Streckenlänge pro 10 Quadratkilometer Siedlungsfläche ist die Netzdichte im Durchschnitt mehr als doppelt so groß wie bei der Münchner S-Bahn und beim Nahschnellverkehr im Großraum Hannover. Allein im relativ kleinen Zürcher Stadtgebiet (92 Quadratkilometer) gibt es 24 S-Bahnhöfe (in München auf einem mehr als dreimal so großen Stadtgebiet 40). Die Züge der S-Bahn Zürich fahren nach einem 30- oder 60-Minuten-Grundtakt. Auf den wichtigsten Strecken fahren verschiedene S-Bahn-Linien zeitlich versetzt, was einen Viertelstundentakt ergibt. Besonders bemerkenswert ist, daß der Grundtakt täglich von früh bis spät, ohne Ausdünnung am Abend oder an den Wochenenden gefahren wird. Denn es ist erklärtes Ziel, daß die S-Bahn nicht nur für Berufspendlerfahrten eine Alternative zum Auto bietet, sondern gleichwertige Mobilität für alle Verkehrszwecke ermöglicht. "Zürichs S-Bahn ist eine Vielzweckbahn. Sie soll den Pendlern wie den Ausflüglern, den Geschäftsreisenden wie denen, die für Einkäufe oder zu Freizeitzwecken unterwegs sind, eine neue Reisefreiheit ermöglichen."[25] Dazu wird auch die Zielsetzung gerechnet, allen Passagieren selbst während der Hauptverkehrszeiten einen Sitzplatz anzubieten. Um dies zu realisieren, wurden 24 neue Doppelstock-Pendelzüge angeschafft. Gegenüber dem Angebot der Schweizerischen Bundesbahn im Raum Zürich vor dem Mai 1990 hat die S-Bahn eine Zunahme der angebotenen Sitzplatzkilometer um rund 40 Prozent gebracht.

Gleichzeitig mit der Eröffnung der S-Bahn Zürich startete im Mai 1990 der Zürcher Verkehrsverbund (ZVV). Seine Gründung beruht auf einem kantonalen Gesetz über den öffentlichen Personenverkehr, das am 6. März 1988 per Volksentscheid befürwortet wurde. Der Verbund erstreckt sich über das Gebiet des Kantons Zürich mit einer Fläche von 1728 Quadratkilometer und 1,1 Millionen Einwohnern (zum Vergleich: Großraum Hannover 2300 Quadratkilometer und 1,1 Millionen Einwohner); der Verbund vereinigt 171 Gemeinden und 40 Verkehrsunternehmen. Der Verkehrsverbund ermöglicht ein einheitliches Tarifsystem, ein koordiniertes Verkehrsangebot und ein neues Finanzierungssystem der Betriebskosten der Transportunternehmen. Es gelten ein Zonentarif und eine preisgünstige Regenbogenkarte als Monats- oder Jahresabonnement sowie ein zusätzlicher Preisnachlaß für junge Leute bis zum Alter von 25 Jahren.

Für das Jahr 1991 wird mit einem Betriebsfehlbetrag im Verkehrsverbund von insgesamt 400 Millionen Franken gerechnet. Davon entfallen auf den Bund 200 Millionen, auf den Kanton 100 Millionen, die restlichen 100 Millionen werden von den Gemeinden aufgebracht. Der Aufteilungsschlüssel unter den Gemeinden richtet sich zu 80 Prozent nach dem Verkehrsangebot und zu 20 Prozent nach der Steuerkraft[26].

Die Eröffnung der S-Bahn und des Verkehrsverbundes waren der Anlaß, auch das gesamte schon vorhandene ÖPNV-System, insbesondere die Buslinienentze, völlig neu zu gestalten,

---

24 Brändli, S. 398.
25 *Schweizerische Bundesbahn SBB, Kreisdirektion III (Hrsg.)*, S. 5.
26 Neue Grundlagen zur Förderung des öffentlichen Verkehrs, Abstimmungsvorlagen Kanton Zürich, März 1988.

um im Sinne durchgehender Transportketten über S-Bahn, Tram und Bus ein abgestimmtes, integriertes Gesamtsystem des ÖV im Kanton Zürich zu schaffen (vgl. Abbildung 24). Als Besucher aus Deutschland ist man immer wieder erstaunt über die Qualität an räumlicher und fahrplanmäßiger Abstimmung, die zwischen Bahn und Bahn sowie zwischen Bahn und Bus erreicht worden ist.

Als Beispiel kann der S-Bahnhof Wetzikon im Stadtumland dienen. In Wetzikon treffen sich vier S-Bahn-Linien und enden etwa fünf Zubringerbuslinien aus den umliegenden kleineren Gemeinden. Täglich kann man am Bahnhof Wetzikon jede halbe Stunde folgendes Schauspiel erleben: Die viergleisigen Bahnsteige sind voller Menschen, die zu Fuß, per Fahrrad oder mit einem der Zubringerbusse angekommen sind. In kurzen Abständen nacheinander laufen vier S-Bahn-Züge ein, tauschen ihre Fahrgäste aus und fahren nach etwa 2 Minuten wieder ab. Kurz danach fahren auch die Zubringerbusse, in denen ein Teil der S-Bahn-Aussteiger sich inzwischen niedergelassen hat, nacheinander ab. Der Bahnhof ist nun wieder leer, als sei hier nichts los, bis er sich wieder nach etwa 20 Minuten mit Fahrgästen zu füllen beginnt.

Hundert Tage nach der Eröffnung der Zürcher S-Bahn und des kantonalen Verkehrsverbunds zogen der Regierungspräsident und die Schweizerischen Bundesbahnen (SBB) eine erste Zwischenbilanz. Danach nahmen die Fahrgastzahlen im Monat Juni 1990 gegenüber dem Juni des Vorjahres um durchschnittlich 21 Prozent zu. Die größten Zuwachsraten (bis zu 90 Prozent) verzeichnen die S-Bahn-Korridore mit verbessertem Angebot[27]. Diese bereits im zweiten Betriebsmonat erzielten Zuwächse sind beachtlich, wenn man berücksichtigt, daß die Nutzungshäufigkeit der SBB im Raum Zürich bereits vor der S-Bahn auf einem hohen Niveau stand. Die SBB hatte bereits einen Anteil von rund 50 Prozent an allen Einpendlern nach Zürich. In absoluten Zahlen ausgedrückt: Allein am Hauptbahnhof wurden vor einem Jahr 180.000 Fahrgäste (Ein- und Aussteiger einschließlich Fernreiseverkehr) werktäglich gezählt (vgl. Abbildung 25). Am zweiten Bahnhof der Zürcher Innenstadt (Stadelhofen) stieg die Zahl der Fahrgäste um mehr als das Dreifache an (von rund 3.000 aussteigenden Personen morgens zwischen 6.30 Uhr und 9.00 Uhr auf rund 10.000 im November 1990)[28]. "Der erfolgreiche Start der S-Bahn Zürich und des Zürcher Verkehrsverbundes wurde durch markante Frequenzzunahmen auf beinahe allen 262 Linien des ZVV bestätig."[29]

5. Siedlungsstrukturelle Auswirkungen der S-Bahn

Mit der S-Bahn wird die Erreichbarkeit der Stadt - insbesondere der Innenstadt - aus dem Umland und den Nachbarstädten erheblich gesteigert. Dies wird die Nachfrage nach Grundstücken und Mieträumen mit S-Bahn-Anbindung, vor allem für geschäftliche und betriebliche Nutzungen, anheizen. Deutlicher Ausdruck gestiegener Nachfrage sind erhöhte Boden- und Mietpreise. Zürcher Raumplaner haben darauf hingewiesen, daß die Anpassung an die erwartete neue Situation mit der S-Bahn bereits lange im voraus zu Investitions-

---

27 Zürcher Tages-Anzeiger vom 4.9.1990.
28 *Rolf Bergmeier*, Erfahrungen mit dem S-Bahn-Betrieb aus der Sicht des Kantons Zürich bzw. des Kunden. Referat in Zürich, April 1991.
29 Ebenda, S. 13. Siehe auch *Felix Loeffel*, S-Bahn Zürich - ein Jahr Betriebserfahrung, Referat in Zürich, April 1991.

schüben und Umstrukturierungen geführt hat[30]. So wurde festgestellt, daß schon kurz nach der Abstimmung über das S-Bahn-Projekt und dem Beginn des S-Bahn-Baus Bodenpreise und das Mietzinsniveau in gut durch die S-Bahn erschlossenen Bereichen überdurchschnittlich anzogen (z.B. insbesondere am Innenstadtbahnhof Stadelhofen). Ferner wurden in diesen Gebieten eine überdurchschnittliche Umbau- und Erneuerungsrate und eine Vermehrung der Ladengeschäfte festgestellt.

Solche siedlungsstrukturellen Wirkungen der S-Bahn sind zunächst einmal positiv zu bewerten. Denn die Ansiedlung von neuen Arbeitsstätten und publikumsintensiven Einrichtungen in S-Bahn-Nähe anstatt an autoorientierten Standorten abseits der S-Bahn oder der Trambahn ist erwünscht. Es können aber auch negative Auswirkungen Platz greifen, wenn aufgrund der gestiegenen Boden- und Mietpreise Verdrängungen etwa von Bewohnern und Kleingewerbe eintreten. In Zürich wird diese Problematik schon seit Jahren mit der Forderung und der Aktion "Flankierende Maßnahmen" diskutiert[31], aber solche wurden bisher nur in bescheidenem Maße ergriffen, etwa durch die Beschränkung des Zuwachses an privaten Pkw-Stellplätzen. Als flankierende Maßnahme käme eine stärkere Beschränkung des Pkw-Verkehrs in der Innenstadt in hervorragender Weise in Frage. Denn wenn die Lagegunst aufgrund der S-Bahn zu sehr steigt, wäre eine Dämpfung dieser Attraktivitätssteigerung durch Verringerung der Lagegunst für den Pkw-Verkehr in doppelter Hinsicht vorteilhaft. Erstens könnte die aus umwelt- und energiepolitischen Gründen erforderliche Verringerung des Pkw-Verkehrs ohne Attraktivitätsverlust der Zürcher Innenstadt realisiert werden, und zweitens könnten die nicht erwünschten Auswirkungen der S-Bahn gedämpft werden.

6. Maßnahmenplan Lufthygiene

Die aufgrund des Umweltschutzgesetzes der Schweiz 1986 erlassene Luftreinhalteverordnung des Bundes (LRV) verpflichtet die Kantone, dafür zu sorgen, daß alle Immissionsgrenzwerte im ganzen Kantonsgebiet eingehalten werden. Wo dies nicht mit vorsorglichen Emissionsbegrenzungen (Vorschriften für Kraftwerke, Heizungsanlagen, Verbrennungsanlagen, Kraftfahrzeugen) bis 1994 erreicht werden kann, sind zusätzliche, verschärfte Emissionsbegrenzungen notwendig. Die Kantone sind nach der Luftreinhalteverordnung dann verpflichtet, mit einem Maßnahmenplan Wege zur möglichst fristgerechten Deckung des Sanierungsbedarfs aufzuzeigen. Im Kanton Zürich besteht ein solcher zusätzlicher Sanierungsbedarf für die Stickoxyde und - aufgrund der überschrittenen Ozon-Grenzwerte - für Kohlenwasserstoffe. Beide Luftschadstoffe stammen zum großen Teil vom Kfz-Verkehr (im Kanton Zürich Stickoxyde zu 67 Prozent und Kohlenwasserstoffe zu 25 Prozent der Emissionen, Stand 1990)[32].

---

30 *Hannes Wüest*, Erreichbarkeit und funktionale Neuorientierung, in: Raumplanung (Schweiz), H. 2 (1988), S. 3 ff.; sowie *Alfons Sonderegger*, Trauerspiel um flankierende Maßnahmen, in: S-Bahn Zürich, Extrablatt des Tages-Anzeiger vom 14.5.1990, S. 27.
31 *Sonderegger*, S. 27.
32 *Kanton Zürich*, Luftprogramm für den Kanton Zürich, Maßnahmenplan Lufthygiene, Zürich 1990, S. 17.

Abbildung 24: Liniennetz der Zürcher S-Bahn*

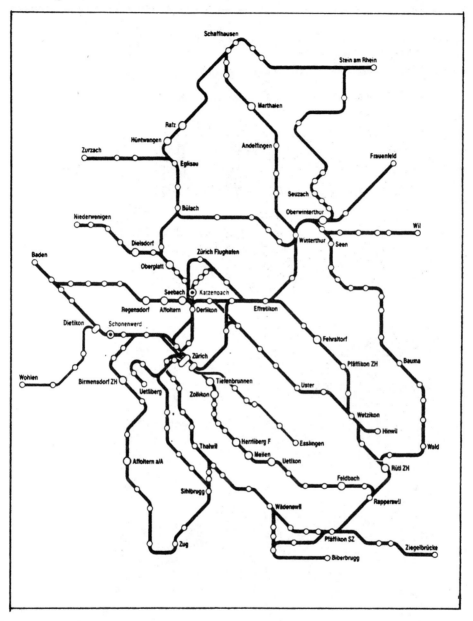

*Quelle: *Schweizerische Bundesbahn SBB (Hrsg.), Zürich Hauptbahnhof. Umbau in Etappen für S-Bahn und Bahn 2000,* Zürich 1987.

Abbildung 25: Zahl der Reisenden[1] im Zürcher Hauptbahnhof*

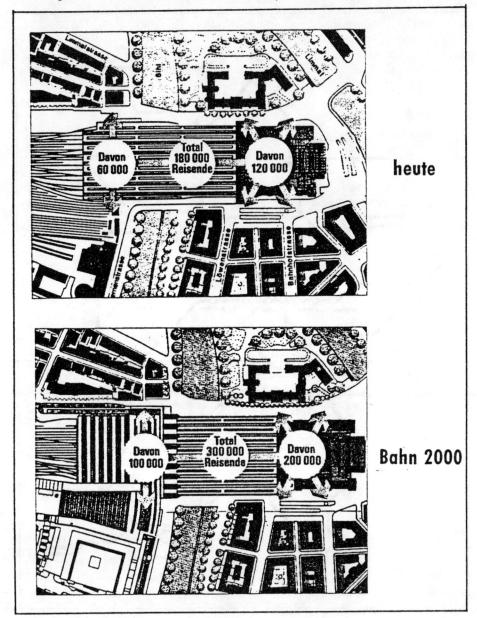

*Quelle: *Schweizerische Bundesbahn SBB,* Bahnhofsblatt, H. 3 (1988), S. 18.

1 180.000 Reisende frequentierten im Jahre 1989 täglich den Zürcher Hauptbahnhof, Schätzungen zufolge werden es rund 300.000 Fahrgäste (Ein- und Aussteiger) sein, wenn die Zürcher Bevölkerung die Möglichkeiten des S-Bahn-Betriebs bei ihren Reisegewohnheiten voll berücksichtigt und das zukünftige Angebot der Schweizerischen Bundesbahnen SBB "Bahn 2000" zur Geltung kommt.

In den Jahren 1987 und 1988 wurden im Auftrag des Kantons und der Stadt Zürich zahlreiche Untersuchungen zur Belastungssituation und über mögliche Maßnahmen und deren voraussichtliche Wirkungen durchgeführt[33]. Der Plan der Stadt Zürich von 1988 zur Reduzierung des Kfz-Verkehrs und alle verstärkten Anstrengungen zur Verbesserung des ÖPNV waren erste Reaktionen auf die Notwendigkeit der Luftreinhaltung. Im Juni 1989 legte dann der Kanton Zürich seinen Bericht "Maßnahmenplan Lufthygiene" vor. Nach der Erörterung mit den Gemeinden, Behörden und Verbänden wurde er in veränderter Fassung im April 1990 vom Regierungsrat des Kantons verabschiedet. Der Maßnahmenplan ist - was die Funktion betrifft - ein verwaltungsinternes Koordinierungsinstrument. Es verpflichtet die beteiligten Behörden auf ein gemeinsames, abgestimmtes Sanierungskonzept.

Die Aussagen des Maßnahmenplans zur Belastungssituation sind folgende: Für den Verkehrsbereich kann man sich auf die Hauptschadstoffkomponente Stickoxyde konzentrieren. Die Stickoxydbelastung ist in den dicht besiedelten Gebieten des Kantons sehr hoch und überschreitet an verkehrsexponierten Stellen das Doppelte des Immissionsgrenzwertes (30 ug/m^3 als Jahresmittelwert). Die verschärften Emissionsvorschriften bei Feuerungsanlagen und Kraftfahrzeugen (der Kat ist in der Schweiz seit 1986 obligatorisch) werden zwar zu einer Senkung der Emissionen führen, aber die Belastungskarte für 1995 weist entlang verkehrsreicher Straßen immer noch eine deutliche Überschreitung des Immissionsgrenzwertes - teilweise um über 70 Prozent - aus[34]. Eine Grobschätzung immissionsbedingter Schäden durch Luftschadstoffe im Kanton Zürich für die Bereiche menschliche Gesundheit, Landwirtschaft, Wald, Gebäude und Kulturgüter beläuft sich zusammen auf über 400 Millionen Franken pro Jahr.

Zur Senkung der Emissionen wurden im Maßnahmenplan folgende "Grundsätze der Verkehrspolitik" bestimmt[35]: "Die Grundsätze der Verkehrspolitik orientieren sich an der Tatsache, daß der Kanton Zürich in den letzten Jahren mit großer finanzieller Beteiligung zusammen mit den SBB ein S-Bahn-System erstellt hat, welches sukzessive weiter ausgebaut wird. Zusammen mit der Schaffung eines auf die S-Bahn abgestimmten Zubringersystems mit Bussen und Trams im Rahmen des Zürcher Verkehrsverbundes wird damit eine massive Erweiterung der Kapazitäten im öffentlichen Verkehr realisiert. Die Verkehrspolitik des Kantons Zürich baut auf diesem System auf und orientiert sich an folgenden Grundsätzen:

1. Die neuen Kapazitäten der S-Bahn und ihrer Zubringersysteme sollen im Interesse des Umweltschutzes (Luft, Lärm und Sicherheit) und des haushälterischen Umganges mit dem beschränkt verfügbaren Boden sowie zur Einsparung von Treibstoffen möglichst rasch und weitgehend genutzt und es soll eine dauerhafte Verschiebung des Modal-Splits zugunsten des öffentlichen Verkehrs angestrebt werden. Dies betrifft sowohl den Pendler- wie auch den Einkaufs-, Nutz- und Freizeitverkehr (ENT). Dazu sind die flankierenden Maßnahmen zur Beschleunigung der Zubringersysteme und zur Verbesserung der Haltestellen-Zugänglichkeit für Fußgänger und Velofahrer kurzfristig zu realisieren, bei allen S-Bahn-Stationen im Kanton Park-and-Ride-Anlagen zu fördern und parallel dazu die Parkplätze in mit öffentlichen Verkehrsmitteln gut erschlossenen zentralen Gebieten zu beschränken. Die Umsteiger sind mit langfristig angelegten fiskalischen Maßnahmen zu unterstützen.

---

33 Einige der wichtigsten Untersuchungen sind: *Stadt Zürich*, Lufthygiene, Energie und Verkehr, INFRAS, Zürich, Dezember 1987. *Willi Hüsler*, Verminderung der Umweltbelastung durch verkehrsorganisatorische und verkehrstechnische Maßnahmen, Metron, Windisch, Dezember 1988.
34 *Kanton Zürich*, Luftprogramm, S. 25.
35 Ebenda, S. 32 und 33.

2. Die Attraktivität der S-Bahn sowie der Zubringersysteme soll weiter verbessert werden. Dazu gehören ein gezielter Weiterausbau der Kapazitäten auch in Spitzenzeiten, flankierende Maßnahmen zur Förderung des öffentlichen Verkehrs im ENT-Verkehr sowie die Schaffung von Tangentialverbindungen.

3. Bei der Neuverteilung der Knotenkapazitäten auf die verschiedenen Verkehrsträger ist dem öffentlichen Verkehr Priorität beizumessen. Nach Maßgabe des Zuwachses des öffentlichen Verkehrs sind als Folge davon Kapazitätsbeschränkungen für den motorisierten Individualverkehr hinzunehmen.

4. Langfristig müssen mit den Instrumenten der Raumplanung die Voraussetzungen geschaffen werden, daß die umweltschädigenden Auswirkungen der Mobilität reduziert werden können. Dieses Ziel ist durch fiskalische Maßnahmen zu unterstützen.

5 Im Güterverkehr muß angestrebt werden, die Fahrleistungen auf der Straße durch Maßnahmen zur Optimierung der Fahrzeugauslastung in Grenzen zu halten. Der Güterverkehr mit der Bahn ist auf kantonaler Ebene insbesondere durch die Verbesserung der Flächenbedienung wettbewerbsfähiger zu gestalten. Dazu sind Anschlußgleisanlagen und der kombinierte Verkehr Schiene/Straße durch Schaffung der infrastrukturellen Voraussetzungen und durch organisatorische Maßnahmen zur Verbesserung der Zusammenarbeit zwischen Schiene und Straße zu fördern.

6. Die Belastungen aus dem Luftverkehr und die tendenziell zu erwartenden Zuwachsraten lassen befürchten, daß der Flughafen Zürich schon bald an ökologische Kapazitätsgrenzen stößt. Noch ist nicht absehbar, ob diese zuerst beim luftseitigen Verkehr, beim landseitigen Verkehr, beim Lärm oder bei der Schadstoffbelastung der Luft erreicht werden. Es ist deshalb ein Konzept zu erarbeiten, wie das quantitative Wachstum im Flughafen Kloten durch ein qualitatives abgelöst werden kann.

7. Es wird immer dringender, daß die verschiedenen Teilaspekte des Verkehrs gesamtheitlich angegangen und bearbeitet werden. Die heutige Organisation der kantonalen Verwaltung vermag diese Bedürfnisse erst teilweise zu decken. Die organisatorischen Voraussetzungen der Zusammenarbeit insbesondere unter Einbezug des Güterverkehrs und des Luftverkehrs sollen verbessert werden."

Im "Teilplan Personenverkehr" werden die zu ergreifenden Maßnahmen näher dargestellt:

"Die Hauptpfeiler des Maßnahmenpaketes Umsteigen sind weitere Förderungsmaßnahmen für den öffentlichen Verkehr (OeV), insbesondere Bus und Tram, sowie eine neue Parkraumpolitik an den wichtigsten Zielorten. Flankierend enthält das Paket auch Parkierungsmaßnahmen an der Quelle (Park and Ride, Bike and Ride), Maßnahmen zur Beschleunigung des OeV (Bus, Tram) auf den Einfallsachsen nach den zentralen Orten Zürich, Winterthur etc. sowie Maßnahmen zugunsten des nichtmotorisierten Individualverkehrs (Velo, Fußgänger)."

"Fiskalische Maßnahmen können Anreize für Verhaltensänderungen schaffen, die zur Abnahme von Luftschadstoffen führen. Solche anreizorientierten Instrumente wollen das individuelle Verhalten durch eine Änderung der Rahmenbedingungen in eine gesamtwirtschaftlich erwünschte Richtung beeinflussen. Die Art der Anpassung wird aber den einzelnen Entscheidungsträgern überlassen."

"Die im Rahmen der Maßnahmenplanung erstellten Grundlagenarbeiten zeigen, daß Verkehrsteilnehmer und Energieverbraucher systematisch auf eine Veränderung der relativen

Preise reagieren. Wird das ökonomische Postulat des Einbezugs von externen Effekten gemäß Verursacherprinzip verwirklicht, führt die damit verbundene Verteuerung der die Umwelt sehr stark belastenden Verkehrsarten zu den angestrebten Substitutionseffekten. Mit dieser preislichen Steuerung wird auf effiziente und freiheitliche Art eine langfristig wirkende Verbesserung der Umweltqualität erreicht."

"Die in den übermäßig belasteten Gebieten vorgeschlagenen Geschwindigkeitsreduktionen vermindern die Schadstoff- und Lärm-Emissionen deutlich und erhöhen zudem die Verkehrssicherheit und die Siedlungsqualität."

"Ergänzend sind auch längerfristig wirksame Maßnahmen zu treffen:
- Der öffentliche Verkehr ist im Erschließungsrecht, soweit zweckmäßig, ähnlich der Straßenerschließung zu behandeln (Anforderungen an die Groberschließung, Erschließungsbeiträge etc.).
- Die Zahl bestehender Beschäftigten-Parkplätze soll reduziert werden, einerseits auf dem Verhandlungsweg mit größeren Firmen und Institutionen, andererseits durch Schaffung der gesetzlichen Grundlagen für eine nutzungsabhängige Abgabe.
- Studien zur tangentialen OeV-Erschließung."

Die Bedeutung des Faktors "Verkehrsgeschwindigkeit/Fahrverhalten" kommt in einem eigenen "Teilplan Geschwindigkeitsreduktionen" zum Ausdruck:

"Geschwindigkeitsreduktionen führen in der Regel zu tieferen Emissionen. Diese Erkenntnis beruht auf zwei Haupteffekten:
- Tiefere Fahrgeschwindigkeiten sind gekoppelt mit tieferen Emissionsfaktoren, d.h. mit geringeren spezifischen Emissionen pro gefahrenem Kilometer,
- Veränderungen des Geschwindigkeitsregimes lösen oft Änderungen im Verkehrsverhalten (Fahrweise, Verkehrsmittelwahl etc.) aus.

Das vorliegende Paket sieht gezielte Geschwindigkeitsreduktionen in Gebieten mit NO_2-Belastungswerten über 50 ug/m^3 vor, nämlich

- Reduktion der Höchstgeschwindigkeiten um je 20 km/h für Pkw und Lastwagen auf siedlungsnahen Autobahnabschnitten in Zürich, Winterthur, Wallisellen, Opfikon, Kloten, Schlieren, Uster.
- Versuchsweise Reduktion der Höchstgeschwindigkeit auf 50 km/h auf einigen wenigen Hauptstraßenabschnitten im gleichen Gebiet. Ermittlung der lufthygienischen und verkehrsseitigen Auswirkungen.
- 30 km/h Zonensignalisation in allen Gemeinden des Maßnahmenplangebietes.
- Bessere Durchsetzung der Geschwindigkeitslimiten mit neuen technischen Hilfsmitteln."[36]

7. Förderung des Fahrradverkehrs

Bei der Fahrradverkehrsplanung und -förderung hat die Stadt Zürich im Vergleich mit deutschen Städten einen eigenen Lösungsweg eingeschlagen, der seit Mitte der siebziger Jahre verfolgt wird. Er läßt sich in folgenden Punkten zusammenfassen: Fahrradfahrer sollen keine Hauptstraßen benutzen müssen, es sei denn auf einem abgetrennten Radweg oder auf mar-

---

36 Ebenda, S. 46.

kierten Radstreifen (bei der oft geringen Breite der Zürcher Straßenräume meistens aber nicht möglich). Statt dessen sollen geeignete Quartierstraßen zu einem übergeordneten "Veloroutennetz" verbunden werden und so dem Radfahrer ein rasches Erreichen aller Stadtquartiere ermöglichen. Radler sollen auf diesen Routen bevorzugt behandelt werden. Es soll ein Basisnetz ohne Lücken zur Verfügung gestellt werden, das auch gewisse Minimalanforderungen in Sachen Sicherheit erfüllt. Kurzfristige Machbarkeit wurde der perfekten Lösung zu einem späteren Zeitpunkt vorgezogen[37].

Unterstützung erhielt die Planung des Fahrradverkehrs durch die von der Interessengemeinschaft Velo 1982 eingereichte Volksinitiative, die die schnellere Realisierung des geplanten "Veloroutennetzes" von 200 Kilometer Länge bis 1992 und dazu einen "Kredit" von 25 Millionen Franken verlangte. Diese Initiative wurde 1984 mit 75 Prozent Ja-Stimmen angenommen.

Das geplante Netz wurde 1986 und 1989 ergänzt. Es umfaßt nun rund 300 Kilometer "Velorouten" (zum Vergleich: Das gesamte Straßennetz hat in der Stadt Zürich eine Länge von 800 Kilometern). Das bereits realisierte Netz umfaßt 180 Kilometer, dazu gehören unter anderem auch viele Einbahnstraßen, die in der Gegenrichtung für Fahrradverkehr hergerichtet oder einfach geöffnet wurden.

Die weitere Realisierung gestaltet sich zunehmend schwieriger, da es sich um komplexe Streckenführungen handelt, die vermehrt Eingriffe zum Nachteil des Autoverkehrs bedingen. "Bislang bestand aber in der Verwaltung eine sehr große Zurückhaltung, auf Projekte zugunsten der Velofahrer und Fußgänger ernsthaft einzugehen, wenn sie für den Automobilverkehr Beschränkungen zur Folge gehabt hätten."[38] Der Stadtrat traf daraufhin eine bemerkenswerte Entscheidung. Anfang 1990 erließ er eine "Grundsatzweisung für die Bevorzugung des Fußgänger- und Veloverkehrs". Darin heißt es unter anderem:

"Die Förderung umweltfreundlicher Transportarten - öffentliche Verkehrsmittel, Velo- und Fußgängerverkehr - ist eine der Hauptanstrengungen in der Verkehrspolitik der meisten Städte Europas, so auch in Zürich. Dies entspricht nicht nur dem gesetzlichen Auftrag zur Luftreinhaltung, sondern vermindert auch Lärm und Unfälle und sichert die wirtschaftliche Prosperität in einer lebenswerten Stadt."

"Die Vorstände des Polizeiamtes, des Bauamtes I und II sowie der Industriellen Betriebe werden eingeladen, ihre mit Planung, Bau, Betrieb und Unterhalt von Verkehrsanlagen betrauten Dienstabteilungen zur Einhaltung folgender Grundsätze zu verpflichten:

a) Neben den öffentlichen Verkehrsmitteln (Grundsatzbeschluß des StRB Nr. 3093/1979) sind in nächster Priorität die Velofahrer und Fußgänger zu bevorzugen.

b) Das Fußweg- und das Veloroutennetz sind termingerecht fertigzustellen. Straßen und Kreuzungen müssen für Fußgänger und Radfahrer einfach zu benützen und einladend gestaltet sein. Trottoirs und Fußgängerflächen müssen wieder den Fußgängern zur Verfügung stehen. Damit soll die Sicherheit, dem Umweltschutz, der Wohnlichkeit der Stadtquartiere und dem Stadtbild Rechnung getragen werden.

---

37 *Ruedi Ott*, Freie Bahn für das Velo, in: Züri faart Velo. Die Zeitung zum Velojahr vom 6.4.1990, S. 1 und 3.
38 Grundsatzweisung über die Bevorzugung des Fußgänger- und Veloverkehrs, Auszug aus dem Protokoll des Stadtrates von Zürich vom 10.1.1990, S. 2.

c) Dem Stadtrat ist bis Ende der Legislaturperiode 1990/1994, jeweils per Jahresende, Bericht zu erstatten über die in diesem Sinne ausgeführten projektierten, geplanten und erwogenen Maßnahmen. Der Stadtrat unterstützt und vertritt diese Anliegen mit Nachdruck bei Verhandlungen mit den regionalen, kantonalen und eidgenössischen Behörden."[39]

Eine noch größere Rolle als in der Stadt kann das Fahrrad außerhalb der Stadt in der Region Zürich spielen. Im Hinblick auf die Umland-Stadt-Beziehungen kommt dem Zusammenspiel von Velo und S-Bahn besondere Bedeutung zu. Schon vier Jahre vor Eröffnung der S-Bahn im Jahre 1990 wurde daher von der "Behördendelegation für den Regionalverkehr Zürich" eine Untersuchung und ein Planungshandbuch "Mit dem Velo zur S-Bahn" in Auftrag gegeben[40]. Es gibt den Gemeinden Planungshilfen für eine bessere Organisation des Zubringerverkehrs zum S-Bahnhof sowie über Anlagen zum Abstellen von Fahrrädern an den Bahnhöfen. Schon heute benutzen je nach Topografie und Siedlungsstruktur bis zu 40 Prozent der Bahnfahrgäste das Velo zwischen Wohnung und Bahnhof[41]. Auch der Kanton Zürich mißt den Veloabstellplätzen an den S-Bahnhöfen große Bedeutung zu. Im "Maßnahmenplan Lufthygiene" sind rund 15.000 Veloabstellplätze an den Bahnhöfen im Kanton vorgesehen.

8. Erfolge der Zürcher Verkehrspolitik und -planung

Daß die Verkehrsbetriebe Zürich (VBZ) die Zahl der beförderten Personen während der achtziger Jahre um fast 40 Prozent steigern konnten, wurde bereits eingangs hervorgehoben. Damit ist in Zürich ein relativ hohes Niveau der Nutzungshäufigkeit des ÖPNV erreicht worden. Es ist doppelt so hoch wie in vergleichbaren westdeutschen Großstädten und übertrifft auch die entsprechenden Ziffern der deutschen Millionenstädte (vgl. Abbildung 23). Dies hatte natürlich Auswirkungen auch auf den Grad der Automobilnutzung. Während in vergleichbaren westdeutschen Großstädten der durch Querschnittszählungen ermittelte Kfz-Verkehr auch innerhalb der achtziger Jahre noch weiter zunahm, konnte er in Zürich seit 1981 verringert werden. Allein aus der unterschiedlichen Entwicklung während der achtziger Jahre ergibt sich z.B. zwischen Zürich und Stuttgart eine Differenz im Anstieg des Kfz-Verkehrs von über 20 Prozent (siehe Abbildung 26). Noch deutlicher sichtbar wird der Erfolg der Zürcher Verkehrspolitik durch einen interkommunalen Modal-Split-Vergleich. Der Anteil des motorisierten Individualverkehrs an allen werktäglichen Wegen der Einwohner ist in Zürich mit unter 30 Prozent ein Viertel bis ein Drittel kleiner als in vergleichbaren westdeutschen Großstädten (vgl. Tabelle 16).

---

39 Ebenda.
40 *Peter Hotz*, Mit dem Velo zur S-Bahn. Behördendelegation für den Regionalverkehr, Zürich 1986. Siehe auch *Peter Hotz*, Mit dem Velo zur Zürcher S-Bahn, in: Verkehr und Technik, H. 12 (1986), S. 493 ff.
41 Z.B. der Bahnhof SBB Brugg, vgl. *Theo Weidemann und Jürg Tschopp*, Velo und öffentlicher Verkehr als Partner, in: Verkehrszeichen 1 (1989), S. 27.

Tabelle 16: Verkehrsmittelnutzung im Städtevergleich, in %

Stadt	Erhebungsjahr	Verkehrsmittelanteile[1]			
		Bahn Bus	Pkw Moped	Fahrrad Mofa	zu Fuß
Zürich	1988	42	29	4	25
Berlin (W)	1986	30	40	6	24
München	1989	24	40	12	24
Stuttgart	1989	23	43	5	29
Hannover	1989	22	39	16	23
5 große Städte in NW[2]	1985	18	47	7	18

difu

*Quelle: Zusammenstellung des Deutschen Instituts für Urbanistik für Zürich: nach *Socialdata (Hrsg.)*, Zahlen und Fakten zur Mobilität, Freiburg 1990, S. 20; für Berlin: nach *Tilmann Bracher u.a.*, Verkehrserhebung Berlin '86, in: Verkehr und Technik, H. 9 (1988), S. 343 ff.; für München, Stuttgart, Hannover: nach *Socialdata (Hrsg.)*, Mobilität in Leipzig, München 1990, S. 18; 5 große Städte in NW: nach *Minister für Stadtentwicklung und Verkehr (Hrsg.)*, Gesamtverkehrsplan NW, Düsseldorf 1990, S. 98.

1 An den werktäglichen Wegen der Einwohner der Stadt.
2 Mittelwerte der Städte Köln, Düsseldorf, Essen, Dortmund, Duisburg.

Abbildung 26: Entwicklung des Kfz-Verkehrs in den Städten Stuttgart und Zürich*

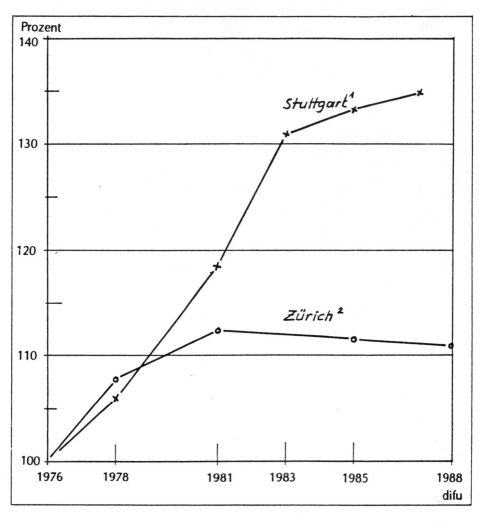

*Quelle: Darstellung des Deutschen Instituts für Urbanistik.

1 Zählungen des Kfz-Verkehrs auf den wichtigsten Straßen am Kesselrand der Stadt Stuttgart (Querschnittszählung der Kfz von 6.00 bis 22.00 Uhr). Manfred Pfeifle, Kordonzählung - ein Hilfsmittel zu Aussagen über die Verkehrsentwicklung?, in: Straßenverkehrstechnik, H. 2 (1988), S. 61.

2 Zählungen des Kfz-Verkehrs auf acht wichtigen Hauptverkehrsstraßen im Stadtgebiet von Zürich, Lage zwischen Innenstadtrand und Stadtgrenze, im Mittel vergleichbar mit der Lage "Kesselrand" in Stuttgart. Nach *Statistische Jahrbücher der Stadt Zürich*.

21
"Das Tram" in der Hauptgeschäftsstraße (Bahnhofstraße).

22
Für Tram, Bus, Velo und Gehen reservierte Hauptverkehrsstraße.

23
Der neue dreigleisige
S-Bahnhof
Stadelhofen.

24
Die Bahnhofs-
konstruktion dient
gleichzeitig als
Stützmauer des
angrenzenden Parks.

25
Hauptverkehrsstraße mit besonderem Gleiskörper und Radfahrstreifen.

26
Schmale Straße als Trambahntrasse, Autoverkehr muß hinter der Bahn bleiben.

27
Für Tram und Trolleybus abmarkierte Fahrstreifen einer Hauptverkehrsstraße.

28
Hauptverkehrsstraße mit grünem Trambahnkörper und Radfahrstreifen.

29
Straßenbahnen und Fußgänger bestimmen das Stadtbild auf wichtigen Plätzen der Zürcher Innenstadt.

Basel

1. Die städtebauliche Entwicklung

Die alte Humanisten-, Universitäts- und Kulturstadt Basel, seit hundert Jahren auch Industriestadt war aufgrund ihrer geographischen Lage, jedoch nicht nur als Verkehrsknotenpunkt, immer auch stark europäisch orientiert. Denn sie liegt am Rheinknie als Mittelpunkt einer alemannischen Region zwischen Jura, Schwarzwald und Vogesen, die nicht nur den Nordrand der Schweiz, sondern auch südliche Teile Badens und das Elsaß umfaßt.

Die Stadt hat auf der ungewöhnlich kleinen Stadtfläche von 24 Quadratkilometern 170.000 Einwohner, der Kanton Basel-Stadt 190.000. In der Agglomeration Basel leben insgesamt (einschließlich etwa 125.000 Bewohnern in den deutschen und französischen Nachbargemeinden) rund 500.000 Einwohner. Sie ist damit die zweitgrößte Agglomeration der Schweiz.

In Basel gibt es rund 150.000 Arbeitsplätze, die rund zur Hälfte von Pendlern aus der übrigen Agglomeration besetzt sind (etwa 20.000 Pendler aus Deutschland und Frankreich).

Siedlungsstrukturell handelt es sich um eine kompakte Stadt mit sternförmigen Siedlungsbändern entlang von Bahnlinien, die sich in drei Täler des Jura hineinschieben, sowie um eine Siedlungsachse mit Bahnlinien entlang des Rheins, an der sich die größeren Industrieanlagen konzentrieren (vgl. Abbildung 27). Nur der ausländische Teil der Agglomeration ist weniger gut über Bahnlinien mit Basel-Stadt verbunden.

2. Verkehrsplanungen und verkehrspolitische Zielsetzungen

In der hektischen Phase der Verkehrsentwicklung während der fünfziger und sechziger Jahre entstand eine Reihe von Verkehrsplänen. Unter anderem legte Professor K. Leibbrand im Jahre 1958 ein Gutachten zu einem Gesamtverkehrsplan Basel vor. Dieser Plan sah ein umfangreiches Autobahnnetz bis in die Innenstadt hinein und für die Straßenbahn ein Tiefbahnnetz von 8 Kilometer Länge vor. "Dieser Plan genügte den Fachverbänden der Basler Ingenieure und Architekten nicht. Anstelle eines reinen Verkehrsplanes erstellten sie einen Gesamtplan Basel, mit einem reduzierten Tiefbahnnetz. Damit war die Planung aber noch nicht abgeschlossen; im Jahre 1972 wurde Professor W. Grabe ein Auftrag zur Überprüfung der 'Struktur- und Gesamtverkehrsplanung für die Stadt Basel' erteilt. Der Bericht wurde 1976 abgeliefert. Wie die Beispiele zeigen, wurde in Basel in all den Jahren im Bereich des

Abbildung 27: Schema der an Bahnachsen ausgerichteten Siedlungsstruktur im schweizerischen Teil der Agglomeration Basel*

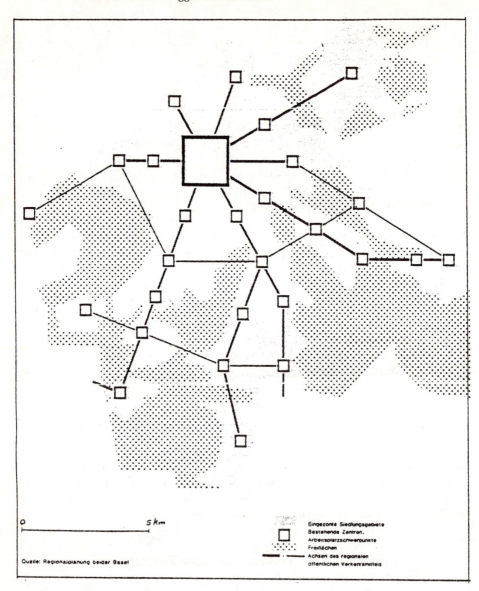

*Quelle: *Kanton Basel-Stadt*, Raumordnung Basel, Basel 1983, S. 30.

Verkehrs sehr viel geplant. Dem einen Plan folgte ein Gegenplan und so kam es auch, daß vieles nie realisiert werden konnte. Man sagt: 'Die Schweizer Mühlen mahlen langsam'. Vielleicht war es in diesem Fall für die Basler ein Vorteil. Langsam nahm man vom utopischen Gedanken der 'verkehrsgerechten Stadt' Abschied, visierte das realistische Ziel des 'stadtgerechten Verkehrs' an. Damit wuchs aber auch die Erkenntnis, daß dieses Ziel nur durch eine starke Förderung des öffentlichen Verkehrs möglich wird, und daß im städtischen Bereich dem öffentlichen vor dem individuellen Verkehr die Priorität zustehen muß."[1]

Im September 1971 faßte der Große Rat des Kantons Basel-Stadt einen Grundsatzbeschluß, in dem unter anderem festgelegt ist: "Dem öffentlichen Verkehrsmittel hat im innerstädtischen und regionalen Verkehr der Vorrang vor dem privaten Verkehr zuzukommen."[2] Dieser Beschluß erfuhr noch eine wesentliche Erweiterung. "Am 20. Dezember 1984 beschloß der Große Rat, daß der öffentliche Verkehr mit seinem Liniennetz das Primärsystem bilden und diesem der motorisierte Individualverkehr und sein Straßennetz als Ergänzungssystem zuzuordnen sei."[3]

Seit 1986 gilt als Ziel "auch eine Reduktion des privaten motorisierten Verkehrs"[4]. Dieses Ziel will der Regierungsrat mit vier Hauptmaßnahmen erreichen:

- Förderung der öffentlichen Verkehrsmittel,
- Förderung des Velo-Verkehrs,
- Maßnahmen zugunsten der Fußgänger,
- Kanalisierung des motorisierten Privatverkehrs auf Hochleistungsstraßen und Verkehrsberuhigung in Quartierstraßen bzw. in ganzen Wohngebieten[5].

3. Die Förderung des Trambahn-Systems

Basel hat im Verhältnis zur Stadtgröße ein überdurchschnittlich dichtes und ausgedehntes Straßen- und Stadtbahnnetz. Mit 86 Kilometer ist die Länge des Streckennetzes einschließlich der Regionallinien bedeutend größer als in vergleichbaren deutschen Städten, Karlsruhe ausgenommen (Freiburg 21 Kilometer, Augsburg 25 Kilometer, Kassel 40 Kilometer, Braunschweig 32 Kilometer). Außerdem ist die Qualität des Streckenausbaus (Anteil eigener Bahnkörper) hoch, die Bedienungsfrequenz (6-Minuten-Takt) überdurchschnittlich. Wie kam es dazu?

Die Geschichte der Basler Verkehrs-Betriebe (BVB) begann 1895 mit der Eröffnung der ersten elektrischen Tramlinie. Von Anfang an führten die Stadt Basel und der Kanton Basel-Stadt, zu dem auch noch die Gemeinde Riehen (mit heute 20.000 Einwohnern) gehört, Straßenbahnbau und -betrieb in eigener Regie durch den städtischen Eigenbetrieb durch. Nur die Strecken außerhalb der Kantonsgrenze entstanden durch Privatfirmen. Das Tramnetz entwickelte sich insbesondere in den ersten beiden Jahrzehnten schnell weiter.

---

1 *René Ueltschi*, Positives Beispiel Basel: Lösungsansätze zur Attraktivitäts-Steigerung der öffentlichen Verkehrsmittel, in: *Reinhart Köstlin und Hellmut Wollmann (Hrsg.)*, Renaissance der Straßenbahn, Basel 1987, S. 214.
2 *Eckehard Frenz*, Die Baseler Alternative, in: Der Stadtverkehr, H. 11/12 (1979), S. 490.
3 *Ueltschi*, S. 215.
4 *Kanton Basel-Stadt (Hrsg.)*, Basel 1986. Neue Standortbestimmung II, Basel 1986, S. 62.
5 Ebenda.

Dabei wurden einzelne Streckenäste an sich abzeichnenden Siedlungsachsen wie im Rheintal, im Birstal oder nach Lörrach in Baden bis rund 10 Kilometer weit ins Umland hinaus gebaut, teils im Straßenraum von Landstraßen, teils auf eigenem Bahnkörper[6].

In den letzten Jahrzehnten wurden die Siedlungsachsen entlang dieser Bahnlinien immer stärker bebaut und gleichzeitig die Bahnstrecken weiter ausgebaut (eigene Bahnkörper, neue Haltestellen, Sicherung von Kreuzungen mit Signalanlagen oder Schranken). Außerdem wurde das Streckennetz noch erheblich erweitert durch das Einbeziehen von zwei Schmalspurbahnen, der 1887 gebauten Birsigtalbahn, die über 15 Kilometer weit ins südwestliche Umland nach Ettingen und Rodersdorf verläuft, und der 6,5 Kilometer langen Birseckbahn nach Dornach. Es enstand somit ein für deutsche Verhältnisse ungewöhnliches Streckennetz (nur in Karlsruhe und Umgebung findet man Vergleichbares): weit ins Umland führende Strecken mit teilweise schnellbahnmäßigen Abschnitten und eisenbahnmäßigem Vorrang vor dem Individualverkehr (Schranken, Blinklichtanlagen) sowie gleichzeitig hoher Anpassungsfähigkeit als Straßenbahn beim Durchfahren dicht bebauter Ortskerne. Gerade diese hohe Flexibilität, die gleichzeitig schnelles Fahren, zentrale Erschließung der Siedlungen und gute städtebauliche Einpassung ermöglicht, ist ein positives Merkmal der Basler Trambahn, das zukünftigen Anforderungen besser gerecht wird als ein weniger flexibles System.

Es gab in der Nachkriegszeit allerdings auch zwei Streckenstillegungen. Bezeichnend ist, daß dies nicht auf Schweizer Seite geschah, sondern auf den beiden ins Ausland führenden Strecken, nämlich nach Lörrach in Baden und nach Hüningen im Elsaß. Zuerst auf Wunsch der "fortschrittlicheren" Franzosen (1961) und einige Jahre später auf Wunsch der Deutschen (1967) wurden diese Tramlinien bis zur Grenze gekürzt und die Anschlüsse auf Autobusdienst umgestellt.

Im Bereich von Basel-Stadt wurde seit dem Grundsatzbeschluß des Großen Rats von 1971 ("Das öffentliche Verkehrsmittel hat Vorrang vor dem privaten Verkehr") ein umfangreiches Programm zum Abbau von Behinderungen durch den Kfz-Verkehr realisiert. Dazu gehören neben dem Bau eigener Bahnkörper Abschirmungen von Gleiszonen durch Sperrlinien, Sperrflächen, Fahrverbote und Fußgängerzonen. Ferner wurden Halteverbote an Straßenbahnstraßen und Linksabbiegeverbote auf den Schienen in großem Umfang verfügt. Ein wesentlicher Teil des Beschleunigungsprogramms war die Umrüstung zahlreicher Verkehrssignalanlagen für Steuerungsmöglichkeiten durch die Straßenbahn über Fahrdrahtkontakte. Ein wesentlicher Beitrag zur Beschleunigung des Tramverkehrs wurde auch durch die Einrichtung der "verkehrsarmen Zone" der Innenstadt erbracht[7]. Namhafter Anteil an den zahlreichen realisierten Verbesserungen des Trambetriebs kommt auch einer Gruppe engagierter Bürger - der "Interessengemeinschaft öffentlicher Verkehr (IGÖV)" - seit 1971 zu.

Ende 1990 wurde folgender Stand erreicht:

- eigener Bahnkörper auf einer Streckenlänge von rund 50 Kilometern[8], das sind 58 Prozent des gesamten Streckennetzes,
- weitere abgeschirmte Gleiszonen auf rund 12 Kilometern Streckenlänge, das sind rund 14 Prozent des Streckennetzes,
- Vorrang der Straßenbahn an über 90 Prozent aller Ampelkreuzungen.

---

6 Näheres siehe *Rudolf Pleuler*, 75 Jahre Basler Verkehrs-Betriebe, Basel 1970.
7 Näheres siehe *Ueltschi*, S. 215 ff., sowie *Frenz*, S. 491 ff.
8 Einschließlich der von BLT (Baselland Transport AG) betriebenen Tramlinien 10 und 17.

4. Das Basler Umweltschutz-Abonnement

Keine andere Aktivität der Basler Verkehrspolitik wurde über die Grenzen der Schweiz hinaus so bekannt wie das Experiment mit einer neuen Tarifgestaltung. Auf Initiative der Basler Verkehrsbetriebe (BVB) und der Baselland Transport AG (BLT) stimmten die Kantone Basel-Stadt und Basel-Landschaft der Subventionierung einer stark verbilligten Monatskarte zu. Am 1. März 1984 führten die Verkehrsbetriebe in ihrem Tarifverbundgebiet das Umwelt-Abo ein. Der Preis für die Monatskarte wurde dabei stark gesenkt (von 65 auf 35 Franken), sie ist außerdem übertragbar und auf dem 370 Kilometer langen Liniennetz (Tram und Bus) uneingeschränkt nutzbar[9].

Die intensive werbliche Unterstützung und die deutliche Verbilligung und Vereinfachung des Tarifs haben "innerhalb von drei Jahren zu einer Fahrgastzunahme von über 20 Prozent geführt, nachdem die Fahrgastzahlen von 1980 bis 1982 stagnierten und 1983 sogar rückgängig waren. Diese Umkehr der Verkehrsentwicklung spiegelt sich auch in der Entwicklung des Autoverkehrs wider (vgl. Abbildung 28): Der Anstieg des an der Stadtgrenze gezählten Autoverkehrs hat sich 1984 deutlich verlangsamt; 1985 wurde erstmals ein Rückgang verzeichnet, der sich allerdings 1986 nicht fortsetzte. In Basel wird geschätzt, daß etwa 16 Prozent der Benutzer des Umwelt-Abos Umsteiger vom Auto sind"[10]. Das sind etwa 13.000 Umsteiger vom Auto (Stand 1987).

Vier Motive waren aufgrund der Fahrgastumfragen nach Hüsler ausschlaggebend für den Erfolg des Umwelt-Abo[11]:

- der unbeschränkte Zugang zu Tram und Bus ohne Probleme mit Kleingeld, Fahrkartenautomaten, Tarifzonen und anderem,
- die Kostengünstigkeit des Tarifs,
- der Beitrag zum Umweltschutz,
- die Übertragbarkeit der Monatskarten.

5. Der Tarifverbund Nordwestschweiz

Nach diesen Erfolgen ging man im Raum Basel noch einen Schritt weiter. Es galt, den Tarifverbund auf den gesamten Einzugsbereich der Stadt Basel, zumindest in schweizerischem Gebiet, auszudehnen und auch die Schweizerischen Bundesbahnen und den Postbusdienst (PTT) einzubeziehen. Am 1. Juni 1987 startete der Tarifverbund Nordwestschweiz (TNW) auf einem Gebiet von 1100 Quadratkilometern mit über 160 Gemeinden, sechs Kantonen (vier nur mit einem Teilgebiet) und rund 520.000 Einwohnern. Das Abonnement ist für dieses große Verkehrsgebiet mit 43 Franken für die Monatskarte (Jugendliche bis 25 Jahren und Senioren 27 Franken) sehr günstig (Preise ab 1. Januar 1990).

---

9 Näheres siehe *Daniel Oertli*, Basler Umweltschutz-Abonnement - Ei des Kolumbus oder "Bazillus Basiliensis"?, in: Der Nahverkehr, H. 1 (1985), S. 28 ff.
10 *Hartmut H. Topp*, Erfahrungen mit "Umwelt-Abos" im öffentlichen Personennahverkehr in schweizerischen und deutschen Städten, in: Verkehr und Technik, H. 9 (1987), S. 386.
11 *Willi Hüsler*, Schweizer Erfahrungen mit Imagewerbung und Tarifangeboten im öffentlichen Personennahverkehr, Metron, Windisch 1987.

Abbildung 28: Verkehrsentwicklung unter dem Einfluß des Umwelt-Abos in Basel*

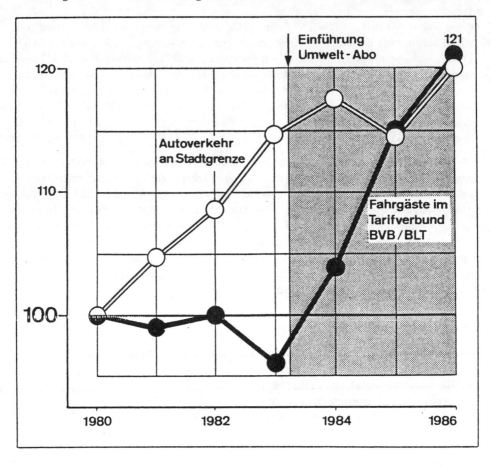

*Quelle: Hartmut H. Topp, Erfahrungen mit "Umwelt-Abos" im öffentlichen Personennahverkehr in schweizerischen und deutschen Städten, in: Verkehr und Technik, H. 9 (1987), S. 386.

Aufgrund dieses neuen Angebots ist die Zahl der verkauften Abonnements weiter gestiegen. Inzwischen kaufen von 100 Baslerinnen und Baslern 40 jeden Monat ein Umwelt-Abo[12]. Auch die Zahl der beförderten Personen hat seit 1984 kontinuierlich zugenommen (siehe Abbildung 30 und 31). Von 1983 bis 1989 wurde eine Steigerung von 35 Prozent registriert.

---

12 *Pius Marrer*, Tarifverbund Nordwestschweiz und die Stadt Basel: ein Zentrum und seine länderübergreifende Anbindung an das Umland, Basel 1990, S. 2.

Abbildung 29: Das Tram- und Buslinennetz im Raum Basel*

*Quelle: *Tarifverbund Nordwestschweiz*, Basel 1990.

Abbildung 30: Entwicklung der Fahrgastzahlen bei den Basler Verkehrsbetrieben*

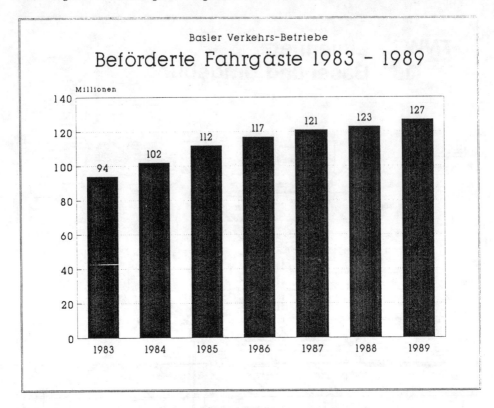

*Quelle: *Basler Verkehrsbetriebe*, Geschäftsbericht 1989, Basel 1990, S. 20.

Dies hatte natürlich auch zur Folge, daß das Angebot verbessert und somit finanzielle Mittel dafür bereitgestellt werden mußten. "Grundsätzlich kann jedoch gesagt werden, daß sich die Ausgaben der öffentlichen Hand für den öffentlichen Verkehr - auch unter Berücksichtigung der Subventionierung des U-Abos und der zusätzlichen Leistungen - immer noch in einer ähnlichen, zugegebenermaßen leicht angestiegenen Größenordnung bewegen wie zuvor."[13] Mit Fahrgasteinnahmen von 80,2 Millionen Franken bei einem Gesamtaufwand von 129,3 Millionen Franken für das Jahr 1989 beträgt der Kostendeckungsgrad für die Basler Verkehrsbetriebe 62 Prozent, das ist im Vergleich mit deutschen Verhältnissen durchschnittlich[14].

---

13 Ebenda.
14 Ebenda.

Abbildung 31: Entwicklung der Umwelt-Abonnement-Verkäufe bei den Basler Verkehrsbetrieben*

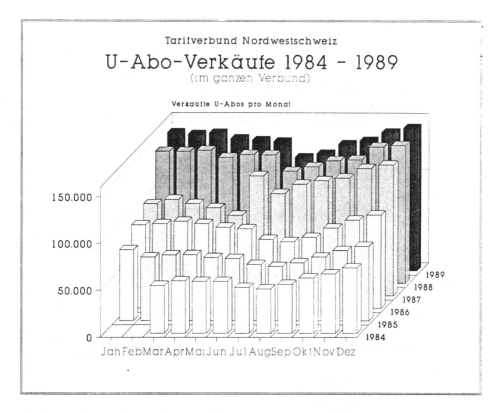

*Quelle: *Basler Verkehrsbetriebe*, Geschäftsbericht 1989, Basel 1990, S. 20.

6. Die Bedeutung des öffentlichen Personenverkehrs im Städtevergleich

Ein gutes Angebot an öffentlichen Verkehrsmitteln kann die Verkehrsmittelwahl erheblich beeinflussen, dies geht aus dem statistischen Material zum Berufsverkehr klar hervor. Dabei wurden die in der Stadt Basel Beschäftigten nach ihrem Wohnort unterschieden: im schweizerischen Stadtumland oder im französischen und deutschen Stadtumland. Dabei zeigte sich, daß Berufspendler aus der Schweiz, die ein besseres ÖPNV-Angebot zur Verfügung haben (Schienen- und Busverkehr, dichterer Fahrplantakt) dies zu 41 Prozent nutzen, während die Pendler aus Frankreich und Deutschland mit vorwiegend nur Busverbindung die öffentlichen Verkehrsmittel nur zu 22 Prozent in Anspruch nehmen. Entsprechend größer ist ihr Pkw-Verkehrsanteil (vgl. Tabelle 17).

Abbildung 32: Entwicklung des Verkaufs von Umwelt-Abonnements und des Bestands an Pkw und Fahrrädern im Kanton Basel-Stadt, 1984-1989*

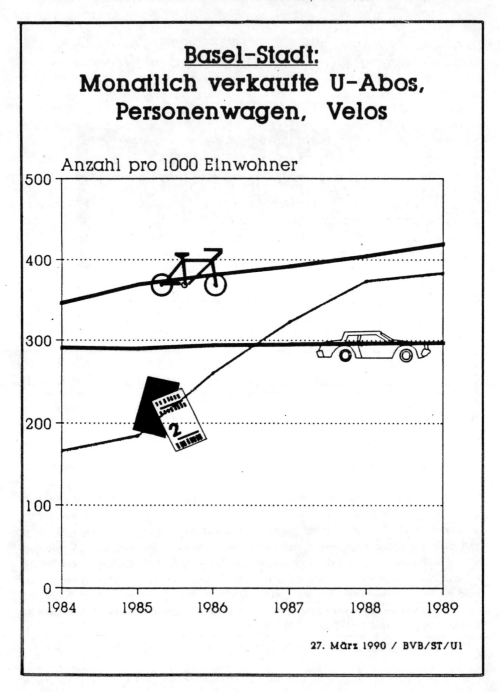

*Quelle: *Pius Marrer*, Tarifverbund Nordwestschweiz und die Stadt Basel: ein Zentrum und seine länderübergreifende Anbindung an das Umland, Basel 1990.

Die Bedeutung der öffentlichen Verkehrsmittel ist in Basel und auch in den meisten anderen Städten der Schweiz erheblich höher als in deutschen Städten (vgl. Tabelle 18). Im Berufsverkehr z.B. ist der ÖPNV-Anteil in Basel, Zürich und Bern etwa doppelt so groß wie in vergleichbaren deutschen Städten. Hier liegen also nicht nur die bei innerdeutschen Städtevergleichen üblichen Differenzen vor, sondern offenbar deutlich unterschiedliche Qualitätsklassen. Diese kann man - wie auch schon beim Beispiel Zürich ausgeführt - in erster Linie auf die größere Angebotsdichte des ÖPNV sowohl hinsichtlich der räumlichen Netzdichte als auch der zeitlichen Fahrplandichte zurückführen. Die hohe Fahrplandichte (6-Minuten-Takt zwischen 6.00 und 20.00 Uhr bei allen Tramlinien) führt zu einer sehr starken Präsenz der Straßenbahn im Stadtbild, insbesondere in der inneren Stadt. So fährt z.B. über die mittlere Rheinbrücke, einen der Mittelpunkte der Stadt mit Sicht auf die interessantesten Teile der Stadt und von dort selbst gut einsehbar, im Durchschnitt alle 45 Sekunden ein Straßenbahnzug[15]. Noch stärker ist die Streckenbelegung der Tram im ganzen Altstadtabschnitt zwischen Rhein und Barfüßerplatz, was nicht nur positiv zu sehen ist, da hier die verkehrstechnische Kapazitätsgrenze absolut erreicht ist: sieben Tramlinien mit 70 Zügen pro Stunde und Richtung. Das heißt, auf dem Rathausplatz läuft im Mittel alle 26 Sekunden ein Straßenbahnzug ein. Die Haltestelle muß zwei hintereinander haltende Züge aufnehmen können.

Tabelle 17: Verkehrsmittelwahl beim Arbeitsweg der in der Stadt Basel Beschäftigten, in %*

Wohnort der Beschäftigten	Verkehrsmittel		
	Bahn, Bus	Pkw Moped	zu Fuß Fahrrad[1]
Stadt Basel	45	22	33
Übrige Schweiz	41	51	8
Frankreich und Deutschland	22	68	10
Insgesamt	41	37	22

*Quelle: Nach Ergebnissen der Eidgenössischen Volkszählung 1980, in: *Kanton Basel-Stadt*, Bericht des Regierungsrates zum Initiativbegehren gegen den Bau von weiteren Großparkings in der Innenstadt, vom 29.08.1986, S. 10.

1 Einschließlich Mofa.

7. Die Förderung des Fahrradverkehrs

Der Fahrradverkehr leistete in Basel immer schon einen bedeutenden, wenn auch unterschätzten Beitrag zum städtischen Personenverkehr, doch wurde er erstmals vom Regie-

---

15 Vier Tramlinien im 6-Minuten-Takt.

rungsrat (Kanton Basel-Stadt) im Jahre 1975 als förderungswürdig erklärt[16]. Die zuständigen Ämter erhielten den Auftrag, versuchsweise zwei "Velorouten" einzurichten. Bereits im Herbst 1975 wurden eine 6 und eine 3 Kilometer lange Strecke eröffnet. Sie wurden mit in weniger stark von Kfz-Verkehr belasteten Straßen mit vorwiegend ordnungsrechtlichen Mitteln relativ unaufwendig eingerichtet (Einbahnstraßen für Fahrradgegenverkehr geöffnet, zum Teil motorisierter Verkehr umgelenkt, einige Parkplätze aufgehoben, zum Teil die zulässige Höchstgeschwindigkeit gesenkt). Begleitende Untersuchungen und weitere Verbesserungen zogen sich bis 1979 hin. Der Versuch hatte folgende Ergebnisse:

Tabelle 18: Verkehrsmittelwahl beim Arbeitsweg im Städtevergleich, in %*

Stadt	Verkehrsmittel		
	Bahn, Bus	Pkw Moped	zu Fuß Fahrrad[1]
Stadt Basel[1]	41	37	22
Stadt Zürich[1]	47	37	16
Stadt Bern[1]	43	33	24
Stadt Genf	28	45	27
5 große Städte in NW, Mittelwert[2]	23	55	22

difu

*Quelle: Nach Ergebnissen der Eidgenössischen Volkszählung 1980, in: *Kanton Basel-Stadt*, Bericht des Regierungsrates zum Initiativbegehren gegen den Bau von weiteren Großparkings in der Innenstadt, vom 29.08.1986, S. 10; Städte in Nordrhein-Westfalen: *Minister für Stadtentwicklung und Verkehr (Hrsg.)*, Gesamtverkehrsplan NW, Düsseldorf 1990, S. 89 ff.

1 Die Daten von 1980 sind in Basel, Bern und Zürich auch derzeit noch gültig, da die Fahrgastzahlen nicht zurückgegangen sind, sondern noch zugenommen haben. Die Daten sind bezogen auf alle Beschäftigten mit Arbeitsort in der Stadt.
2 Die Daten sind bezogen auf alle in der Stadt wohnhaften Erwerbspersonen der Städte Köln, Düsseldorf, Duisburg, Essen und Dortmund (Stand 1985).

- Der Fahrradverkehr hatte auf den Versuchsrouten im Vergleich zu vorher um rund 50 Prozent zugenommen, auf den Parallelstraßen hingegen nur um 3 Prozent.
- Der Fahrradverkehr nahm in der Stadt-Basel zwischen 1975 und 1980 um durchschnittlich 21 Prozent zu, der Kfz-Verkehr nur um 5 Prozent.
- Die Zahl der registrierten Unfälle nahm auf den Versuchsrouten um 70 Prozent ab[17].

---

16 *Kanton Basel Stadt (Hrsg.)*, Basel 75 - Hauptziele eines Stadtkantons, Basel 1975.
17 *Peter Bachmann und Peter Leuthardt*, Versuch mit Velo/Mofarouten in Basel, in: Straße und Verkehr, Nr. 8 (1981), S. 277 f..

Der Versuch wurde von den städtischen Planern insgesamt positiv beurteilt. Im April 1981 genehmigte der Kanton den "Teilplan Velo/Mofa" als ersten Teil des "Richtplans Verkehr". Er enthält einen Netzplan empfohlener Velorouten über das ganze Kantonsgebiet sowie punktuelle Maßnahmen im übrigen Straßennetz. Im Jahre 1987 war folgender Stand erreicht: Von dem geplanten Velorouten-Netz mit 100 Kilometer Gesamtlänge sind etwa 60 Kilometer hinsichtlich der Befahrbarkeit und etwa 30 Kilometer hinsichtlich der Verbesserung der Verkehrssicherheit realisiert (unter anderem das Öffnen vieler Einbahnstraßen und die Markierung von Radfahrstreifen)[18].

Im Jahre 1985 startete die Interessengemeinschaft Velo eine Unterschriftenaktion ("Veloinitiative Basel-Stadt") mit dem Ziel, eine Neubearbeitung und Ergänzung des Veloroutenplans von 1981 sowie bessere Bedingungen für den Veloverkehr generell schneller zu erreichen. Während der erste Plan nur Velorouten durch Nebenstraßen vorsah, sollten nun auch diejenigen Hauptverkehrsstraßen einbezogen werden, "deren Umfahrung für Radfahrer mit Umwegen verbunden ist"[19]. Ferner wurde vorgesehen, das Veloroutennetz durch Abstellplätze zu ergänzen. Für die Umsetzung des Plans wurden sieben Jahre angesetzt, als Finanzmittel 25 Millionen Franken. Ende des Jahres 1985 wurde das Volksbegehren für ein Radroutennetz mit über 15.000 Unterschriften (weit mehr als erforderlich) im Rathaus eingereicht. Der Kanton griff die Vorschläge der IG Velo weitgehend auf. Im Jahre 1988 bewilligte der Große Rat einen neuen Veloroutenplan mit einem Finanzvolumen von 25 Millionen Franken bis 1995. Jedes Jahr stehen also mindestens 3,5 Millionen Franken zur Förderung des Veloverkehrs zur Verfügung. Das geplante Veloroutennetz hat eine Gesamtlänge von 150 Kilometer (bei einer Straßennetzlänge von insgesamt 300 Kilometer). Im Jahre 1989 war bereits folgendes realisiert: 32 Kilometer Velorouten mit Maßnahmen zur Hebung der Verkehrssicherheit, 48 Kilometer Velorouten ohne besondere Maßnahmen, 26 Kilometer Velorouten befanden sich in der Ausführung[20].

Einen ungefähren Durchschnittswert für die Zunahme des Fahrradverkehrs und einen Hinweis auf seine heutige Bedeutung im Straßenverkehr Basels geben die Verkehrszählungen auf den Rheinbrücken (vgl. Abbildung 34). Zwischen 1975 und 1985 hat der Veloverkehr um 33 Prozent zugenommen. 1985 hatte der nichtmotorisierte Verkehr auf den Rheinbrücken einen Anteil von 28 Prozent (davon 17 Prozent Veloverkehr und 11 Prozent Fußgängerverkehr) gegenüber 72 Prozent motorisiertem Individualverkehr (Tram und Bus wurden nicht mitgezählt)[21]. Dies ist ein beachtlicher Anteil des Fahrrads am Stadtverkehr, der seit 1985 mit größter Wahrscheinlichkeit noch weiter zugenommen hat; zum Zeitpunkt der Veröffentlichung lagen darüber noch keine Daten vor.

Auch im Kanton Basel-Landschaft wurden in den achtziger Jahren viele Radwege gebaut und Velorouten angelegt. Besondere Beachtung fand die Verbesserung des Verbunds von Velo und Bahn. An den meisten Tramhaltestellen am Stadtrand und in Vororten Basels sowie an den SBB-Bahnhöfen wurden in den letzten Jahren die Veloabstellanlagen großzügig

---

18 *Großer Rat des Kantons Basel-Stadt*, Bericht betreffend weitere Förderung des Veloverkehrs, Basel, Dezember 1987
19 *IG Velo*, Veloinitiative Basel-Stadt, Basel 1985.
20 *Großer Rat des Kantons Basel-Stadt*, Bericht betreffend weitere Förderung des Veloverkehrs, S. 24 und 25.
21 Amt für Kantons- und Stadtplanung, Basel, November 1989.

erweitert[22]. Auch die Zufahrten zu den Stationen wurden in zahlreichen Fällen für den Fahrradverkehr verbessert.

8. Aktion "Förderung schonender Transportarten"

Im Mai 1986 starteten die Behörden des Kantons Basel-Stadt und die "Arbeitsgemeinschaft zur Förderung der Basler Wirtschaft (AFW)" eine gemeinsame Aktion "Berufspendler-Verkehr in Basel - Plädoyer für die Förderung schonender Transportarten". Angesprochen werden sollten Arbeitgeber und Beschäftigte. Dazu wurde eine Informationsbroschüre herausgegeben, in der es unter anderem heißt: "Der unerläßliche tägliche Personenverkehr ist mittelbar ein entscheidender Beitrag an die Lebenskraft der Stadt. Er darf aber nicht gleichzeitig eine wesentliche Ursache für die Verschlechterung der städtischen Lebensqualität bilden und damit seinen Nutzen unnötigerweise schmälern. Wunsch an den Berufspendler: möglichst viele Berufspendler steigen auf schonendere Transportarten um."[23]

Die Broschüre gibt Informationen und offeriert Arbeitnehmern ein "Schnupper-Umweltschutz-Abonnement" der Basler Verkehrsbetriebe für die Dauer eines halben Monats (anscheinend kostenlos). Aus den Informationen seien einige der wichtigsten und interessantesten Beispiele erprobter alternativer Verkehrsorganisation genannt:

- Fahrgemeinschaft
  Eine große Firma der chemischen Industrie unterstützt gemeinschaftliche Fahrten, indem sie Platz für Anzeigen in der Firmenzeitung zur Verfügung stellt und die Firmenparkplätze vorzugsweise an Fahrgemeinschaften abgibt.
- Fahrgemeinschaft mit Kleinbus
  Ein mittleres Unternehmen der Lebensmittelbranche, etwas abseits der öffentlichen Verkehrsverbindungen gelegen, hat vor rund 20 Jahren ein Transportsystem mit Kleinbussen eingeführt. Heute stehen zehn Kleinbusse zur Verfügung. Jedes Fahrzeug wird von einem Mitarbeiter gefahren, der am Ende einer individuell zusammengestellten Route wohnt. Die Chauffeure versehen ihren Dienst gratis. Im übrigen werden die Personaltransporte finanziell allein von der Firma getragen. Annähernd die Hälfte der Mitarbeiterschaft benützt vorwiegend regelmäßig diese Kleinbusse.
- Sammeltransporte
  Da im Vergleich mit dem schweizerischen Umland das benachbarte Elsaß nur ein unzureichendes Angebot an öffentlichen Verkehrsmitteln für Pendler nach Basel hat, führt z.B. ein großes Unternehmen der Basler Chemie täglich am Morgen Personaltransporte vom Elsaß in die Stadt und abends zurück durch. Die Busse verkehren fahrplanmäßig auf festen Routen, die - wenn nötig - den wechselnden Mitarbeiterbedürfnissen angepaßt werden. Die Kosten übernimmt etwa zur Hälfte die Firma.

---

22 Jürg Tschopp, Velo und öffentliche Verkehrsmittel im Tarifverbund Nordwestschweiz, in: Metron Verkehrsplanung (Hrsg.), Veloforum '90, Windisch 1990, S. 49 ff. Vgl. auch Dankmar Alrutz, Hans W. Fechtel und Juliane Krause, Dokumentation zur Sicherung des Fahrradverkehrs, BAST, Bergisch Gladbach 1979, S. 492 ff.

23 Büro für Planungskoordination Basel-Stadt, Berufspendlerverkehr in Basel. Plädoyer für die Förderung schonender Transportarten, Basel 1986, S. 2.

Abbildung 33: Bestand an Pkw, Fahrrädern und Mofas im Kanton Basel-Stadt*

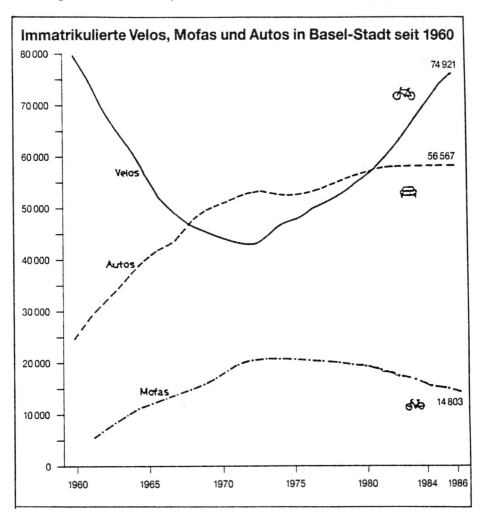

*Quelle: *Großer Rat des Kantons Basel-Stadt*, Bericht betreffend weitere Förderung des Veloverkehrs, Basel, Dezember 1987, S. 21 und 24.

- Parkraumbewirtschaftung
  Das kostenlose Bereitstellen von Parkplätzen für Mitarbeiter bedeutet eine Bevorzugung der Autofahrer gegenüber den anderen Arbeitnehmern. Daher führte ein Unternehmen des Dienstleistungssektors am Rande der Innenstadt 1976 zum ersten Mal eine monatliche Parkraumgebühr von 30 Franken ein, wodurch die Nachfrage leicht zurückging. Diese Gebühr wurde kürzlich beim Bezug neuer Räumlichkeiten der Firma auf 60 Franken pro Monat heraufgesetzt. Dies entspricht etwa dem halben Marktpreis.

Abbildung 34: Verkehrszusammensetzung auf den Rheinbrücken in Basel[1]*

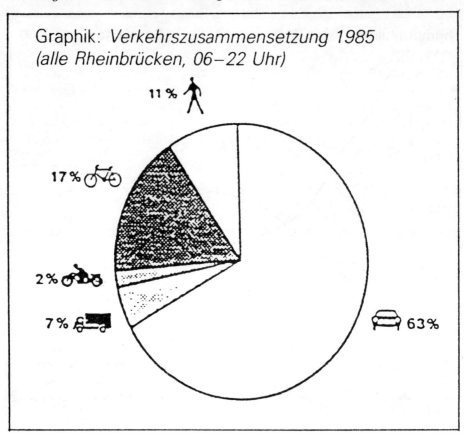

*Quelle: *Großer Rat des Kantons Basel-Stadt*, Bericht betreffend weitere Förderung des Veloverkehrs, Basel, Dezember 1987, S. 21 und 24.

1 Tram und Bus nicht mitgezählt.

- Bahn, Tram, Bus
  Viele Arbeitsplätze in der Stadt Basel können sehr gut mit öffentlichen Verkehrsmitteln erreicht werden. Der Anteil des öffentlichen Verkehrs ist in Basel - verglichen mit anderen Städten - respektabel. Von den in Basel Beschäftigten wird der ÖPNV häufiger als der Pkw auf dem Weg zum Arbeitsplatz benutzt. Dies wurde bisher von keiner vergleichbaren deutschen Stadt erreicht. Auch die Unternehmen können die Nutzung des ÖPNV fördern, indem sie z.B. das Umwelt-Abo finanziell bezuschussen, beispielsweise aus den Einnahmen der Parkraumbewirtschaftung.
- Fahrrad
  Das Velo ist das umweltfreundlichste, das sparsamste und im städtischen Bereich (in Basel) sogar das schnellste Verkehrsmittel. Auch die Unternehmen können das Velo-Pendeln auf vielfältige Art gezielt fördern. Beispielsweise hat ein Großunternehmen der Chemischen Industrie das Werksgelände für Veloverkehr geöffnet und direkt vor den einzelnen Gebäuden überdachte Veloständer aufgestellt. Der Erfolg war groß. Das Pro-

gramm wurde fortgeführt. Mitte 1990 war ein Bestand von 2400 Fahrradständern erreicht. Weitere 800 sind geplant[24].
- Park + Ride, Bike + Ride, Kiss + Ride
Diese verschiedenen Formen des kombinierten Verkehrs können von den Firmen ebenso wie die Nutzung des ÖPNV gefördert werden.
- Fußgänger
Fußgänger sind unter dem Blickwinkel der städtischen Wohn- und Lebensgemeinschaft die allerbesten Berufspendler. Daher ist es vordringlich, die noch bestehenden Benachteiligungen für das Gehen in der Stadt zu beseitigen (Überquerbarkeit der Straßen, ungünstige Ampelschaltungen, zugeparkte Gehwege und Straßenecken).

9. Der Masterplan für den Hauptbahnhof

Im Jahre 1986 wurde ein komplexer Um- und Ausbauplan für den Bahnhof SBB Basel als gemeinsames Werk der beiden Baseler Kantone, der schweizerischen Bundesbahn SBB und des Postbusdienstes PTT beschlossen. Die Ausführung dieses Großinvestitionsvorhabens (700 Millionen Franken zuzüglich 500-700 Millionen private Investitionen) wird bis zum Ende der neunziger Jahre dauern. Der "Masterplan"[25] sieht vor, das Bahnhofsgebiet als Drehscheibe des internationalen, nationalen, regionalen und städtischen öffentlichen Verkehrs umzugestalten (vgl. Abbildung 35). Dazu ist geplant,

- neue Äste der Vorortslinien der Straßenbahn zum Bahnhof zu führen, dort oberirdisch miteinander und mit der Eisenbahn zu verknüpfen und weiter in die Innenstadt zu leiten;
- den Personenbahnhof für die geplante regionale S-Bahn und für das zu erweiternde Fernverkehrsangebot im Rahmen des Konzepts "Bahn 2000" leistungsfähiger auszubauen;
- Fußgängern, die heute eine unterirdische Passage zur Innenstadt benutzen müssen, soll wieder die oberirdische Ebene zur Verfügung stehen - zugunsten von Tram, Fußgängern und Velofahrern soll daher der Bahnhofsvorplatz vom motorisierten Verkehr weitgehend befreit werden;
- für den Veloverkehr sollen bessere Verbindungen und eine Fahrradstation mit etwa 1500 Stellplätzen entstehen - heute benutzen schon 700 bis 800 Pendler (sowohl Zupendler als auch Wegpendler) den Bahnhof als Veloparkplatz;
- die beiden Bahnhofsseiten der Stadt sollen durch eine neue Fußgängerpassage besser verbunden werden;
- das angrenzende Quartier Gundeldingen soll durch eine neue Umfahrungsstraße entlastet werden;
- es soll ein Parkhaus in das Vorhaben integriert werden, das vornehmlich der SBB für Park-and-Ride (100 bis 200 Plätze), Hotels (100 Plätze) und für kurzfristiges Parken (50 bis 100 Plätze) dienen soll;
- da der Bahnhof als Standort für neue Betriebe erheblich aufgewertet wird, sind Flächen für 2000 bis 4000 zusätzliche Arbeitsplätze vorgesehen.

---

24 Basler Veloblatt, Juli 1990, S. 2.
25 *Kanton Basel-Stadt, Baudepartement,* Masterplan Bahnhof SBB Basel. Konzept 86, Basel 1986.

Umfang und Sorgfältigkeit der Planung dieses Vorhabens machen deutlich, welche große zusätzliche Bedeutung die öffentlichen Verkehrsmittel über den bereits erreichten hohen Stand hinaus (verglichen mit dem deutscher Städte) in der Schweiz zukünftig erhalten sollen.

10. Das Projekt "Nordtangente

Östlich der Kernstadt Basels führt seit den siebziger Jahren die Autobahn N 2 an den Eisenbahnanlagen entlang. Sie verbindet das schweizerische Autobahnnetz mit der deutschen Autobahn A 5. Seit langem bestehen Pläne, nördlich der Kernstadt eine Autobahnverbindung von der N 2 nach Westen zum französischen Autobahnnetz herzustellen. Im Jahre 1984 beschloß der Große Rat, die Nordtangente zugunsten von Sofortmaßnahmen für den öffentlichen Verkehr zurückzustellen. Seit 1989 endet die französische Autobahn A 35 an der nordwestlichen Stadtgrenze, damit ist der Druck zur Durchführung dieses Projekts gestiegen. Die Realisierung einer Autobahn in dieser stadtnahen Lage (nur 1,5 Kilometer von der Stadtmitte) in dichter Bebauung ist außerordentlich schwierig. Die Autobahn müßte vorwiegend im Tunnel geführt werden. Die Kosten wurden 1984 bei einer Straßenlänge von 3,2 Kilometer mit 580 Millionen Franken[26] angegeben, heute werden sie auf 700 bis 800 Millionen Franken geschätzt. Der Bund übernimmt 65 Prozent der Kosten, das heißt, auch auf den Kanton kämen noch erhebliche finanzielle Belastungen zu, die größer sein werden als die Summe aller übrigen Verkehrsinvestitionen des Kantons.

Der Nutzen des Vorhabens wird in der Lückenschließung des Autobahnnetzes sowie in der "Verkehrsentlastung für Zehntausende" gesehen. Eine Verkehrsentlastung für die nördlichen Quartiere würde sicher damit erreicht werden. Es wurde aber offenbar nicht berücksichtigt, daß sich gleichzeitig die Erreichbarkeit mit dem Auto in der Region Basel bedeutend verändern würde. Ohne Zweifel wird es - wie viele Beispiele ähnlicher Projekte in anderen Städten gezeigt haben - eine Veränderung des Modal-Split zugunsten des Pkw-Verkehrs für viele räumliche Beziehungen geben. Der starken Entlastung für etwa 30.000 Bewohner stehen geringe zusätzliche Belastungen für fast alle Bewohner der Agglomeration gegenüber. Im Endergebnis könnte der Nutzen sogar negativ ausfallen. Die hohen finanziellen Aufwendungen für andere Projekte zugunsten der Förderung umweltverträglicherer Transportarten eingesetzt, hätten sicher einen weit größeren Entlastungseffekt für die gesamte Stadtregion.

11. Maßnahmenplan nach der Luftreinhalte-Verordnung

Die Eidgenössische Luftreinhalte-Verordnung (LRV) von 1986 will erreichen, daß die Schadstoffbelastung der Luft bis 1994 überall in der Schweiz wieder unter die Grenze der Schädlichkeit fällt. Für drei dieser Schadstoffe - die "Leitsubstanzen" - enthält die LRV präzise Angaben zur Bestimmung der Schädlichkeitsgrenze: Immissionsgrenzwerte.

---

26 N 2 Nordtangente, Info-Faltblatt, Baudepartement, Tiefbauamt Januar 1986.

Abbildung 35: Projektiertes S-Bahn-Netz Region Basel[1]*

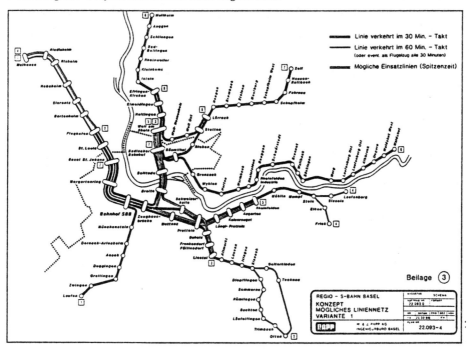

*Quelle: *Kanton Basel-Stadt, Baudepartement, Masterplan Bahnhof SBB Basel. Konzept 86,* Basel 1986, S. 21.

1 Aufgrund der zu erwartenden Reisezeitgewinne auf der S-Bahn wurde die Zahl der täglichen Autofahrten auf über 20.000, die der Personenkilometer auf 500.000 geschätzt, die durch Fahrten mit der geplanten S-Bahn ersetzt werden können.

Für den Verkehrsbereich ist die Leitsubstanz Stickstoffdioxid (NO_2) von besonderer Bedeutung; denn der Straßenverkehr ist der wichtigste Stickoxyd-Emittent. In der Stadt Basel verursacht er rund 40 Prozent des Ausstoßes, im Kanton Basel-Landschaft rund 80 Prozent (Stand 1986). Die NO_2-Belastung der Luft ist im Stadtbereich chronisch zu hoch (Jahresmittelwert um 50 ug/m3 gegenüber Grenzwert von 30 ug/m3). Im Nahbereich von Hauptverkehrsstraßen steigen die Immissionen im Jahresmittel auf 60 bis 70 ug/m3 [27]. Ähnliche Werte wurden auch in deutschen Großstädten gemessen.

Die Prognose der Immissionen für das Jahr 1994 hat unter Berücksichtigung der verschärften Vorschriften bei Feuerungsanlagen und Kraftfahrzeugen (geregelter Katalysator) ergeben, daß ohne zusätzliche Maßnahmen noch in großen Teilen der Stadt Grenzwertüberschreitungen auftreten werden, insbesondere entlang von Hauptverkehrsstraßen und hauptsächlich im Nahbereich der Autobahn N 2. Die beiden für den Raum Basel zuständigen Kantone waren daher zum Handeln aufgefordert. Die Regierungsräte der Kantone Basel-Landschaft und Basel-Stadt beschlossen im Februar 1990 den "Luftreinhalteplan beider

---

27 Kanton Basel-Stadt und Kanton Basel-Landschaft (Hrsg.), *Luftreinhalteplan beider Basel,* Liestal 1990, S. A 33.

Basel". Er enthält einen umfangreichen Maßnahmenplan für die Bereiche Verkehr, Feuerungen und Energie, Industrie und Gewerbe sowie Anforderungen an die Raumplanung.

Für den Bereich "Verkehr" wurden folgende Maßnahmenschwerpunkte beschlossen:

- Die wirksamsten Maßnahmen (Reduzierung der Stickoxide) werden in der Herabsetzung der erlaubten Höchstgeschwindigkeiten gesehen - abgestuft nach Straßenkategorie und unterstützt durch bauliche Begleitmaßnahmen und eine Öffentlichkeitsarbeit, die zu umweltbewußtem Fahren motiviert. Folgende Tempolimits sind vorgesehen:
  - 30 km/h auf Quartierstraßen,
  - 40 km/h auf Hauptverkehrsstraßen innerorts,
  - 60 km/h auf der Autobahn in Basel-Stadt,
  - 70 km/h auf Hauptverkehrsstraßen außerorts und
  - 80-100 km/h auf Autobahnen in Basel-Landschaft.
- Umsteigen auf die öffentlichen Verkehrsmittel soll konsequent gefördert werden: einerseits durch eine erhebliche Verbesserung des Angebots (Investitionen von 500 Millionen Franken), andererseits durch eine entsprechende Parkraumpolitik, "Pförtneranlagen" auf den Zufahrtsstraßen und fiskalische Maßnahmen wie die Einführung einer fahrleistungsabhängigen Kraftfahrzeugsteuer.
- Förderung des Velo- und Fußgängerverkehrs.
- Förderung von Fahrgemeinschaften (Car-Pooling) und ähnlichen Sammeltransporten (Pendlerbusse).
- Große Anstrengungen sollen auch beim Güterverkehr unternommen werden, der sich "zunehmend zu einem dominierenden Luftverschmutzungsfaktor entwickelt"[28]. Ein möglichst großer Teil des Güterflusses soll von der Straße auf die Schiene verlagert werden. In den stark belasteten Gebieten der Stadt Basel muß der besonders problematische Diesel-Schwerverkehr Beschränkungen in Kauf nehmen. Pilotprojekte mit emissionsarmen Antriebssystemen sollen gefördert werden. Und nicht zuletzt soll der Bund mit Nachdruck aufgefordert werden, eine weitere Verschärfung der Abgasgrenzwerte für Lastwagen anzuordnen sowie eine emissionsabhängige Schwerverkehrsabgabe einzuführen.

---

28 Ebenda, S. II.

Abbildung 36: Straßen- und Platzneugestaltung in der Basler Innenstadt[1]*

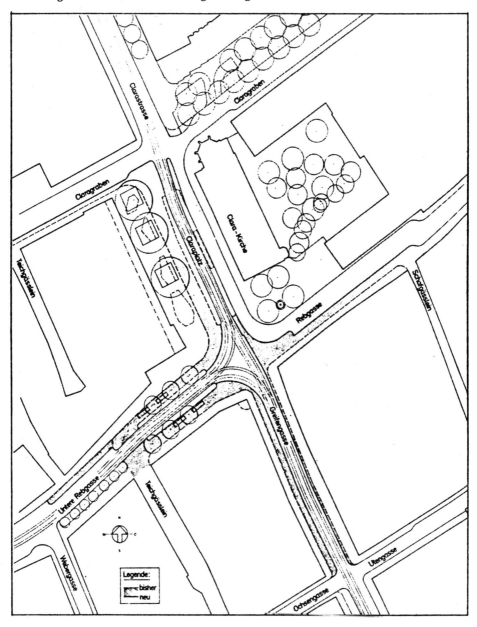

*Quelle: *Kanton Basel-Stadt, Baudepartement, Neugestaltung von Straßen und Plätzen sowie neugeschaffene und ausgebaute Fußwege im Gebiet der Stadt Basel 1975-1985,* Basel 1987, S. 16.

1 Zugunsten des Tram- und Fußgängerverkehrs wurden Trottoirs und Haltestelleninseln zu größeren Fußgängerflächen zusammengefaßt (graue Flächen vorher Fahrbahn).

Abbildung 37: Neugestaltung eines Verkehrsplatzes in einem innenstadtnahen Quartier[1]*

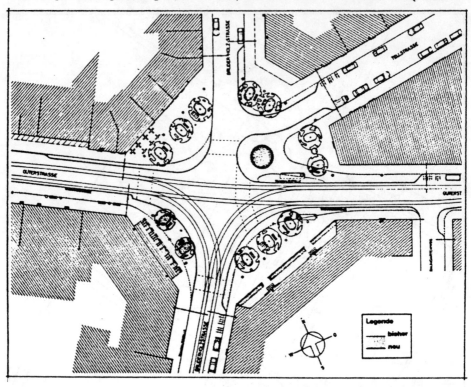

*Quelle: *Kanton Basel-Stadt, Baudepartment,* Neugestaltung von Straßen und Plätzen sowie neugeschaffene und ausgebaute Fußwege im Gebiet der Stadt Basel 1975-1985, Basel 1987, S. 16.

1 Zugunsten einer Tramhaltestelle und der Verkehrsbedingungen für Fußgänger neugestaltete Bordsteinführung (graue Flächen vorher Fahrbahnflächen).

30
Mit der Neugestaltung des Rheinweges, der vorher überwiegend als Parkplatz genutzt wurde, ist eine vielbesuchte Promenade und attraktive Veloroute entstanden.

31
Ins Basler Trambahnnetz einbezogene, ehemals private Regionalbahnlinie.

32
Die mehr als 15 km ins Stadtumland hinausreichende Regionallinie erschließt eine zunehmend dichter bebaute Siedlungsachse sowie Naherholungsgebiete

33
Begrünter eigener Bahnkörper der Tram im Außenbereich der Stadt Basel.

34
Die das Umland bedienenden Regionallinien der Basler Straßenbahn haben weitgehend einen eigenen Bahnkörper.

35
Straßenbahnstrecke und Fußgängerbereich, eine sich gut ergänzende und sich gegenseitig fördernde Kombination.

36
Hochfrequentierte Straßenbahnstrecke (sieben Linien mit 2000 Tramzügen am Werktag) und Fußgängerstraße sind miteinander verträglich (Innenstadt Basel).

37
Radfahrstreifen in Einbahnstraße. Teil des im Bau befindlichen Radroutennetzes der Stadt Basel.

38
Velostellplätze - hier in einer Fußgänger-straße - sind wichtiger Teil des Plans zur Veloförderung.

Karlsruhe

1. Die städtebauliche Entwicklung

Karlsruhe ist eine relativ junge Stadt, eine barocke Neugründung des frühen 18. Jahrhunderts. Von dem Schloß nehmen die fächerförmig angeordneten Straßenzüge und die in nördlicher Richtung in den Hardtwald mündenden Alleen ihren Ausgang. Die Kaiserstraße (Hauptgeschäftsstraße) schneidet die Radialstraße des Straßenfächers in Ost-West-Richtung.

Mit der Bildung des Großherzogtums Baden erlangte Karlsruhe als Hauptstadt im 19. Jahrhundert schnell an Bedeutung. 1825 wurde die Technische Hochschule gegründet. Um 1900 hatte Karlsruhe bereits 100.000 Einwohner. Im Zweiten Weltkrieg sehr stark zerstört und durch Bevölkerungsverluste 1945 eine Stadt mit nur noch 68.000 Einwohnern, entwickelte sich Karlsruhe mit dem Wiederaufbau rasch zu einem Verwaltungs-, Wissenschafts- und Wirtschaftszentrum. Hier haben einige Bundesbehörden (Bundesgerichtshof, Bundesverfassungsgericht und andere) und viele Landesbehörden ihren Sitz.

Heute hat Karlsruhe rund 260.000 Einwohner (auf einer im Vergleich mit Basel großen Stadtfläche von 173 Quadratkilometern) und rund 170.000 Arbeitsplätze. Der "Nachbarschaftsverband Karlsruhe" hat über 400.000 Einwohner (500 Quadratkilometer). Die Einwohnerzahl der gesamten Stadtregion als hauptsächlichem Pendlereinzugsbereich kann mit über 500.000 angesetzt werden.

2. Die Entwicklung des Straßenbahnnetzes

Karlsruhes Straßenbahngeschichte begann 1877 mit der ersten 5 Kilometer langen Pferdetrambahn-Strecke. Ab 1881 gab es vorübergehend auch eine von Dampflokomotiven gezogene Straßenbahn. Ab 1900 wurde die Elektrifizierung der Tram eingeführt. Bis dahin waren Initiativen zum Aufbau und Betrieb des öffentlichen Personennahverkehrs von Privatunternehmen ausgegangen. 1903 wurde die Karlsruher Straßenbahn kommunalisiert und danach weiter ausgebaut. 1913, als ein neuer Hauptbahnhof der Eisenbahn entstand, war das Netz der Straßenbahn auf 7 Linien mit 43 Kilometer Linienlänge angewachsen[1].

---

1 *Stadtwerke Karlsruhe, Verkehrsbetriebe*, 100 Jahre Straßenbahn Karlsruhe 1877-1977, Karlsruhe 1977.

Kurz vor 1900 war im Raum Karlsruhe neben der Tram noch ein anderes Nah- und Regionalverkehrsmittel gebaut und eingerichtet worden: die "Karlsruher Lokalbahn", eine schmalspurige Eisenbahn (Meterspur) zu den Nachbargemeinden des Hardtwaldes, sowie die "Albtalbahn" nach Bad Herrenalb im Nordschwarzwald. Diese Regionalbahnen spielen später noch eine wichtige Rolle für die Karlsruher Stadtbahn. Ende der zwanziger Jahre fand die Erweiterung des Straßenbahnnetzes einen vorläufigen Abschluß. Vor dem Krieg hatte das Netz eine Betriebslänge von 38 KIlometern. Es fuhren 10 Linien im 7,5-Minuten-Takt und beförderten im Jahr 28 Millionen Personen (1938)[2].

3. Das Karlsruher Stadtbahnkonzept

3.1 Das innerstädtische Netz

Nach den erheblichen Kriegszerstörungen in Karlsruhe wurde alsbald ein großer Teil des Streckennetzes der Straßenbahn wieder befahrbar gemacht. Anfang der fünfziger Jahre war das innerstädtische Straßenbahnnetz rund 30 Kilometer lang (Streckennetz). Heute ist es (ohne Einbeziehen der Regionalstrecken) rund 20 Kilometer länger. Insbesondere seit den siebziger Jahren wurde das Streckennetz ausgebaut (eigener Gleiskörper oder Einrichtung von Vorrangstraßen für Straßenbahn und Fußgänger) und in Neubaugebiete verlängert. Im Durchschnitt wurde jedes zweite Jahr ein neuer Streckenabschnitt eröffnet: 1975 in die Nordweststadt, 1979 nach Neureut, 1980 in die Rheinstrandsiedlung, 1983 zur Europahalle, 1986 nach Daxlanden-West sowie nach Oberreut[3].

Das Straßenbahnnetz wurde und wird ausgebaut, da es im Gegensatz zur Eisenbahn in Karlsruhe eine ausgezeichnete umsteigefreie Verbindung in die Innenstadt gewährleistet. Denn aufgrund der besonderen stadtstrukturellen Gegebenheiten ist die wichtigste zentrale Straßenbahntrasse (Kaiserstraße) gleichzeitig die zentrale Innenstadtachse, an der sich wie auf einer Perlenkette die wichtigsten Ziele aufreihen: Einzelhandelsgeschäfte, Kaufhäuser, Kinos, Theater, Restaurants, Behörden, weiterführende Schulen und viele Arbeitsplätze.

Im Jahre 1955 lagen 30 Prozent aller innerstädtischen Straßenbahnstrecken in Karlsruhe auf eigenem Bahnkörper. Derzeit sind es über 80 Prozent. Im Karlsruher Straßenbahnnetz befinden sich etwa 80 Kreuzungen mit Verkehrssignalanlagen. An fast allen dieser Signalanlagen ist die Schaltung auf die Belange der Stadtbahn oder des Busses ausgerichtet. Dafür wurde in den vergangenen Jahren jährlich rund 1 Million DM für den Einbau von mikroprozessorgesteuerten Signalgeräten investiert[4].

3.2 Das stadtregionale Netz

Noch bemerkenswerter als im innerstädtischen Bereich sind die Leistungen der Verkehrsbetriebe Karlsruhe (VBK) und der Albtal-Verkehrsgesellschaft (AVG) im stadtregionalen Be-

---

[2] *Städtische Verkehrsbetriebe Karlsruhe (Hrsg.)*, Die Karlsruher Verkehrsbetriebe, Karlsruhe 1972, S. 37.
[3] In der Region Karlsruhe: Neue öffentliche Verkehrsverbindungen, in: Karlsruher Wirtschaftsspiegel, H. 2/1987.
[4] Näheres siehe *Georg Drechsler*, Beispiel Karlsruhe: Ausbau des Straßenbahn-/Stadtbahnnetzes in der Stadt und der Region Karlsruhe, in: Renaissance der Straßenbahn, Basel 1987, S. 297 ff.

reich. Es begann damit, daß Ende der fünfziger Jahre die Albtalbahn, die vom Hauptbahnhof über die Nachbarstadt Ettlingen bis in den nördlichen Schwarzwald nach Bad Herrenalb (insgesamt etwa 25 Kilometer) reicht, von einer privaten Eisenbahngesellschaft durch die Stadt übernommen und mit dem Straßenbahnnetz verbunden wurde. Die Gleisanlagen und Fahrzeuge der Albtalbahn waren damals total veraltet. Außerdem mußten die Fahrgäste am Albtalbahnhof in Karlsruhe auf die städtischen Verkehrsmittel umsteigen. Die stadteigene Albtal-Verkehrs-Gesellschaft (AVG) hat die Bahn seit ihrer Übernahme systematisch modernisiert: Umstellung auf Regelspur (wie bei der Straßenbahn), neue Gelenktriebwagen, die in ihrer Grundbauweise denen der Karlsruher Straßenbahn entsprechen, Auslegung für höhere Geschwindigkeiten der modernen Stadtbahnwagen (80 km/h). 1975 erfolgte noch eine Streckenerweiterung nach Karlsbad-Ittersbach. Heute gilt die Albtalbahn, die neben dem Stadtbahnbetrieb auch Güter befördert und daher nach der Eisenbahnbetriebsordnung (EBO) geregelt ist, als eine der fortschrittlichsten "nichtbundeseigenen Eisenbahnen (NE)".

Im Jahre 1967 stellte die Deutsche Bundesbahn (DB) den Personenverkehr zwischen Karlsruhe und Leopoldshafen auf der sogenannten Hardtbahn ein. Güterverkehr blieb zur Versorgung des Kernforschungszentrums Karlsruhe und eines Militärdepots bestehen. Dies war der Beginn von Überlegungen, nach der Albtalbahn auch die Hardtbahn in ein regionales Stadtbahnnetz einzubeziehen.

Nach langwierigen Verhandlungen zur Klärung und Regelung aller technischen und rechtlichen Probleme des gemeinsamen Betriebs von Bundesbahn und Stadtbahn auf demselben Gleis konnten schließlich Grundsatzvereinbarungen zwischen allen Beteiligten (den Verkehrsunternehmen DB und VBK sowie den Gebietskörperschaften) geschlossen und die planungs- und baurechtlichen Voraussetzungen für den Schienenstreckenbau geschaffen werden. Der Bau selbst ging relativ schnell vor sich. Der erste größere Abschnitt wurde 1986, die gesamte Strecke (rund 13 Kilometer) 1989 dem Verkehr übergeben. Nicht auf der gesamten Länge folgt die Strecke dem vorhandenen Bundesbahngleis, in zwei Abschnitten wurde zur besseren Erschließung der Siedlungsgebiete eine neue Trasse gebaut.

Die Hardtbahn besteht also aus Abschnitten unterschiedlicher verkehrsrechtlicher und betriebstechnischer Regelung: erstens einer Gemeinschaftsstrecke von DB und VBK bzw. AVG, die nach der EBO betrieben wird, zweitens aus reinen Stadtbahnstrecken, die nach der Betriebsordnung für Straßenbahnen (BO-Strab) betrieben werden[5]. Die gesamte Hardtbahn erhielt Signalanlagen (Streckenblock) gemäß der Eisenbahn-Signalordnung (ESO), sie ist verkehrsrechtlich eine "Nichtbundeseigene Eisenbahn (NE)".

Die Finanzierung der Hardtbahn wurde in einer Vereinbarung aufgeteilt, und zwar folgendermaßen:

- Die Stadt Karlsruhe baut und betreibt die Stadtbahn.
- Von den Investitionskosten übernimmt der Bund nach dem Gemeindeverkehrsfinanzierungsgesetz (GVFG) 60 Prozent, das Land Baden-Württemberg übernimmt 25 Prozent. Die restlichen 15 Prozent teilen sich Landkreis und Gemeinden.
- Die Stadt Karlsruhe trägt die Hälfte der Beschaffungskosten für die Fahrzeuge. Die andere Hälfte teilen sich der Landkreis und die beteiligten Gemeinden.
- Die Gemeinden tragen das Betriebsdefizit jeweils auf ihrer Gemarkung und für ihre Fahrgäste.

---

5 Näheres siehe *Dieter Ludwig und Georg Drechsler*, Stadtbahnbetrieb Karlsruhe auf ehemaliger Bundesbahn-Strecke, in: Der Nahverkehr, H. 5 (1987), S. 24 ff.

- Die Gemeinden haben ein Mitspracherecht bei der Gestaltung des Fahrplans und des Tarifs[6].

Eine weitere regionale Stadtbahnstrecke wurde mit der sechs Kilometer langen Südbahn nach Rheinstetten Mitte 1990 fertiggestellt. Auch bei dieser Bahnstrecke wurde weitgehend vorhandene Infrastruktur genutzt, in diesem Fall die noch freigehaltene Trasse einer bereits vor 40 Jahren eingestellten "Lokalbahn" von Durmersheim nach Karlsruhe. Das Stadtbahnnetz hatte damit Ende 1990 eine Streckenlänge von über 110 Kilometern erreicht. Die Straßenbahn- bzw. Stadtbahnnetze in vergleichbaren deutschen Städten haben im Durchschnitt noch nicht einmal die Hälfte dieses Umfangs. Nur Basel kann hier mithalten.

3.3 Das stadtregionale Stadtbahnnetz zweiter Stufe

Ausgangspunkt für die weitere Entwicklung des stadtregionalen Stadtbahnnetzes war die ungünstige Lage des Karlsruher Hauptbahnhofs in bezug zur Innenstadt. Bis ins Hauptgeschäftsgebiet ist ein Weg von fast zwei Kilometern Länge zurückzulegen. Wer mit der Bundesbahn nach Karlsruhe kommt, muß also erst auf die Straßenbahn umsteigen. Diese wenig attraktive Situation führte zu der Planung, die vorhandenen Schienennetze beider Systeme miteinander zu verknüpfen. Dazu bieten sich im Karlsruher Stadtgebiet auch zwei geeignete Stellen an; dort könnte das Vorhaben nicht nur mit Verbindungsgleisen realisiert werden, sondern auch durch ein Einfädeln auf kürzestem Weg in die zentrale Straßenbahnachse (Kaiserstraße), die die Innenstadt zentral erschließt (siehe Abbildung 39).

Zweitens kam eine wirtschaftliche Überlegung hinzu: Statt eines regionalen S-Bahn-Verkehrs mit lokbespannten Zügen und höherem Personalaufwand wurde Stadtbahnverkehr mit leichteren Wagen im Ein-Mann-Betrieb als preisgünstiger erachtet.

In verschiedenen Forschungsvorhaben wurden die Probleme eines solchen Gemeinschaftsbetriebs untersucht und weitgehend gelöst. Auch die Frage der wirtschaftlichen Effektivität wurde positiv beantwortet[7]. "Damit kann auch für einen kleinen Ballungsraum ein integriertes Schienennetz geschaffen werden, das überschaubare Investitionskosten erfordert, schnell realisierbar ist und dennoch den gleichen Effekt bringt wie die S-Bahn-Projekte in den großen Ballungsräumen."[8]

Inzwischen sind die rechtlichen Voraussetzungen geschaffen und die Bauarbeiten begonnen worden, um bis zum Jahre 1992 auf den ersten drei Strecken den durchgehenden Stadtbahnverkehr aufnehmen zu können:

- Karlsruhe-Bretten,
- Karlsruhe-Pfinztal (-Pforzheim) und
- Karlsruhe-Wörth (Südpfalz).

Auf allen Strecken werden neue Haltepunkte gebaut, so daß nicht nur die Verbindung mit dem Oberzentrum, sondern auch die Erreichbarkeit zwischen den Ortsteilen längs der Strecke erheblich verbessert wird.

---

6 Ebenda, S. 26.
7 *Georg Drechsler*, Zweisystem-Fahrzeug "Karlsruhe" für den durchgehenden Einsatz auf DB- und Stadtbahnstrecken, in: Nahverkehrsforschung '89, Ottobrunn 1989, S. 107 ff.
8 Ebenda, S. 108.

Die Stadtbahnzüge werden auf den DB-Strecken den heutigen Schienennahverkehr ersetzen. Der Fernverkehr und der Güterverkehr bleiben unverändert. Stadtbahnzüge und Fernzüge werden an geeigneten Bahnhöfen zum Umsteigen miteinander verknüpft. Mit diesen drei ersten Strecken des regionalen Stadtbahnsystems der zweiten Stufe wird die Gesamtlänge des Karlsruher Stadtbahnnetzes auf 150 Kilometer anwachsen[9].

3.4 Der Stadtbahnwagen "Karlsruhe"

Die Karlsruher Stadtbahn erfordert einen speziellen Fahrzeugtyp, der den unterschiedlichen Anforderungen genügen muß: zum einen für den überwiegend innerstädtischen Verkehr mit engen Kurven und kurzen Halteabständen, zum anderen für den Betrieb auf regionalen Eisenbahnstrecken sowie auf Bundesbahnstrecken mit und ohne Elektrifizierung. Die Fahrzeuge müssen wegen der größeren Reiseweiten und Reisezeiten auch mehr Komfort bieten als im innerstädtischen Straßenbahnverkehr.

Für diese verschiedenen Einsatzbereiche wurde der Stadtbahnwagen B (Kölner Bauart) zu einem "Baukastensystem Stadtbahnwagen Karlsruhe"[10] weiterentwickelt. Der Stadtbahnwagen hat eine Breite von 2,65 Meter, ist also mindestens 25 Zentimeter breiter als die Straßenbahnwagen. Er bietet erheblich mehr Sitzplätze (da vier Sitze nebeneinanderpassen), also mehr Komfort. Schon seit 1975 wurde im Karlsruher Straßenbahnnetz der Gleismittenabstand erweitert, wann immer dies im Rahmen von Unterhaltungs- oder Baumaßnahmen möglich war, um den breiteren Stadtbahnwagen einsetzen zu können.

Für den Betrieb auf den DB-Strecken nach Bretten, Pforzheim und Wörth mußte wegen der unterschiedlichen Elektrifizierung (750 Volt Gleichspannung bei der Stadtbahn, 15 Kilovolt Wechselspannung bei der DB) ein Zwei-System-Wagen entwickelt werden. Im Zuge eines Forschungsvorhabens des Bundesministeriums für Forschung und Technologie wurde das Zweisystemfahrzeug bereits in der Praxis mit Erfolg geprüft.

4. Bisherige Erfolge der Karlsruher Stadtbahn

Die Stadtbahn ist komfortabel, schnell und fährt für eine Regionalbahn relativ häufig (20-Minuten-Takt, in Hauptverkehrszeiten Verdichtung auf 10 Minuten). Die innerstädtischen Streckenabschnitte werden während des gesamten Tages im 10-Minuten-Takt befahren. Dank des vorwiegend eigenen Bahnkörpers und der vom Kfz-Verkehr befreiten Innenstadtdurchfahrt, grüner Welle für die Bahn sowie wegen größerer Bahnhofsabstände im Stadtumland ist die durchschnittliche Reisegeschwindigkeit erstaunlich hoch. Die Hardtbahn (Nordbahn) braucht für die 16 Kilometer lange Strecke bis zur Stadtmitte (Europaplatz) 34 Minuten. Das entspricht einer Reisegeschwindigkeit von durchschnittlich 28 km/h.

Nach achtmonatiger Betriebszeit erreichte die Hardtbahn bereits 73 Prozent mehr Fahrgäste als die frühere Buslinie. Die Gesamtzahl der beförderten Personen bei den Verkehrsbetrieben Karlsruhe einschließlich der Albtalbahn-Verkehrs-Gesellschaft stieg von 1984 bis 1989 um 34 Prozent (siehe Tabelle 19).

---

9 *Dieter Ludwig und Peter Forcher,* Neue Stadtbahnwagen für die Region Karlsruhe, in: Der Nahverkehr, H. 5 (1989), S. 57.
10 Ebenda.

Tabelle 19: Fahrgastzahlen der Karlsruher Stadtbahn, 1981-1989[1]*

Jahr	Beförderte Personen (in Millionen)			Zunahme
	VBK	AVG	Insgesamt	
1981	53,1	7,1	60,2	100
1982	53,2	8,1	61,3	
1983	51,8	7,2	59,0	
1984	51,7	8,5	60,2	
1985	53,4	8,7	62,1	
1986	56,5	9,9	66,4	
1987	58,8	15,9	74,7	
1988	60,6	16,5	77,1	
1989	64,1	17,1	81,2	134
				difu

*Quelle: Nach *Verkehrsbetriebe Karlsruhe und Albtalbahn - Verkehrsgesellschaft (Hrsg.)*, Report '89, Karlsruhe 1990; *Stadt Karlsruhe (Hrsg.)*, Statistisches Jahrbuch, Karlsruhe 1990; *Verband öffentlicher Verkehrsbetriebe (Hrsg.)*, VÖV-Statistik '89, Köln 1990.

1 Einschließlich Buslinien.

Abbildung 38: Das Karlsruher Straßenbahnnetz 1930 und 1963*

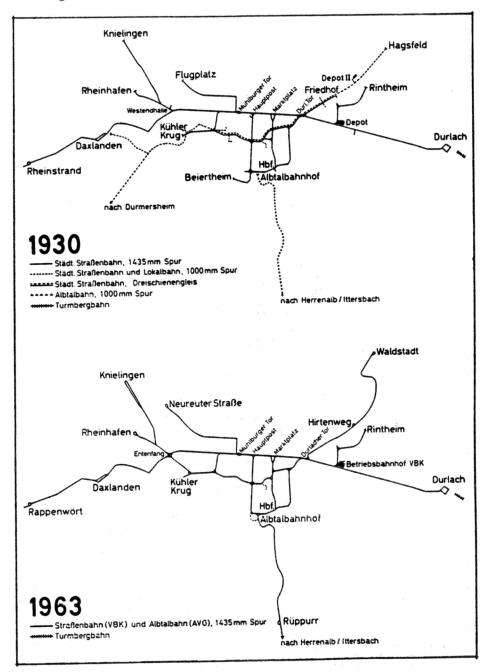

*Quelle: *Stadtwerke Karlsruhe, Verkehrsbetriebe, 100 Jahre Straßenbahn Karlsruhe 1877-1977*, Karlsruhe 1978, S. 51.

Abbildung 39: Das Karlsruher Stadtbahnnetz 1987*

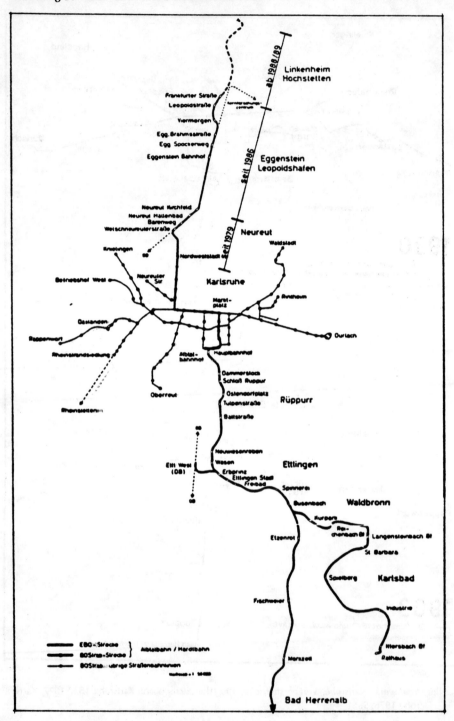

*Quelle: Dieter Ludwig und Georg Drechsler, Stadtbahnbetrieb Karlsruhe auf ehemaliger Bundesbahn-Strecke, in: Der Nahverkehr, H. 5 (1987), S. 25.

Abbildung 40: Stadtbahn- und Bundesbahnstrecken in der Region Karlsruhe 1987*

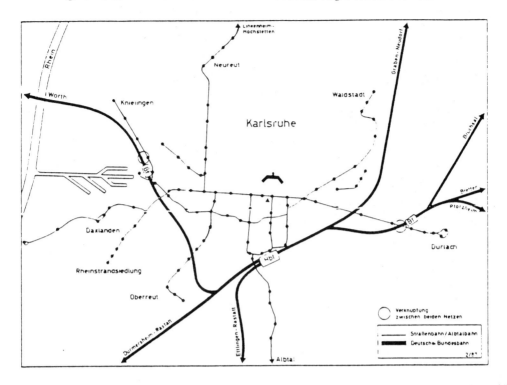

*Quelle: *Georg Drechsler*, Zweisystem-Fahrzeug "Karlsruhe" für den durchgehenden Einsatz auf DB- und Stadtbahnstrecken, in: Nahverkehrsforschung '89, Ottobrunn 1989, S. 107 ff.

39
Die städtebauliche Hauptachse von Karlsruhe ist zugleich Hauptgeschäftsstraße und Stadtbahntrasse (Kaiserstraße).

40
Die Stadtbahn kann die Innenstadt Karlsruhes unbehindert durchfahren.

41
Die Stadtbahn im
Karlsruher Umland
("Südbahn").

42
Stadtbahn auf Trasse
der ehemaligen
"Lokalbahn" nach
Durmersheim.

43
Regionallinie der Karlsruher Stadtbahn, integriert in die Hauptstraße einer Nachbargemeinde ("Hardtbahn").

44
Stadtbahn-Haltestelle am Rathaus in Linkenheim.

45
Mitbenutzung einer Güterzugstrecke der Bundesbahn durch die Stadtbahn ("Hardtbahn").

46
Eigener Bahnkörper der Stadtbahn Karlsruhe im Stadtumland ("Südbahn").

Freiburg

1. Die städtebauliche Entwicklung

Freiburg (Breisgau) liegt im Oberrheintal, am Fuße des Schwarzwalds. Freiburg hat fast 180.000 Einwohner, rund 110.000 Arbeitsplätze und 27.000 Studenten. Der Einzugsbereich des Oberzentrums Freiburg umfaßt ein Gebiet von mehr als einer halben Million Bewohner.

Freiburg ist im Ursprung eine mittelalterliche Stadt (gegründet 1120). Mitte des 19. Jahrhunderts war es kaum größer als in seinen Anfängen. Aber dann wuchs die Stadt rasch und erreichte Anfang der dreißiger Jahre die Hunderttausend-Einwohner-Marke. Nach den schweren Kriegszerstörungen und der Reduzierung der Einwohnerzahl auf wenig mehr als die Hälfte war das Wachstum der Stadt in den fünfziger und sechziger Jahren als Universitäts-, Industrie- und Handelsstadt sowie als kultureller Mittelpunkt und Wohnort noch rasanter. Die besiedelte Fläche Freiburgs ist heute rund 25mal größer als Mitte des 19. Jahrhunderts. Diese beachtliche Ausdehnung konnte sich vorwiegend nur in das Rheintal, nach Westen und Norden vollziehen. Das Stadtzentrum drohte in eine Randlage zu geraten. Dem wurde mit der Entwicklung eines Behördenzentrums, neuer Teile der Universität und des Berufsschulzentrums in den neuen westlichen Stadtteilen begegnet. Aber auch die City selbst entwickelte sich westwärts, von der Altstadt bis zum Bahnhof. Dieser Wandlungsprozeß wird durch die Stadtplanung gefördert (Neugestaltung und Verdichtung des Bahnhofsbereichs) und ist noch lange nicht abgeschlossen.

Freiburg gehört zu den wenigen Großstädten, die innerhalb der kommunalen Grenzen ständig an Einwohnern zugenommen haben. Noch stärker nahm die Zahl der in der Stadt Beschäftigten zu: zwischen den Volkszählungen von 1970 und 1987 um 15.000 auf 111.000. Damit stieg auch die Zahl der Berufs- und Ausbildungseinpendler überproportional an, von 34.000 im Jahre 1970 auf 53.000 im Jahre 1987.

2. Verkehrsplanungen und verkehrspolitische Zielsetzungen

Seit den stürmischen Jahren des Wiederaufbaus nach den Kriegszerstörungen hat die Verkehrsplanung eine grundsätzliche Wandlung erfahren. Die "Gesamtverkehrskonzeption der Stadt Freiburg" von 1989 dokumentiert in ihrem historischen Rückblick die verschiedenen Entwicklungsphasen, wie sie sich in den Flächennutzungsplänen und in den einzelnen Generalverkehrsplänen nachlesen lassen[1]. Dabei wird aber auch deutlich, daß in der Stadt Freiburg die Zusammenhänge zwischen Stadtentwicklung und Verkehr sowie zwischen Verkehr und Umwelt schon frühzeitig erkannt und berücksichtigt worden sind. Früher als andernorts wurde eine integrierte, umweltorientierte Gesamtverkehrskonzeption angestrebt: Bereits in den fünfziger Jahren wurde die Erhaltung des historischen Stadtgrundrisses gegen "verkehrsgerechten" Stadtausbau durchgesetzt. Ende der sechziger Jahre fiel die Grundsatzentscheidung für Beibehaltung und Ausbau des Straßenbahnsystems. 1970 wurde die Altstadt großflächig für den allgemeinen motorisierten Individualverkehr gesperrt. Der Generalverkehrsplan wurde 1979 neu aufgestellt mit der Zielsetzung gleichrangiger Berücksichtigung aller Verkehrsteilnehmer und der Einrichtung flächendeckender Verkehrsberuhigung. Mitte der achtziger Jahre wurde die erste neue Stadtbahnlinie eröffnet und die "Umweltschutzkarte" bei Bahn und Bus eingeführt.

Freiburg ist eine der wenigen Städte, die in fast allen Handlungsbereichen der Verkehrsentwicklung Hervorragendes geleistet hat. Gleichwohl herrscht auch in Freiburg noch kein ökologisches Verkehrsparadies. In der neuen "Verkehrskonzeption" von 1989 werden die noch bestehenden Probleme deutlich genannt. Es wird daraus die Schlußfolgerung gezogen, "den bereits eingeleiteten Umdenkungsprozeß in der Verkehrspolitik weiter zu entwickeln, so daß sich auch in breiten Bevölkerungsschichten eine verantwortungsvollere Teilnahme am Verkehr durchsetzt - quasi im Sinne einer Sozialbindung"[2]. Folgende Zielsetzungen wurden 1989 beschlossen:

- Reduzierung des Autoverkehrs in der Stadt durch
  - vorrangige Nutzung des umweltfreundlichen öffentlichen Personennahverkehrs (ÖPNV) in der Stadt und in der Verbindung zur Region (Berufspendler);
  - Kombination von Auto- und ÖPNV-Fahrten bei ungünstigem ÖPNV-Anschluß (Park and Ride, Bike and Ride und Kiss and Ride);
  - Vermeidung von Autofahrten im Nahbereich und Ersatz durch Zu-Fuß-Gehen und Radfahren.
- Steigerung der Attraktivität beim ÖPNV und Radverkehr durch Verbesserung der Angebotsstruktur (Netz und Betrieb);
- Priorität für den ÖPNV in der konkreten Konkurrenz mit dem Autoverkehr;
- Bündelung des notwendigen Autoverkehrs auf wenige leistungsfähige Hauptverkehrsstraßen;
- Entlastung der Wohngebiete von quartiersfremdem Autoverkehr (ruhend und fließend);
- Dämpfung des Geschwindigkeitsniveaus beim verbleibenden Autoverkehr in Wohngebieten (Erhöhung der Verkehrssicherheit, Verbesserung der Wohnqualität);
- stärkere Berücksichtigung der schwachen Verkehrsteilnehmer (Fußgänger, Radfahrer, Kinder, Behinderte, Senioren usw.);
- weniger Dauerparker in der Innenstadt und in den angrenzenden Gebieten durch Restriktionen und umfassende Parkraumbewirtschaftung der öffentlichen und öffentlich zugänglichen Parkplätze[3].

---

1 *Walter Preker*, Gesamtverkehrskonzeption. Aktualisierter Sonderdruck aus "Stadt Nachrichten" 12/1989, Stand April 1990.
2 Gesamtverkehrskonzeption der Stadt Freiburg, Vorlage für den Gemeinderat, Drucksache G 536, Freiburg 22.3.1989, S. 7.
3 Ebenda, S. 9.

3. Die Förderung des öffentlichen Nahverkehrs

3.1 Weiterentwicklung des Straßenbahnsystems

Im Jahre 1901 begann der elektrische Straßenbahnverkehr in Freiburg. In der schnell wachsenden Stadt wurde das Liniennetz zügig ausgedehnt. 1930 erreichte es die vorläufig größte Ausdehnung, es fuhren 6 Linien auf einem Streckennetz von rund 20 Kilometern.

Nach den schweren Kriegszerstörungen wurde zunächst das Netz wieder fast vollständig befahrbar gemacht. Die Notwendigkeit kompletter Erneuerungsinvestitionen während der fünfziger und sechziger Jahre führte dann aber zur Aufgabe eines Teils des Streckennetzes.

In den sechziger Jahren entwickelte sich Freiburg durch die Anlage neuer Stadtteile mit konzentrierter Bebauung in Richtung Westen. Die Erschließung der Neubaugebiete mit öffentlichen Verkehrsmitteln erfolgte "zunächst durch den Bus; aber unzureichend, da der Bus durch den Individualverkehr immer stark behindert wurde"[4]. Nach jahrelangen Beratungen, in denen auch, wie in vielen anderen deutschen Städten, die Stillegung des gesamten Straßenbahnnetzes diskutiert wurde, und nach einem Verkehrsgutachten, das eine wirtschaftlichere Erschließung der Neubaugebiete durch die Straßenbahn voraussagte, fällte der Gemeinderat mit dem Generalverkehrsplan von 1969 eine Grundsatzentscheidung für den Erhalt und die Weiterentwicklung der Straßenbahn zur modernen "Stadtbahn". Bis zum Bau der neuen Stadtbahnstrecke in die westlichen Neubaugebiete (nach Landwasser) sollten aber noch viele Jahre vergehen, da große städtebauliche und finanzpolitische Schwierigkeiten zu überwinden waren. Eine gute städtebauliche Einpassung der neuen Strecke im Bereich der Überquerung der in der Nullebene liegenden Bundesbahngleise am Hauptbahnhof erforderte eine sorgfältige Planung. Die Finanzierung im Rahmen des Gemeindeverkehrsfinanzierungsgesetzes (GVFG) stieß im Bundesverkehrsministerium auf Schwierigkeiten[5].

Die lange währende Planungsphase hat sich aber gelohnt. Das Ergebnis der 1983 eröffneten und 1985 vollständig fertiggestellten 7 Kilometer langen Linie von der Innenstadt bis zum westlichen Stadtrand in Landwasser ist eine verkehrlich attraktive und städtebaulich hervorragend eingepaßte Stadtbahnstrecke. Auf der gesamten Trasse hat die Bahn einen eigenen Gleiskörper, etwa die Hälfte der Strecke ist als grüner Rasenbahnkörper gestaltet. Kleinere Abschnitte in den Altbaugebieten sind in bestehende Straßen integriert und für den Autoverkehr gesperrt. Die Bundesbahnüberquerung ist gleichzeitig Bahnhofshaltestelle mit direkten Zugängen zu den einzelnen Bahnsteigen über Treppen und Fahrstühle. An sieben von neun plangleich befahrenen Straßenkreuzungen wurden Vorrangschaltungen für die Stadtbahn installiert.

Die Vorrangschaltungen für die Stadtbahn, der eigene Gleiskörper und die gestreckte Linienführung führten zu der beachtenswerten Reisegeschwindigkeit von fast 28 km/h. Dies hatte eine Verkürzung der Reisezeit zwischen Landwasser und Innenstadt von 23 Minuten beim vorherigen Busverkehr auf 14 Minuten beim Stadtbahnverkehr zur Folge. Diese Reisezeitverkürzung hat sicher dazu beigetragen, daß die Stadtbahn einen Fahrgastzuwachs von über 60 Prozent gegenüber den vorher verkehrenden Omnibuslinien erzielte[6].

---

4 *Freiburger Verkehrs-AG*, Wir halten Freiburg in Bewegung seit 1901, Freiburg 1989, S. 15.
5 Vgl. *Manfred Bossow*, Öffentlicher Nahverkehr und Politik. Fallstudien über Interessenverflechtungen und -kollisionen am Beispiel der Städte Stuttgart und Freiburg, München 1980.
6 Ebenda, S. 18 und 19.

Aufgrund des großen Erfolges der ersten Stadtbahnlinie (Kosten 90 Millionen DM) soll das Streckennetz noch weiter ausgebaut werden, insbesondere in die südwestlichen Neubaugebiete und nach Norden (Gundelfingen). Der Bau einer Linie nach Weingarten wurde 1990 begonnen. Das geplante Ausbauprogramm hat ein Investitionsvolumen von etwa 170 Millionen DM. Es wird eine Erweiterung des Streckennetzes um 13 Kilometer auf 33 Kilometer bringen. Nach der Realisierung werden 76 Prozent der Einwohner und 80 Prozent der Arbeitsplätze Freiburgs im 600-Meter-Einzugsbereich der Stadtbahnhaltestellen liegen[7].

3.2 Die Freiburger "Umweltschutzkarte"

Auch bei der Einführung eines neuen Tarifsystems im ÖPNV hat sich Freiburg in der Bundesrepublik einen guten Namen gemacht. Nach Basler Vorbild führte Freiburg als erste Kommune der Bundesrepublik die preiswerte "Umweltschutzkarte" am 1. Oktober 1984 ein. Neben dem rabattierten Preis - 38 DM statt zuvor 51 DM für die Monatskarte - ist die Karte auch übertragbar, das heißt, mit der Karte kann jede(r) fahren, der sie gerade besitzt. Nach Ablauf des "Probejahres" im Oktober 1985 konnte folgendes Fazit gezogen werden:

- Die Fahrgastzahlen sind deutlich gestiegen. Je nach Ansatz der Fahrtenhäufigkeit der Umweltschutzkarte (70 oder 90 Fahrten pro Monat) betrug die Zuwachsrate 12 bis 23 Prozent.
- Etwa 3000 bis 4000 regelmäßige Autofahrer sind auf Bahn und Bus umgestiegen.
- Die Einnahmen aus dem Fahrscheinverkauf haben sich nicht verringert.
- Die Mobilisierungseffekte der neuen Zeitkarte sind beachtlich. Rund ein Fünftel derjenigen, die mit einer Umweltschutzkarte fahren, haben vorher Bahnen und Busse nicht benutzt[8].

Die positive Absatzentwicklung der Umweltschutzkarte hielt auch in den nachfolgenden Jahren an. Inzwischen (Stand Mitte 1990) werden monatlich im Mittel rund 30.000 Monatskarten (einschließlich der Umweltschutzkarte für Schüler, Studenten und Auszubildende zum Preis von 32 DM) verkauft, zusätzlich sind rund 50.000 Jahreskarten in Benutzung, zusammen also rund 80.000 Umweltschutzkarten im Gebrauch. Das ist eine beachtliche Zahl bei rund 180.000 Einwohnern und einem Pkw-Bestand von rund 80.000 (Stand 1990).

Auch das Fahrgastaufkommen hat sich weiter positiv entwickelt. Dies ist aber nicht nur auf die Umweltschutzkarte, sondern auch auf den Stadtbahnausbau, das Park-and-Ride-Angebot und andere Verbesserungen des ÖPNV-Angebots (vgl. Abbildung 42) zurückzuführen. Zwischen 1984 und 1989 stieg die Zahl der jährlichen Beförderungsfälle unter Berücksichtigung eines korrigierten Rechenansatzes für die monatlichen Fahrten pro Umweltschutzkarte (von 90 auf 70) von 29 bis 33 Millionen auf 43 Millionen - das ist eine Zunahme von mindestens 30 Prozent[9].

---

7 Der öffentliche Personennahverkehr, Vorlage an den Gemeinderat, Drucksache G 118, Freiburg 27.8.1990.
8 Jürgen Burmeister, Arnold Köth und Oliver Schrott, Zum Bertoldsbrunnen mit Bus und Bahn. Stadtverkehr in Freiburg, Düsseldorf 1988, S. 114; siehe auch Wolfgang Batsch, Thomas Ruff und Baldo Blinkert, Die Umweltschutzkarte in Freiburg, Pfaffenweiler 1986.
9 Vgl. Wolfgang Batsch und Thomas Ruff, Mehr als 20 Prozent Zuwachs an Fahrgästen seit 1981 bei der Freiburger Verkehrs AG, in: Der Nahverkehr, H. 5 (1988), S. 54 ff.

Abbildung 41: Das Straßenbahnnetz in Freiburg, 1983 und 1987*

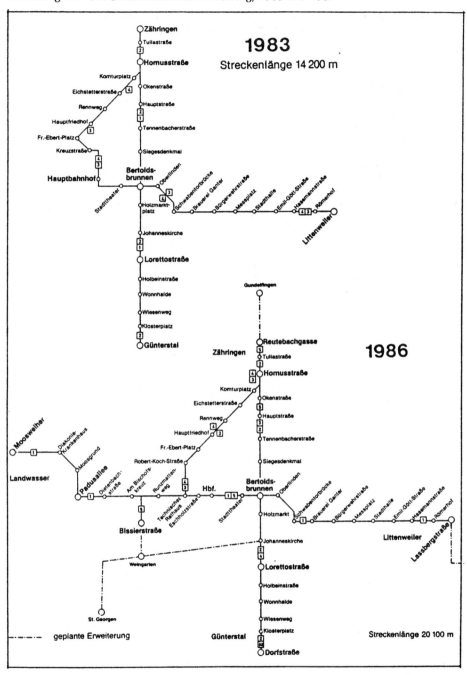

*Quelle: Jürgen Burmeister, Arnold Köth und Oliver Schrott, Zum Bertoldsbrunnen mit Bus und Bahn. Stadtverkehr in Freiburg, Düsseldorf 1988, S. 111.

Abbildung 42: Elemente für erfolgreichen ÖPNV in Freiburg*

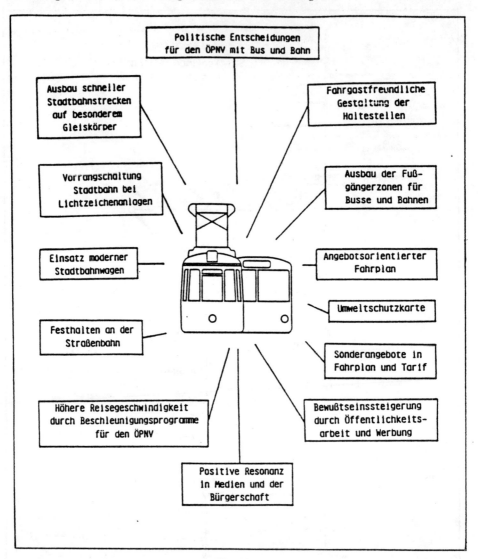

*Quelle: *Wolfgang Batsch und Thomas Ruff*, Mehr als 20 Prozent Zuwachs an Fahrgästen seit 1981 bei der Freiburger Verkehrs AG, in: Der Nahverkehr, H. 5 (1988), S. 55.

3.3 Das Park-and-Ride- sowie Bike-and-Ride-Konzept

Zur Entlastung der Innenstadt von parkenden Fahrzeugen und zur Stützung des ÖPNV wurden Parkplätze (Park-and-Ride-Anlagen) an den Endhaltestellen der Stadtbahn und an einigen weiteren Haltestellen im äußeren Stadtgebiet eingerichtet. Das gesamte Angebot umfaßt an Werktagen 870 Stellplätze und an Samstagen 2500 Plätze.

Dank der begleitenden Werbung (unter anderem Werbetafeln im Großformat, einem lückenlosen Wegweisungssystem und einem besonderen Tarifangebot (die sogenannte Auto-Bahn-Karte zum Preis von 5 DM, gültig für zwei Erwachsene plus vier Kinder für beliebig viele Fahrten in 24 Stunden) konnten innerhalb weniger Monate Steigerungsraten von 100 bis 200 Prozent erreicht werden. Die relativ große Bedeutung des Park-and-Ride-Verkehrs in Freiburg geht auch aus der Untersuchung "Kundenverkehr 1988" der "Bundesarbeitsgemeinschaft der Mittel- und Großbetriebe des Einzelhandels" hervor. Beim Einkaufsverkehr zur Innenstadt war in Freiburg der Park-and-Ride-Anteil mit 9,6 Prozent am Donnerstag und 12,5 Prozent am Samstag größer als in allen anderen Untersuchungsstädten[10].

An geeigneten Haltestellen im äußeren Stadtgebiet wurden auch Fahrradabstellplätze eingerichtet. Das gesamte Angebot an Bike-and-Ride-Anlagen umfaßt rund 700 Plätze. Weitere sind geplant.

3.4 Die Verkehrsgemeinschaft der Region Freiburg

Am 1. Januar 1985 gründeten die im Raum Freiburg tätigen Verkehrsunternehmen die "Verkehrsgemeinschaft Freiburg". Sie ist im wesentlichen eine Tarifgemeinschaft, die den Fahrgästen im Stadtumland und für Wege zwischen Umland und Stadt ein einfacheres und preisgünstiges Tarifsystem anbietet. Das Verkehrsgebiet umfaßt eine Fläche von 2200 Quadratkilometern mit 520.000 Einwohnern. Zur Zeit wird im Auftrag der Gebietskörperschaften (zwei Landkreise und die Stadt Freiburg) mit Unterstützung durch das Land Baden-Württemberg das Angebot einer verbilligten Zeitkarte im Einheitstarif nach dem Vorbild des Tarifverbundes Nordwestschweiz (Basel und Umland) vorbereitet.

4. Die Förderung des Fahrrad- und Fußgängerverkehrs

Die Stadt Freiburg hat innerhalb von 20 Jahren das Fahrradverkehrsnetz von 29 Kilometer auf rund 400 Kilometer erweitert. Dazu wurden insgesamt rund 40 Millionen DM investiert. Bestandteile des 400-Kilometer-Radverkehrsnetzes sind:

- 40 Kilometer selbständig geführte Radwege vorwiegend in Grünzügen,
- 95 Kilometer straßenbegleitende Radwege,
- 125 Kilometer radfahrfreundliche Straßen in verkehrsberuhigten Bereichen,
- 115 Kilometer Wald- und Wirtschaftswege[11].

Neben der quantitativen Erweiterung des Fahrradverkehrsnetzes wurde bei der Radverkehrsplanung nach folgenden qualitativen Grundsätzen verfahren[12]:

- Es müssen Hauptachsen geschaffen werden.
- Es müssen Nebenrouten eingerichtet werden, damit ein eng vermaschtes Netz entsteht.

---

10 *Bundesarbeitsgemeinschaft der Mittel- und Großbetriebe des Einzelhandels*, Untersuchung "Kundenverkehr 1988". Städteauswertungen, Köln 1989.
11 Stand 1987, siehe *Norbert Göbel*, Freiburg. Kommunalpolitische und verwaltungstechnische Durchsetzung der Verkehrsumverteilung, in: Fahrrad, Stadt, Verkehr. Tagungsband zum internationalen Kongreß, Darmstadt 1988, ADFC, S. 102 ff.
12 Ebenda.

- Es ist eine gut erkennbare Wegweisung zu installieren.
- An den wichtigsten Zielen müssen Abstellplätze vorgesehen werden.
- Die Wege der Stadt müssen mit dem Umland verbunden werden.

Ferner waren erhebliche verwaltungsorganisatorische Anstrengungen notwendig, um eine alltagstaugliche Fahrradinfrastruktur schaffen zu können. Dazu zählen:

- Bildung der gemeinderätlichen "Radwegekommission" 1980 - vertreten sind die Fraktionen, die zuständigen Ämter und die fachkundigen Bürgergruppen;
- Einrichtung der "Drei-Ämter-Kommission" zur Vorbereitung von kurzfristigen Lösungen;
- Bürgerbeteiligungen in verschiedensten Formen (Einzel- und Gruppengespräche, Anliegerversammlungen, Umfragen, Beschwerdebücher und anderes);
- Sorgfältige und präzise Detailarbeit erfahrener Planer;
- Ausschöpfung aller Möglichkeiten, um Bundes- und Landesförderungsmittel für möglichst viele Projekte zu erlangen; daneben Einstellung einer "Radwegpauschale" in den kommunalen Haushalt für alle kleineren Projekte, wie z.B. das "Randsteinabsenkungsprogramm";
- Öffentlichkeitsarbeit durch Information über Presse, ausgestellte Pläne, den alljährlichen Fahrradmarkt und anderes.

Mit diesen breitgefächerten Maßnahmen"hat Freiburg die Grundlage geschaffen, das Fahrrad als ernst zu nehmendes Verkehrsmittel in der Stadt zu benutzen"[13]. Tatsächlich hat die Zahl der Fahrradfahrten in Freiburg erheblich zugenommen. Die Zahl der Fahrten im Binnenverkehr der Stadt stieg zwischen 1976 und 1988 von täglich 70.000 auf 130.000 an[14], das heißt auf 27 Prozent aller Fahrten (Fahrrad, ÖPNV, Pkw) bzw. 21 Prozent aller Wege (einschließlich Fußwegen) im Binnenverkehr. Damit zählt Freiburg zur Spitzengruppe der fahrradfreundlichen Großstädte in Deutschland - neben Münster, Erlangen, Oldenburg, Göttingen, Karlsruhe und Lübeck.

Als weiterer wichtiger Teil der Freiburger Verkehrspolitik und Stadtplanung ist der Fußgängerbereich Altstadt zu nennen. Seit der Sperrung der Altstadt für den allgemeinen Kfz-Verkehr im Jahre 1973 ist der rund 50 Hektar große Bereich (700 mal 700 Meter) zu einem zusammenhängenden, multifunktionalen Fußgängerbereich umgestaltet worden. Straßenbahn- Bus-, Fahrrad- und Lieferverkehr sind integriert. Straßenbahnen und Busse durchqueren die Innenstadt mittig auf dem historischen Straßenkreuz. Diese Regelung hat sich voll bewährt. Denn der ÖPNV bedient dadurch die Schwerpunkte des Verkehrsaufkommens und ist von Autostau befreit. Außerdem erwies sich die Mischnutzung von Straßenbahn und Fußgängern als gut verträglich. Wichtige Voraussetzung für die Schaffung des relativ großen, zusammenhängenden Fußgängerbereichs war unter anderem die Standortplanung der Parkhäuser. Sie wurden hauptsächlich dicht an der umgebenden Ringstraße (Schloßberg- und Leopoldring) plaziert. Zur Qualität der Altstadt tragen auch die ungestörten Fußwegeverbindungen zu den benachbarten Gebieten und insbesondere die attraktive Radwegeverbindung zu den westlichen Stadtgebieten bei.

---

13 *Norbert Göbel*, Umweltorientierte, integrierte Gesamtverkehrskonzeption - gezeigt am Beispiel der Stadt Freiburg i. Br., Kurzbericht im Seminar des Instituts für Städtebau (Berlin), Göttingen, September 1990, S. 3.
14 *Rüdiger Hufbauer*, Radverkehrskonzept der Stadt Freiburg, in: Metron Verkehrsplanung (Hrsg.), Veloforum '90, Windisch 1990, S. 35.

5. Flächendeckende Verkehrsberuhigung

Die Stadt Freiburg war eine der ersten Städte, die nach der Einrichtung der Fußgängerzone in der Innenstadt die zunehmende Kfz-Verkehrsbelastung der innenstadtnahen Quartiere zu verringern suchten. Mehrere verkehrsberuhigte Bereiche mit Umgestaltung von zahlreichen Wohnstraßen wurden bereits in den siebziger Jahren und beginnenden achtziger Jahren eingerichtet (z.B. Stadtteil Stühlinger). Auch in allen Neubaugebieten wurden Kriterien der Verlangsamung des Kfz-Verkehrs und der allgemeinen Fußgängerfreundlichkeit berücksichtigt. Seit 1985 sind mit Einführung der neuen bundesweiten Regelung "Tempo-30-Gebiete" mit einzelnen baulichen Umgestaltungen (Gebietszufahrt umgebaut, Engstellen, Stichstraßensperren, Parkplatzmarkierung auf der Fahrbahn statt Parken auf Gehweg usw.) eingerichtet worden. Diesen Vorhaben ging eine intensive Öffentlichkeitsarbeit voran und begleitete die Durchführung. Bis Ende 1990 wurde das Konzept fast vollständig realisiert. Nahezu alle Wohnstraßen der Stadt, die nicht zu einer Vorbehalts- oder Bündelungsstraße gehören, sind nun mit einer "Tempo-30-Regelung" versehen oder als "Verkehrsberuhigter Bereich" ausgewiesen[15].

6. Bewirtschaftung des öffentlichen Parkraums

Die Regelung des Parkens in den Innenstadtquartieren wird derzeit von den Verkehrsplanern in Freiburg als ein zentrales Problem bezeichnet. Mehr als die Innenstadt, in der es bereits über 10.000 Park- und Stellplätze gibt, stehen dabei die Innenstadtrandquartiere im Vordergrund, die täglich von Berufspendlern mit ihren Privatautos "überschwemmt" werden.

Ziel der städtischen Verkehrspolitik ist daher, den öffentlichen Parkraum in diesem Gebiet vollständig zu bewirtschaften. Das bedeutet, künftig das Parken im öffentlichen Straßenraum nur mit Gebühren - Parkuhren und Parkscheinautomaten - zuzulassen, soweit die Parkplätze nicht für Anwohner reserviert werden. In Freiburg wurden die Gebührenzonen bereits auf die innenstadtnahen Quartiere ausgedehnt und eine Gebührenerhöhung Ende 1989 vorgenommen. Dabei wurde der Preis pro Parkstunde in der Zone I (Innenstadt) von 1 DM auf 2 DM und in der Zone II (Innenstadtrand) auf 1,50 DM erhöht.

Die Weiterentwicklung der Bewirtschaftung der öffentlichen Straßenparkplätze wird als wichtige zukünftige Aufgabe gesehen: "In der Abwägung zwischen den Interessen des Besuchers und denen des Anwohners wird die Bewirtschaftung des öffentlichen Straßenraumes zu einer wichtigen 'Stellschraube' der städtischen Verkehrspolitik."[16]

7. Neugestaltung des Bahnhofsgebiets

Mit der räumlichen Ausdehnung der Stadt in den letzten Jahrzehnten hauptsächlich nach Westen hat sich auch die City nach Westen - in Richtung Hauptbahnhof - erweitert. Dies

---

15 *Norbert Göbel*, Verkehrspolitik - Das Beispiel der Stadt Freiburg im Breisgau, in: *Busso Grabow und Rolf-Peter Löhr (Hrsg.)*, Einzelhandel und Stadtentwicklung, Berlin 1991, S. 55 ff. (Difu-Beiträge zur Stadtforschung, Bd. 1).
16 *Göbel*, Umweltorientierte, integrierte Gesamtverkehrskonzeption, S. 3.

wurde bereits in den siebziger Jahren planerisch gefördert, als Banken und Versicherungen in Bahnhofsnähe angesiedelt wurden, da man sie nicht in der Altstadt haben wollte.

Das große städtebauliche Projekt der Neugestaltung des gesamten Bahnhofbereichs ist eine konsequente Weiterführung dieser Entwicklung. Vorgesehen sind mit diesem Projekt, das bis zur Jahrtausendwende vollendet sein soll, die bauliche Verdichtung am Bahnhof durch eine Kultur- und Tagungsstätte, Hotel- und Bürobauten, die Neuorganisation des zentralen Omnibusbahnhofs und eine Abstellanlage für etwa 700 Fahrräder. Wichtiger Teil ist ferner die Komplettierung des Innenstadtrings durch den Ausbau einer vierspurigen Hauptverkehrsstraße entlang der Bahnanlagen. Mit dieser neuen Hauptverkehrsstraße können sowohl die bisherige Ringstraße, die zwischen Altstadt und Cityerweiterung liegt (Rotteckstraße), als auch eine durch den benachbarten Stadtteil Stühlinger laufende Hauptverkehrsstraße (Eschholzstraße) in ihrer Verbindungsfunktion für den Kfz-Verkehr stark herabgestuft werden. Es ist vorgesehen, beide Straßen von vier auf zwei Fahrstreifen zurückzubauen[17].

Dieses Projekt ist sicher ein positives Beispiel des in Freiburg verfolgten Prinzips der 'Bündelung der Hauptverkehrsstraßen' auf Trassen, die entlang weniger empfindlichen Nutzungen verlaufen.

8. Realisierte Verkehrsumverteilung

Die langjährige Förderung der stadtverträglicheren Verkehrsarten hat - wie bereits ausgeführt - zu einer beträchtlichen Zunahme des Fahrradverkehrs in den vergangenen 17 Jahren (von 70.000 auf 130.000 werktägliche Fahrten im Binnenverkehr der Stadt) als auch zu einer Steigerung der Fahrgastzahlen bei den Freiburger Verkehrsbetrieben seit 1984 um mindestens 30 Prozent geführt.

Dies hat gleichwohl noch nicht eine absolute Entlastung der Stadt vom Kfz-Verkehr zum Ergebnis, da die Umland-Stadt-Beziehungen sowohl im Personen- als auch im Güterverkehr weiter anstiegen und damit auch der Pkw- und Lkw-Verkehr, der täglich aus dem Umland in die Stadt strömt. Die verstärkte Nutzung von Fahrrad und Stadtbahn hat aber immerhin bewirkt, daß die Einwohner der Stadt Freiburg im Jahre 1989 nicht häufiger mit dem Pkw fahren als 1976, obwohl während dieses Zeitraums der Motorisierungsgrad noch stark angestiegen ist (von 285 auf 415 Pkw pro 1000 Einwohner, also um 46 Prozent) (vgl. Tabelle 20). Betrachtet man nur den Binnenverkehr innerhalb der Stadt Freiburg (vgl. Tabelle 21), so zeigt sich sogar eine relative Entlastung vom Pkw-Verkehr. Die Zahl der werktäglichen Pkw-Fahrten nahm im Vergleich mit dem Jahr 1976 nicht zu, der prozentuale Anteil der Pkw-Fahrten am gesamten Binnenverkehr nahm deutlich ab.

Für die Qualität des Freiburger Verkehrssystems spricht auch die Tatsache, daß die Verkehrsmittelnutzung der Studenten sich in keiner anderen deutschen Universitätsstadt so positiv entwickelt hat wie in Freiburg[18]. Rund 90 Prozent der Studenten nutzen die öffentli-

---

17 *Stadt Freiburg i. Br. (Hrsg.)*, Am Bahnhof tut sich was. Weichenstellungen ins Jahr 2000, Freiburg 1990.

18 *Rolf Monheim*, Neue Perspektiven für Verkehrsprognosen: Fahrräder überflügeln Autos beim Weg der Studenten zur Hochschule, in: Der Städtetag, H. 8 (1984), S. 529 ff.; sowie *R. Tressel*, Das Verkehrsverhalten von Studenten, in: Stadt Freiburg, Stadtverkehr wohin?, Freiburg, Mai 1990, S. 55 ff. (Sonderberichte des Amtes für Statistik).

chen Verkehrsmittel oder kommen nichtmotorisiert zur Universität. Nur 9 Prozent der Studenten fahren im Sommer mit dem Pkw oder motorisierten Zweirad, im Winter sind es 12 Prozent. Das sind die absolut niedrigsten Personenkraftwagen-Anteile in Universitätsstädten.

Tabelle 20: Verkehrsmittelnutzung der Einwohner der Stadt Freiburg 1976 und 1989, in %*

Jahr	Pkw Moped	Anteile der Verkehrsmittel an allen Wegen			Insgesamt
		Zu Fuß	Fahrrad	ÖPNV	
1976[1]	43	30	12	15	100
1989[2]	44	22	18	16	100
					difu

*Quelle: *Generalverkehrsplan der Stadt Freiburg im Breisgau.* Fortschreibung 1979, München 1979. *Socialdata,* Zahlen und Fakten zur Mobilität, Freiburg 1990. Verkehrsgemeinschaft. Unterlagen der Stadt und der Verkehrsbetriebe Freiburg, sowie Berechnungen des Deutschen Instituts für Urbanistik.

1 Haushaltsbefragung und Verkehrszählungen.
2 Haushaltsbefragung Socialdata 1989.

Tabelle 21: Verkehrsmittelnutzung im Binnenverkehr der Stadt Freiburg 1976 und 1988/1989*

Jahr	Anteile der Verkehrsmittel an den werktäglichen Wegen				
	Pkw Moped	Zu Fuß	Fahrrad	ÖPNV	Insgesamt
1976[1] abs.	231.000	180.000	69.000	85.000	565.000
%	41	32	12	15	100
1988[2] abs.	232.000	140.000[3]	130.000	118.000	620.000
%	37	23	21	19	100
1989[4] %	37	24	21	18	100
					difu

*Quelle: Generalverkehrsplan der Stadt Freiburg im Breisgau. Fortschreibung 1979, München 1979. Socialdata, Zahlen und Fakten zur Mobilität, Freiburg 1990, Verkehrsgemeinschaft. Unterlagen der Stadt und der Verkehrsbetriebe Freiburg, sowie Berechnungen des Deutschen Instituts für Urbanistik.

1 Haushaltsbefragung und Verkehrszählungen 1976.
2 Verkehrszählungen der Stadt Freiburg und der Verkehrsbetriebe.
3 Ungefähre Zahl.
4 Haushaltsbefragung Socialdata 1989.

47
Die neue Stadtbahnstrecke mit eigenem Bahnkörper auf zurückgebauter Straße.

48
Die neue Stadtbahnstrecke mit Rasenbahnkörper.

49
Straßenbahn und Linienbus sind in den Fußgängerbereich der Altstadt integriert.

50
Für Straßenbahn, Fußgänger und Fahrrad reservierte "Hauptstraße" am Innenstadtrand, Lieferfahrzeuge zugelassen.

51
Hauptachse für Stadtbahn, Fahrrad und Fußgänger über den Bahngleisen.

52
Stadtbahnhaltestelle direkt über den Bahnsteigen des Hauptbahnhofs.

53
Für Stadtbahn, Fahrrad und Gehen reservierte Straße in einem innenstadtnahen Quartier.

54
Die neue Freiburger Stadtbahnstrecke nach Landwasser.

55
Abmarkierte Gleiszone der Straßenbahn in einer Hauptverkehrsstraße.

56
Beispiel für Verkehrsberuhigung in einem innenstadtnahen Quartier.

Groningen

1. Stadtstruktur und städtebauliche Entwicklung

Groningen ist die Hauptstadt der gleichnamigen niederländischen Provinz und die bedeutendste Stadt (Industrie, Handel, Verwaltung, Universität) der drei nördlichen Provinzen der Niederlande. Die Gemeinde Groningen hat rund 170.000 Einwohner und rund 90.000 Arbeitsplätze (Stand 1990). Außerhalb der Stadtgrenze und innerhalb eines Gebietes mit einem Radius von 15 Kilometern nahm die Bevölkerungszahl im Zeitraum von 1950 bis 1977 von 100.000 auf 160.000 zu. Die Zahl der Berufseinpendler beträgt rund 45.000.

Groningen wurde im Mittelalter gegründet und war später Mitglied der Hanse. Die relativ große Innenstadt (rund ein Quadratkilometer) und die angrenzenden älteren Wohnquartiere sind dicht bebaut. Durch die eng anschließenden neueren Wohngebiete entsteht der Eindruck einer "kompakten" Stadtanlage. Die Entfernung zwischen Stadtmitte und Stadtrand beträgt maximal 5 Kilometer (vgl. Abbildung 43).

In der Innenstadt und deren Randgebieten gibt es eine kleinteilige historische Baustruktur und noch eine ausgewogene Vielfalt von Nutzungen, die der Stadt ein urbanes Gepräge verleihen. Die mit einem Ring von Kanälen (Diepenring) umgebene Innenstadt beherbergt derzeit neben dem Hauptgeschäftszentrum und rund 17.000 Arbeitsplätzen Teile der Universität, kulturelle und soziale Einrichtungen sowie rund 8.000 Bewohner.

In den sechziger Jahren nahmen infolge steigenden Autoverkehrs Umweltbelastungen und Verkehrsbehinderungen für Fußgänger, den Busverkehr und für den traditionell starken Fahrradverkehr in der Innenstadt erhebliche Ausmaße an. Die Lösung wurde zuerst in der Planung von mehreren Ringstraßen gesehen. In den siebziger Jahren änderten sich jedoch die Planungsleitbilder. In einem Memorandum über verkehrspolitische Ziele trat die Stadtverwaltung 1971 für einen kleineren Maßstab, für eine gerechtere Aufteilung des öffentlichen Raumes zwischen den verschiedenen Verkehrsarten und für mehr Umweltqualität ein. Die Ringstraßenpläne wurden auf eine einzige Ringstraße außerhalb der innenstadtnahen Quartiere beschränkt.

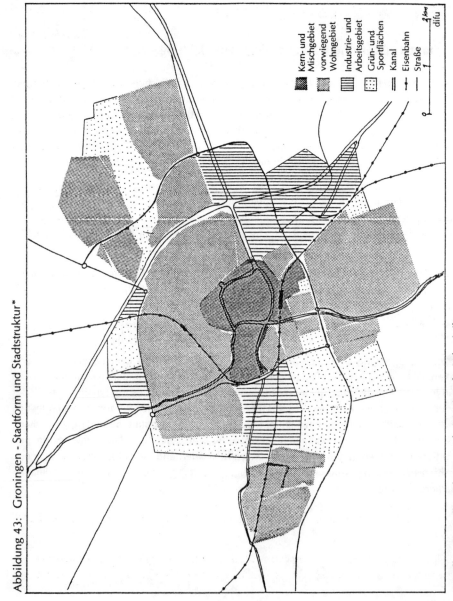

Abbildung 43: Groningen - Stadtform und Stadtstruktur*

*Quelle: Darstellung des Deutschen Instituts für Urbanistik.

2. Die Reorganisation des Innenstadtverkehrs

2.1 Der Verkehrslenkungsplan

Der Gemeinderat beschloß 1976 einen "Verkehrslenkungsplan", der eine radikale Veränderung des Verkehrssystems der Innenstadt vorsah. Die wichtigsten Ziele des Verkehrslenkungsplans waren die Verringerung des Kfz-Verkehrs in der Innenstadt und die Verbesserung der Zugänglichkeit der Innenstadt für den Bus-, Fahrrad- und Fußgängerverkehr.

Im Vordergrund standen nicht langfristige investive Maßnahmen, sondern verkehrslenkende und kurzfristige bauliche Veränderungen. Der Plan wurde im September 1977 durch Umstellung der Verkehrsführung innerhalb einer einzigen Nacht zunächst mit provisorischen Mitteln, dann nach und nach auch baulich ausgeführt. Er umfaßte folgende Maßnahmen:

- Um Auto-Durchgangsverkehr durch die Innenstadt auszuschließen, wird diese in vier Sektoren aufgeteilt, deren Grenzen von privaten Kraftfahrzeugen nicht überquert werden dürfen, wohl aber vom Bus- und Fahrradverkehr.
- Umbau einer vierspurigen Verkehrsstraße mit erheblichem Durchgangsverkehr in der Innenstadt (Gedempte Zuiderdiep) in eine Busstraße mit Bushaltestellen, Radwegen und vielen Bäumen. Damit werden die städtischen und regionalen Buslinien dicht an die zentrale Einkaufsgegend herangeführt. Vor September 1977 fuhren die regionalen Busse nur den Hauptbahnhof an, der von der City etwa 600 Meter weit entfernt ist.
- Reservierung mehrerer Straßen in einer oder in beiden Fahrtrichtungen für den Bus- und Fahrradverkehr;
- weitere Einrichtungen für den Fahrradverkehr (Radwege, Radstreifen, Verkehrssignale und 700 zusätzliche Fahrradständer);
- Ausdehnung des Fußgängerbereichs;
- Parkverbot auf den Markt- und Kirchplätzen sowie Bau einer Parkgarage;
- Anpflanzung von etwa 300 Bäumen und
- Rückverlagerung des Gemüse- und Fleischmarktes in die Innenstadt.

Die Investitionskosten betrugen 14 Millionen Gulden. Davon trug die Zentralregierung 70 Prozent. Die Begleitforschung kostete 0,8 Millionen Gulden. Sie wurde von der Stadt Groningen und den Ministerien Verkehr, Wirtschaft und Gesundheit gemeinsam getragen.

2.2 Öffentlichkeitsarbeit

Der Verkehrsregelungsplan für die Innenstadt wurde ab September 1976 auf verschiedene Weise und auf verschiedenen Veranstaltungen intensiv bekanntgemacht und diskutiert:

- auf einer öffentlichen, informellen Gemeinderatssitzung mit Diskussionsmöglichkeit,
- auf einer großen Bürgerversammlung,
- auf einer speziellen Versammlung für Geschäftsleute,
- mit einer Anzeigenkampagne in der Lokalpresse und
- mit 300.000 Flugblättern, die in den öffentlichen Einrichtungen und den Geschäften auslagen.

Widerstände gegen den Plan gab es von seiten der Geschäftsleute und der Verkehrspolizei, die meinten, daß die Bevölkerung die vorgesehenen Veränderungen nicht akzeptieren werde. Die lokale Presse widmete diesen Sorgen und Einwänden viel Raum. Die Kritik erlosch aber mit dem Tag der Einführung der neuen Verkehrsregelung.

2.3 Wirkungen des Verkehrsregelungsplans

Die Reorganisation des Innenstadtverkehrs wurde durch ein umfangreiches Untersuchungsprogramm begleitet. Durch Vor- und Nachuntersuchungen sollten Veränderungen in den Bereichen Verkehr, Umweltbelastungen, Unfälle, Einzelhandel, Wohnen und Kultur ermittelt werden. Die wichtigsten Ergebnisse wurden 1981 von der Stadt Groningen wie folgt zusammengefaßt[1]:

- Die beabsichtigte Verlagerung des Kfz-Durchgangsverkehrs der Innenstadt auf den Innenstadtring (Diepenring) ist voll gelungen. Der Autoverkehr reduzierte sich in der Innenstadt (Gebietsfläche rund 1,0 Quadratkilometer) um 44 Prozent und erhöhte sich auf dem Innenstadtring (Diepenring) um 55 Prozent.
- Beim Personenverkehr mit dem Ziel Innenstadt hat der Anteil der öffentlichen Transportmittel beträchtlich zugenommen, um 12 Prozent an Werktagen im Zeitraum von zwei Jahren vor und nach der Verkehrsregulierung. Abgenommen haben die Anteile des Pkw-Verkehrs und des Mofa-/Mopedverkehrs. Der Fahrradverkehr - anteilmäßig nur wenig kleiner als der Pkw-Verkehr - zeigte zunächst kaum Veränderungen.
- Im inneren Teil der Innenstadt, wo sich die Geschäfte konzentrieren und autofreie Plätze und Straßen geschaffen wurden, hat sich die Zahl der gezählten Fußgänger um 7 Prozent erhöht. Dies deutet auf eine generell gestiegene Besucherzahl der Innenstadt hin; denn welches Verkehrsmittel beim Weg zur Innenstadt auch benutzt wurde, auf den letzten Metern ist jeder Fußgänger.
- Die subjektive Verkehrssicherheit (das Sicherheitsgefühl) von Fahrradfahrern und Fußgängern hat sich deutlich verbessert: Das Urteil "befriedigend" ist von 19 auf 30 Prozent bzw. von 35 auf 45 Prozent gestiegen. Die Zahl der registrierten Unfälle hat innerhalb des Innenstadtrings abgenommen, auf dem Ring zugenommen; insgesamt ist die Zahl leicht gesunken, auch im Verhältnis zur Unfallzahl in der gesamten Stadt.
- In vielen Innenstadtstraßen ist es infolge der Verkehrsregelung leiser geworden (vgl. Abbildung 44). Auf einigen Abschnitten des Innenstadtrings hat der Verkehrslärm dagegen zugenommen. Insgesamt konnte die Lärmbelastung reduziert werden. Der Mittelungspegel sank im Durchschnitt tagsüber von 67 auf 64 dB(A).
- 4 bis 5 Monate nach Einführung der neuen Verkehrsregelung gaben 26 Prozent der Geschäftsleute einen Rückgang der Besucherzahlen an. Zwei Jahre später machten nur noch 11 Prozent der befragten Geschäftsinhaber diese Angabe. Halbjährliche Zählungen der Besucher von 80 ausgewählten Geschäften ergaben eine deutliche Zunahme von 1977 auf 1978.
- Die Entwicklung der Umsatzzahlen der Innenstadtbetriebe verlief zwischen 1977 und 1978 positiver als in der Provinz Groningen insgesamt.
- Die Attraktivität der Innenstadt als Wohnort hat zugenommen, insbesondere für Jugendliche und junge Erwachsene. Die 15- bis 29jährigen erreichten 1979 einen Anteil von 56 Prozent an den Innenstadtbewohnern gegenüber 34 Prozent in der Gesamtstadt.

---

1 *Gemeente Groningen (Hrsg.)*, Binnenstadsverkeer Bezien, Evaluatie VCP, Groningen, Dezember 1981.

Abbildung 44: Verkehrsregelung Innenstadt Groningen*

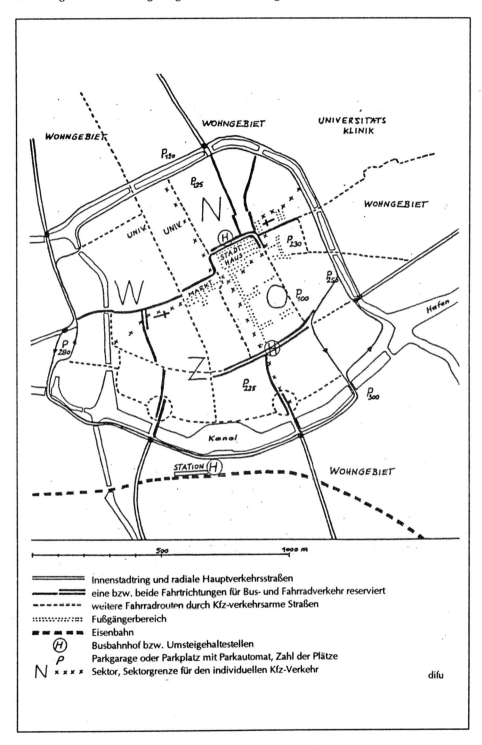

Innenstadtring und radiale Hauptverkehrsstraßen
eine bzw. beide Fahrtrichtungen für Bus- und Fahrradverkehr reserviert
weitere Fahrradrouten durch Kfz-verkehrsarme Straßen
Fußgängerbereich
Eisenbahn
Ⓗ Busbahnhof bzw. Umsteigehaltestellen
P Parkgarage oder Parkplatz mit Parkautomat, Zahl der Plätze
N × × × × Sektor, Sektorgrenze für den individuellen Kfz-Verkehr

difu

*Quelle: Darstellung des Deutschen Instituts für Urbanistik.

- Zusammenfassend wurde von der Stadt Groningen die Reorganisation des Innenstadtverkehrs als vorwiegend positiv bewertet. Die "Atmosphäre" wurde in der Innenstadt merklich verbessert und langfristig die Grundlage für weitere Qualitätsverbesserungen geschaffen[2].

Tabelle 22: Personenverkehr in die Innenstadt von Groningen, 1976 und 1978, in %*

Transportmittel[1]	September 1976	September 1978
Gesamter Weg zu Fuß	17	17
ÖPNV	17	21
Fahrrad/Mofa	31	29
Auto/Lkw	35	33
Insgesamt	100	100
		difu

*Quelle: *Büro Hofstra*, Omvang en aard van het binnenstadsbezoek, Groningen 1981; *Gmeente Groningen (Hrsg.)*, Binnenstadsverkeer Bezien, Evaluatie VCP, Groningen, Dezember 1981, S. 10, sowie Berechnungen des Deutschen Instituts für Urbanistik.

1 Montag bis Samstag von 7.00 bis 19.00 Uhr.

3. Förderung des Fahrradverkehrs

Das Fahrrad ist in Groningen traditionell das bedeutendste Transportmittel im Berufs-, Ausbildungs- sowie Einkaufsverkehr und in Teilen des Freizeitverkehrs. Bezogen auf die Gesamtzahl der von Bewohnern der Stadt gemachten Wege übernahm der Pkw Anfang bis Mitte der siebziger Jahre die Spitzenposition vor dem Fahrrad. Diese Periode war aber nur kurz. Mit der Einführung des neuen Verkehrssystems der Innenstadt 1977 und vor dem Hintergrund einer landesweiten Wiederzunahme der Fahrradnutzung konnte das "fiets" die Spitzenposition zurückgewinnen. Eine Untersuchung an der Reichsuniversität Groningen im Jahre 1985 ergab z.B. einen Anteil des Fahrrads im Berufsverkehr innerhalb der Stadt von rund 50 Prozent. Selbst von den Berufseinpendlern kamen 21 Prozent mit dem Rad nach Groningen[3].

---

2 Siehe auch *Gerrit van Werven*, Fahrräder statt Autos - Innenstadtentwicklung Groningen, in: Fahrrad, Stadt, Verkehr, Darmstadt 1988, ADFC, S. 49 ff.
3 *Gemeente Groningen (Hrsg.)*, Nota Fietsvoorzieningen, Groningen 1986, S. 7.

Tabelle 23: Anteil der Autonutzer auf dem Weg zur Innenstadt von Groningen, nach Herkunftsort, , 1977 und 1978, in %*

Herkunftsort Wohnort	Anteil Autobenutzer	
	September 1977	September 1978
Innenstadt Groningen	4	4
Innenstadtnahe, ältere Stadtteile	17	13
Neuere Stadtteile	31	30
Umland	66	50
Außerhalb Stadtregion Groningen	64	58

*Quelle: Nach H. G. Hurenkamp, Onderzoek naar veranderingen in voetgangersgedrag in de binnenstad von Groningen, Groningen 1980, S. 19.

Die intensive Fahrradnutzung kommt auch in folgenden Zahlen zum Ausdruck:

- 130.000 Fahrradfahrten beginnen oder enden täglich in der Innenstadt[4] (bei 168.000 Einwohnern).
- In der Hauptverkehrszeit fahren auf allen wichtigen radialen Zufahrtsstraßen zur Innenstadt mehr als 500 Fahrradfahrer pro Stunde; auf vier Radialstraßen sind es mehr als 1000[5].

Ziel der Stadt Groningen ist es, den hohen Fahrradverkehrsanteil, der zu den höchsten in niederländischen Städten und damit in Europa zählt, zukünftig mindestens zu halten, besser soweit wie möglich noch auszubauen. Im Jahre 1986 wurde die "Nota Fietsvoorzieningen Groningen", die ein Investitionsprogramm von 45 Millionen Gulden bis zum Jahr 2000 vorsieht, verabschiedet. Mit diesem Programm soll das Fahrradverkehrsnetz weiterentwickelt werden. Es besteht aus folgenden Elementen[6]:

- einer "Hauptfahrradstruktur", das heißt einem attraktiven Wegenetz von selbständigen Radwegen (an Hauptverkehrsstraßen oder in Grünzügen) und Fahrradrouten in verkehrsberuhigten Gebieten;

---

4 Gerrit van Werven, Groningen investeert in fietsers, in: Fietskrant, September 1987.
5 Ebenda, Anlage, Karte 3.
6 Vgl. auch W.G.M. Huyink, Fietsbeleid in de Gemeente Groningen, in: Verkeerskunde, H. 5 (1988), S. 237 ff.

Tabelle 24: Verkehrsmittelnutzung beim Besuch der Innenstadt von Groningen, in %*

Verkehrsmittel[1]	Besucher[2] aus		
	Groningen-Stadt	Umland	Insgesamt
Zu Fuß	10	0	5
Fahrrad[3]	42	9	23
Auto	33	67	53
Bus	15	19	17
Übrige	0	5	3
Insgesamt	100	100	100
	Käufer[3] aus		
	Groningen-Stadt	Umland	Insgesamt
Zu Fuß	11	0	5
Fahrrad[4]	47	3	25
Auto	12	56	39
Bus	30	33	27
Übrige	0	8	4
Insgesamt	100	100	100

difu

*Quelle: Nach *Analyse Resultaten Regio-Enquete*. Evaluatiestudie Verkeerscirculatieplan Groningen, DHV Raadgevend Ingenieursbureau BV-Amersfoort-Assen-Hengelo, Oktober 1979.

1 Im September 1978.
2 Besucher sind vorwiegend Männer.
3 Käufer sind vorwiegend Frauen.
4 Einschließlich Mofa.

Tabelle 25: Momentaufnahme des Personenverkehrs in der Stadt Groningen am Werktag-Nachmittag und ermittelte Verkehrsanteile*

Verkehrs-mittel	Fußgänger und Fahrzeuge unterwegs[1] abs.	Personen unterwegs abs.	Personenkilometer pro Stunde abs.	Zahl der Ortsveränderungen pro Stunde abs.	%
	1	2	3	4	5
Fußgänger	9.700	9.700	38.800	83.000	47
Radfahrer	4.700	4.700	56.400	38.000	22
Personen- und Lastautos	4.800	6.700	134.000	45.000	25
Linienbus	70	2.800	34.000	11.000	6
Insgesamt				177.000	100
					difu

*Quelle: Maarten 't Hart, "Onderweg", in: Verkeerskunde, H. 2 (1977), S. 68 ff,; Stichting Toekomstbeeld der Techniek (Hrsg.), Stedelijk Verkeer en vervoer Langs Nieuwe Banen, Den Haag 1976, S. 112, sowie Berechnungen des Deutschen Instituts für Urbanistik.

[1] Im Jahre 1975; empirisch erhoben wurde nur die Zahl der Fußgänger und Fahrzeuge, die unterwegs waren (Spalte 1). Die übrigen Spalten wurden mit Hilfe folgender Daten berechnet:
Personen pro Fahrzeug: Auto - 1,4, Bus - 40 (Hauptverkehrszeit);
Mittlere Geschwindigkeit: Fußgänger - 4 km/h, Fahrrad - 12 km/h, Auto - 20 km/h, Bus - 12 km/h,
Mittlere Weglänge: Fußgänger - 0,4 km, Fahrrad - 1,5 km, Auto und Bus - 3,0 km;
Spalte 3 entsteht aus Spalte 2, multipliziert mit der mittleren Geschwindigkeit; Spalte 4 entsteht aus Spalte 3, geteilt durch die mittlere Weglänge. Die so ermittelten Ortsveränderungen enthalten auch viele Teilwege, die nach der üblichen Definition nicht als eigenständige Wege gelten, z.B. Fußwege zu Haltestellen und Parkplätzen.

- einer ergänzenden "Fahrradstruktur" zur Verdichtung des großmaschigen Primärnetzes und zur Erschließung von Wohn- und Erholungsgebieten;
- sonstigen Straßen, die als Verteiler und Sammler des Fahrradverkehrs zu und von den Hauptrouten fungieren;
- Fahrradabstellanlagen. Bis 1985 wurden bereits 1390 Fahrradparkplätze in der Innenstadt eingerichtet. Als vorbildlich kann die in den Hauptbahnhof integrierte, bewachte Abstellanlage einschließlich Fahrradverleih und Ersatzteilverkauf bezeichnet werden. Eine weitere bewachte Fahrradstation ist im Zentrum der Innenstadt geplant.

Abbildung 45: Straßen der Innenstadt und Verkehrslärmpegel*

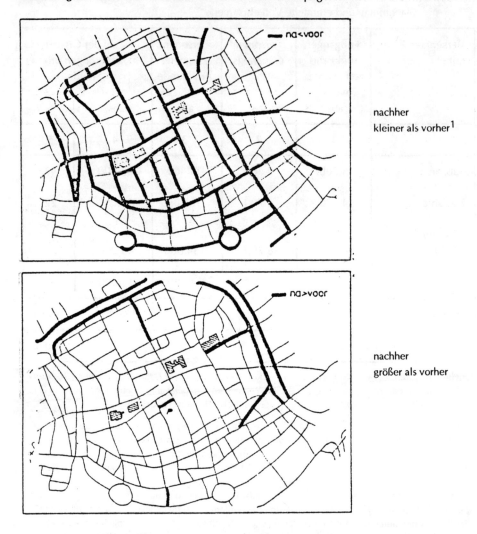

nachher
kleiner als vorher[1]

nachher
größer als vorher

*Quelle: *J. van der Lee und W. Schoonderbreek,* Milieu-effecten van invoering van het VCP Groningen, in: Verkeerskunde, H. 6 (1980), S. 317.

[1] "Vorher", das heißt vor der Umstellung der Verkehrsregelung in der Innenstadt im September 1977.

4. Stadtstrukturplanung

Im Jahre 1987 wurde ein "Structuurplan" für die gesamte Stadt verabschiedet. Im Vergleich mit deutschen Planwerken ist ein "Structuurplan" ein komplexer gesamtstädtischer Plan, der sowohl die Funktion des Flächennutzungsplans als auch des Stadtentwicklungsprogramms umfaßt. Besonders bemerkenswert im Hinblick auf die Verkehrsentwicklung sind die Zielsetzungen des Plans, die zu einer verkehrsreduzierenden Siedlungsentwicklung führen sollen: Die vorhandene urbane Struktur und die relativ kompakte Stadtform werden als wertvolles Potential erkannt und sollen gestärkt werden. Die Konzentration von zentralen Einrichtungen und neuen flächenintensiven Arbeitsstätten an ausgewählten Standorten im Randbereich der Innenstadt (Bahnhofsnähe) soll verstärkt werden. Wohnungsbau soll vor allem im Nahbereich der Innenstadt stattfinden. Die Position der Innenstadt als Oberzentrum für die gesamten nördlichen Niederlande ist zu stärken[7].

Mit einem solchen Konzentrationskonzept soll weiterer Suburbanisierung in der Region vorgebeugt werden, dies gilt als eine Voraussetzung zur Eindämmung des motorisierten Individualverkehrs. Dieses Konzentrationskonzept erfordert aber auch Priorität für die flächensparsamen und umweltschonenden Verkehrsmittel, dieser Punkt wird daher an erster Stelle genannt. Im einzelnen sieht der Structuurplan vor:

- Die Attraktivität der Innenstadt als Hauptgeschäftszentrum soll gestärkt werden. Dabei geht es nicht nur um die Erreichbarkeit mit den verschiedenen Verkehrsmitteln, sondern auch um das "Klima" des öffentlichen Stadtraums für die Besucher. Unter anderem sind eine Erweiterung der Fußgängerbereiche und die Verbesserung der Gehwegverbindungen vom Bahnhof in die Stadtmitte vorgesehen.
- Es wird angestrebt, daß sich großflächige Einzelhandelsbetriebe in der Nähe der Innenstadt ansiedeln.
- Große Arbeitsstätten mit vielen Arbeitsplätzen sollen sich an Knotenpunkten des ÖPNV-Systems konzentrieren.
- Die beschränkten Verkehrsflächen sollen für den Teil des Verkehrs reserviert werden, der für das ökonomische Funktionieren der Stadt wichtig ist: Gütertransport, Geschäftsverkehr, öffentliche Verkehrsmittel, Innenstadtbesuch. Vor allem soll der Autonutzung im Berufsverkehr entgegengewirkt werden.
- Es sollen mehr Innenstadtbesucher aus der Region angezogen werden. Dazu sollen Bus- und Bahnverbindungen aus der Region integriert werden sowie mehr gute und sichere Radwege und -routen zwischen Stadt und Umland bereitgestellt werden.

5. Rahmenplan Transportregion Groningen

Aus den in den letzten drei Jahren von der niederländischen Regierung vorgelegten Programmen zu den Bereichen Raumordnung, Verkehr und Umwelt (vierte Note zur Raumordnung von 1988, zweites Strukturschema Verkehr und Transport von 1988 und das Nationale Umweltschutzprogramm von 1989) ergeben sich unter anderem sehr ähnliche verkehrspolitische Zielsetzungen:

- Verringerung der Autonutzung, insbesondere bei den Wegen zur Arbeit;

---

7 *Gemeente Groningen (Hrsg.)*, Structuurplan, Groningen, Dezember 1987.

- starke Verbesserung des kollektiven Transports, insbesondere des öffentlichen Linienverkehrs;
- Maßnahmen der Raumordnung zur Verringerung der Autoverkehrsnachfrage.

Landesweit wurde die verkehrspolitische Zielsetzung durch die Kurzformel "ÖV x 2" quantifiziert, das heißt, die Zahl der öffentlich beförderten Personen soll bis zum Jahre 2000 verdoppelt werden. Dazu sollen in den Niederlanden Entwicklungspläne für alle ÖPNV-Regionen aufgestellt werden. Der erste niederländische Rahmenplan dieser Art wurde 1990 in Groningen aufgestellt.

Im Mai 1989 wurde ein regionaler Verband "Transportregion Groningen" durch die Stadt Groningen, die Provinz Groningen und das 'Reich' ins Leben gerufen. In ihm wirken auch die Provinz Drenthe und die Verkehrsbetriebe einschließlich der niederländischen Eisenbahn mit. Nach einjähriger Arbeit wurde im April 1990 ein Rahmenplan vorgelegt und in das öffentliche Beteiligungsverfahren gegeben.

Der Rahmenplan geht von folgenden Fakten und Zielen aus:

- Nach der vierten Note zur Raumordnung in den Niederlanden wird Groningen als städtischer Knotenpunkt aufgrund wichtiger sozio-ökonomischer Funktionen für die Region ausgewiesen. Dazu ist eine gute Erreichbarkeit von essentiellem Belang, ferner die Verbesserung der Umweltbedingungen und der Wohnqualität in der Stadt.
- Infolge des zunehmenden Autoverkehrs ist sowohl der Anspruch auf Erreichbarkeit immer schwerer zu erfüllen, die Umweltqualität kann sich nicht verbessern.
- Die räumliche Verteilung von Wohn-, Arbeits-, und Einkaufsstandorten hat zu immer mehr Autoverkehr geführt.
- Das gegenwärtige System des öffentlichen Verkehrs ist insgesamt als konkurrierende Verkehrsalternative zu schwach. Auch andere Formen des kollektiven Verkehrs (Carpooling, Pendlerkleinbusse usw.) sind nicht ausreichend entwickelt.

Die Strategie des Rahmenplans ist für den ersten Zeitabschnitt bis zum Jahr 2000 hauptsächlich auf das Zurückdrängen der Autonutzung bei den Wegen zur Arbeit gerichtet. Folgende Zielvorgaben sollen erreicht werden:

- Nach der landesweiten Zielsetzung soll der Autoverkehr während der Hauptverkehrszeiten um 25 Prozent gegenüber der Trendprognose verringert werden.
- Im Berufsverkehr ("Wohn-Werk-Verkehr") soll die Zahl der Autofahrten bis zum Jahre 2000 halbiert werden.
- Der derzeitige hohe Anteil des Fahrradverkehrs an den täglichen Wegen soll mindestens gehalten werden.
- Die Zahl der Wohnungen mit einer Verkehrslärmbelastung über 65 dB(A) am Tage (Mittelungspegel vor der Fassade) soll um 30 Prozent gesenkt werden.

Gefragt wurde nach Maßnahmenkombinationen und ihren voraussichtlichen Effekten auf eine Verringerung des Autoverkehrs; dazu wurden in vier Szenarien quantitativ Schätzungen vorgenommen (vgl. Tabelle 26). Realisiert werden soll Szenario 3. Es umfaßt folgende Maßnahmenkombination:

- Stärkung des ÖPNV-Systems
  Der Stadtbusverkehr soll entsprechend dem Programm der Verkehrsbetriebe "Lijn 2000" (Ziel: "ÖV x 2") verbessert werden. Angesichts des derzeit geringen ÖPNV-Anteils aufgrund der starken Konkurrenz auch durch das Fahrrad geht es vor allem um

eine Verdichtung des Fahrplantakts und um Beschleunigungsmaßnahmen. Für Fahrten in das Stadtumland sollen in den Hauptverkehrszeiten Expreßbuslinien mit Bussonderspuren und lichtsignalgeregelter Bevorrechtigung einsetzt werden. Haltestellen sollen Abstellanlagen für Fahrräder erhalten. Die Eisenbahnlinien sollen stärker Funktionen des stadtregionalen Verkehrs übernehmen. Dazu sind Vorstadtbahnhöfe wieder zu aktivieren und zusätzliche anzulegen. Das Streckennetz soll weiter ausgebaut und elektrifiziert werden.

- Verbesserung des Fahrradsystems
Reisezeit, Komfort und Sicherheit des Fahrradverkehrs sollen für Fahrten innerhalb der Stadt und bis zu einer Distanz von 10 bis 15 Kilometer außerhalb verbessert werden. Dazu sollen Verbindungen, die Umwege erfordern, durch neue Wege abgekürzt, Vorrangregelungen an Kreuzungen eingeführt und das gesamte Radwegenetz asphaltiert werden. Der Verbund von Fahrrad und Bahn ist nachhaltig zu fördern durch Abstellmöglichkeiten und durch günstige Abstellabonnements, die sowohl am Bahnhof des Vortransports als auch des Nachtransports gelten sollen.

- Förderung sonstiger Arten des kollektiven Verkehrs
Die gemeinsame Nutzung eines Pkw oder Kleinbusses durch mehrere Pendler (Carpooling) soll gefördert werden. Dazu wurde ein Standortplan für Carpooling-Parkplätze in der Region ausgearbeitet.

- Abstimmung von Raumordnung und Verkehrsplanung
Neue Wohnungsbauflächen sollen in der Region nur noch an Hauptachsen des öffentlichen Linienverkehrs entwickelt werden. Standorte für Betriebe und öffentliche Einrichtungen sind nach dem "Erreichbarkeitsprofil" auszuwählen. Für zentrale Einrichtungen und konzentrierte Arbeitsstätten mit hoher Beschäftigtenzahl kommen nur Knotenpunkte des ÖV-Systems als Standorte in Frage.

- Parkraumbeschränkung für Berufsverkehr
Bei den größeren Arbeitsplatzstandorten soll das Parken für Berufspendler im öffentlichen Raum zurückgedrängt werden (Aufheben von Parkplätzen, Umwandlung in Kurzparkplätze mit höheren Gebühren, Verstärkung der Überwachung). Parkplätze auf Privatgrund sollen je nach Standort beschränkt werden, für Standorte mit guter ÖV-Erreichbarkeit auf 20 bis 25 Parkplätze pro 100 Beschäftigte. In Frage kommt auch das Einführen gebührenpflichtigen Parkens für Berufspendler. Es wird erwartet, daß die öffentlichen Arbeitgeber mit solchen Regelungen vorangehen werden.

- Transportkoordinator
Betriebe mit mehr als 100 Beschäftigten sollen einen Verkehrsplan für den Berufsverkehr mit dem Ziel des Umsteigens vom Auto auf alternative Verkehrsmittel aufstellen. Verkehrskoordinatoren sollen individuelle Beratung und Abstimmungsaufgaben mit den Verkehrsbetrieben und zwischen den Beschäftigten übernehmen.

- Exemplarische Projekte
Die Reichsuniversität Groningen wird einen ersten Beschäftigten-Verkehrsplan als exemplarisches Projekt ausarbeiten.

- Informations- und Aufklärungskampagne
Es soll untersucht werden, wie eine permanente Öffentlichkeitsarbeit mit dem Ziel, Autofahrer zu bewußterem Autogebrauch zu bewegen, gestaltet werden soll.

Tabelle 26: Strategien im Rahmen von Szenarien zur Verringerung der Autonutzung und geschätzte Effekte*

Szenario/Maßnahmenkombination	Geschätzter Effekt[1] %
1. Investition in alternative Verkehrsmittel	2 - 5
2. Maximales Investieren in alternative Verkehrsmittel und Kfz-verkehrsreduzierende Raumordnungspolitik	5 - 10
3. Wie 2 und zusätzliche flankierende Maßnahmen (Beschränkung der Parkmöglichkeiten am Arbeitsort, Reduzierung von Autoverkehrsflächen zugunsten von Busspuren u.a.	10 - 25
4. Zusätzliche landesweite preispolitische Maßnahmen (Straßenbenutzungsgebühren, höhere Treibstoffsteuern u.a.)	über 25

*Quelle: Nach *Stuurgroep Vervoerregio Groningen (Hrsg.)*, Raamplan Vervoerregio Groningen, Groningen, April 1990, S. 34.

1 Auf Werktagsbasis in Pkw-Kilometer.

6. Erfolge der Groninger Stadtplanung und Verkehrspolitik

Die Stärkung des öffentlichen Verkehrs, des Fahrrad- und Fußgängerverkehrs sowie insbesondere die komplette Umgestaltung des Verkehrssystems der Innenstadt nebst ihrer städtebaulichen Aufwertung "hat sich durchgehend positiv auf die Umweltqualität und die Attraktivität der Innenstadt ausgewirkt"[8]. Aufgrund von Passantenzählungen, die auf 16 Innenstadtstraßen in den Jahren 1980, 1987 und 1989 durchgeführt wurden[9], hat die Zahl der Innenstadtbesucher zwischen 1980 und 1989 weiter zugenommen (+ 20 Prozent). Bis 1985 haben sich dabei die Anteile der benutzten Verkehrsmittel Fahrrad, Bus und zu Fuß erhöht, wodurch der Autoanteil sank (vgl. Tabelle 27). Der Autoanteil machte 1985 nur rund 20 Prozent des gesamten Personenverkehrsaufkommens der Innenstadt aus; 60 Prozent entfielen auf den nichtmotorisierten Anteil.

Das Beispiel Groningen ist unter anderem deswegen bemerkenswert, weil mehr als ein Drittel der gesamten Besucher der Innenstadt das Fahrrad benutzt. Wenn nur ein kleiner Teil der derzeitigen Fahrradnutzer versuchen würde, die Innenstadt mit dem Auto zu erreichen, wären die Straßenkapazitäten schnell erschöpft und damit der derzeitige beeindruckende Umfang des Radverkehrs nicht mehr möglich; das hohe Besucheraufkommen der Innenstadt wäre dann nicht mehr aufrechtzuerhalten.

---

8   *Van Werven*, S. 49.
9   Unterlagen der Gemeinde Groningen.

Aber nicht nur für die Erreichbarkeit der Stadtmitte und die Gewährleistung einer lebendigen, urbanen Innenstadt leistet der hohe Fahrradverkehrsanteil in Groningen einen wertvollen Beitrag, sondern er ist auch gesamtstädtisch von Belang und von Vorteil für die Entlastung der Straßen und der Umwelt. Bei den Wegen von und zur Arbeit benutzt zum Beispiel rund die Hälfte aller Groninger das "fiets". Der Pkw-Anteil ist dadurch mit rund 40 Prozent erheblich kleiner als in vergleichbaren westdeutschen Städten, in denen im Mittel rund 60 Prozent aller Erwerbstätigen das Auto zur Arbeit nutzen (vgl. Tabelle 28). Betrachtet man alle werktäglichen Wege der Groninger Bevölkerung (vgl. Tabelle 29), so ergibt sich aufgrund des hohen Fahrradanteils, daß der Pkw-Anteil im Mittel rund ein Viertel kleiner ist als in vergleichbaren westdeutschen Städten.

Tabelle 27: Personenverkehr von und zur Innenstadt von Groningen, 1976 und 1985, in %*

Benutzte Verkehrsmittel	1976[1]	1985[2]
Zu Fuß	17	24
Fahrrad	31	36
Bus	17	18
Auto	35	22
Insgesamt	100	100
		difu

*Quelle: Zusammenstellung des Deutschen Instituts für Urbanistik nach Unterlagen der Gemeinde Groningen.

1 Befragungsergebnisse.
2 Ergebnisse von Verkehrszählungen auf den Brücken des die Innenstadt umgebenden Kanalrings. Angaben für den Busverkehr ergänzt. Wegen der unterschiedlichen Erhebungsmethoden sind die Daten von 1976 und 1985 nur bedingt vergleichbar.

Tabelle 28: Verkehrsmittelwahl für den Weg zur Arbeit im Städtevergleich, in %*

Stadt	Verkehrsmittel[1]			
	Pkw Moped	Bahn Bus	Fahrrad	Zu Fuß
Groningen[2]	41	5	46	8
Münster[3]	55	7	25	14
Kassel[4]	64	16	5	15
5 große Städte in NW[5]	55	23	7	15
				difu

*Quelle: Zusammenstellung des Deutschen Instituts für Urbanistik für Groningen: nach *Stuurgroep Vervoerregio Groningen (Hrsg.)*, Raamplan Vervoerregio Groningen, Groningen 1990; für Münster: nach *Stadt Münster (Hrsg.)*, Gesamtverkehrsplan Münster, Münster 1988, S. 11; für Kassel: nach *Socialdata (Hrsg.)*, Mobilitäts- und Potentialuntersuchung Kassel/Helleböhn, München 1989, unveröffentlicht; für die Städte in NW: nach *Minister für Stadtentwicklung und Verkehr (Hrsg.)*, Gesamtverkehrsplan NW, Düsseldorf 1990, S. 89 ff.

1 Bezogen auf alle in der Stadt wohnhaften Erwerbspersonen.
2 Stand 1988.
3 Stand 1982.
4 Stand 1989.
5 Mittelwert der Städte Köln, Essen, Düsseldorf, Dortmund, Duisburg (Stand 1985).

Tabelle 29: Verkehrsmittelnutzung im Städtevergleich, in %*

Stadt	Erhebungs-jahr	Verkehrsmittelanteile[1]			
		Pkw	Bahn	Fahrrad	Zu Fuß
Groningen	1988	36	6	43	16
Kasel	1988	48	17	7	29
Saarbrücken	1989	53	17	2	28
Freiburg	1990	44	16	18	22
Solitäre Oberzentren in NW[2]	1985	48	12	12	29
					difu

*Quelle: Zusammenstellung des Deutschen Instituts für Urbanistik nach Unterlagen der Gemeinde Groningen; für Kassel, Saarbrücken, Freiburg: nach Socialdata (Hrsg.), Zahlen und Fakten zur Mobilität, Freiburg 1990; für die Oberzentren in NW: nach Minister für Stadtentwicklung und Verkehr (Hrsg.), Gesamtverkehrsplan Nordrhein-Westfalen, Düsseldorf 1990, S. 98.

1 Werktägliche Wege der Einwohner der Stadt.
2 Mittelwert der Städte Bielefeld, Münster, Paderborn, Siegen.

57
Eine ehemals vierspurige Hauptverkehrsstraße in der Innenstadt von Groningen wurde in eine Busstraße mit Hauptbushaltestelle umgebaut. Dabei wurden zwei Baumreihen neu gepflanzt. Nebenfahrbahnen dienen dem Anlieger- und Fahrradverkehr (Gedempte Zuiderdiep).

58
Die neue Busstraße auf einer ehemals vierspurigen Hauptverkehrsstraße.

59
Der Grote Markt im Zentrum von Groningen mit Busfahrbahn und Radfahrstreifen.

60
Viele Straßen der Groninger Innenstadt sind Fußgängern, Bussen, Taxis und Fahrrädern vorbehalten.

61
Der große Anteil des Fahrrads am städtischen Verkehr ist selbst bei Regenwetter auffällig.

62
Einige Hauptverkehrsstraßen werden von rund 10.000 "fiets" am Tag frequentiert.

63
Fahrradstau vor einer Kreuzung.

64
Abmarkierter Radfahrstreifen mit aufgeweiteter Aufstellfläche für Fahrräder vor der Ampel.

65
Vorrangig dem Bus- und Fahrradverkehr dienende Straße mit aufgeweiteter Aufstellfläche für Fahrräder.

66
Selbständig geführter
komfortabler Radweg
zwischen Innenstadt
und Stadtrandgebiet.

67
Zentrale Erschließung
neuer Wohngebiete
durch Hauptrad- und
Fußweg.

Schaffhausen

1. Stadtgröße und Stadtstruktur

Schaffhausen, am rechten Ufer des Hochrheins gelegen, ist die Hauptstadt des gleichnamigen schweizerischen Kantons. Mit der Nachbargemeinde Neuhausen am Rheinfall bildet die Stadt Schaffhausen ein im Zusammenhang bebautes Stadtgebiet mit 44.000 Einwohnern.

Die Stadt Schaffhausen blickt auf eine über 900jährige Geschichte zurück. Dies kommt in der weitgehend erhaltenen Altstadt deutlich zum Ausdruck. Schaffhausen hat als Mittelzentrum einen Einzugsbereich, zu dem der ganze Kanton Schaffhausen (71.000 Einwohner) und einige Gemeinden des benachbarten Württemberg und des Kanton Thurgau gehören.

Die Industrie konzentriert sich vorwiegend um das Wasserkraftwerk am Rhein entlang den Bahnhofanlagen (Maschinen, Stahlröhren, Uhren, Textilien). Bedingt durch die Topographie erstreckt sich die Agglomeration Schaffhausen/Neuhausen fast bandförmig den Rhein und die Eisenbahnanlagen entlang.

2. Die öffentlichen Verkehrsbetriebe Schaffhausen

2.1 Geschichtliche Entwicklung

Schaffhausen erhielt zwischen von 1901 und 1913 eine elektrische Straßenbahn. Neben einem Stadtnetz zwischen Schaffhausen und Neuhausen von rund 12 Kilometer Streckenlänge entstand eine Überlandtrambahn nach dem rund 15 Kilometer entfernten Schleitheim. Nach der Umstellung der Überlandlinie auf Busbetrieb in den fünfziger Jahren wurde die Trambahn 1966 komplett eingestellt und statt dessen teilweise Bus-, teilweise Trolleybusbetrieb aufgenommen[1]. Im Zuge der Ausdehnung der besiedelten Fläche wurde auch das Buslininennetz kontinuierlich erweitert. Es stieg von 23 Kilometer Länge im Jahr 1965 auf 30 Kilometer im Jahr 1972 und hatte 1990 eine Netzlänge von 39 Kilometer. Davon werden 9,4 Kilometer im Trolleybusbetrieb gefahren[2].

---

1 Jürg Zimmermann und Richard Gerbig, Die Schaffhauser Straßenbahnen, Schaffhausen 1976.
2 Walter Hermann, Erfahrungsbericht der Verkehrsbetriebe Schaffhausen, in: Entwicklungschancen des öffentlichen Personennahverkehrs in Vorarlberg. Seminar in Lustenau, Juli 1990.

Abbildung 46: Busliniennetz der Verkehrsbetriebe Schaffhausen*

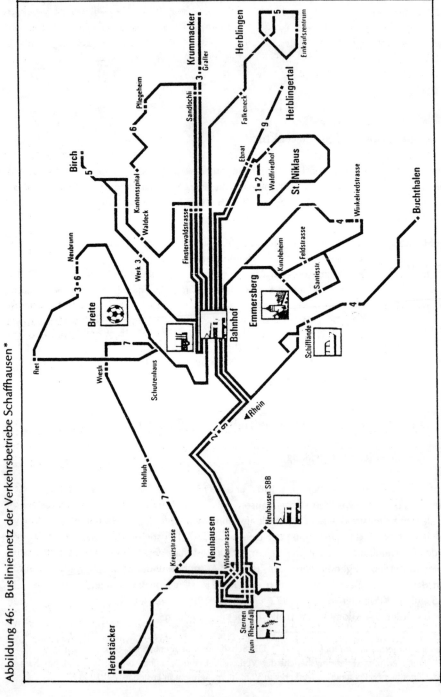

*Quelle: Verkehrsbetriebe Stadt Schaffhausen (Hrsg.), Geschäftsbericht und Jahresrechnung 1989, Schaffhausen 1990, S. 2.

2.2 Verkehrsangebot

Die Verkehrsbetriebe der Stadt Schaffhausen betreiben drei Trolleybuslinien und fünf Autobuslinien. Die sechs Hauptlinien verkehren werktags in einem Grundtakt von 10 Minuten (vgl. Abbildung 46). In den Spitzenstunden wird die Busfolge zum Teil auf 5 Minuten verdichtet. Abends nach 20.00 Uhr wird ein 20-Minuten-Takt gefahren. Samstags und sonntags variiert die Busfolge je nach Linie zwischen 10 und 20 Minuten. Im Vergleich mit etwa gleichgroßen westdeutschen Städten ist dieses Verkehrsangebot enorm. Aus Tabelle 31 ist ersichtlich (gefahrene Bus-Kilometer pro Kilometer Buslinie), daß in Schaffhausen die Busfolge fast doppelt bis dreimal so dicht ist wie bei den zehn "besten" westdeutschen Mittelstädten.

2.3 Tarifsystem, Tarifverbund

Die Fahrpreise der Verkehrsbetriebe Schaffhausen (VBSch) sind relativ niedrig. Eine Sammelkarte für zehn Fahrten kostet 10 Franken, für Junioren bis zum Alter von 25 Jahren und für Senioren 7 Franken und für Schüler (bis 16 Jahre) nur 5 Franken (etwa 6 DM). Im Juni 1988 wurde ein Tarifverbund mit einer günstigen Zeitkarte - dem Schaffhauser Umweltabo - in der gesamten Region Schaffhausen eingeführt. Das Verbundgebiet reicht über die Kantonsgrenzen hinaus, es schließt auch einige württembergische Gemeinden ein (insgesamt rund 90.000 Einwohner). Der Verbund gilt für alle Bahn- und Buslinien in der Region, beteiligt sind also auch die Schweizerische Bundesbahn, die Deutsche Bundesbahn und der Schweizerische Postautobus.

Das Umweltabo ist als flexibles Zonenabo konzipiert ("Flex-Tax"). Man bezahlt nur die Zonen, die man braucht. Für Schaffhausen und das nähere Umland (5 bis 10 Kilometer Radius) kostet das Monatsabo 35 Franken, für Junioren bis 25 Jahre und für Senioren nur 25 Franken.

2.4 Zahl der beförderten Personen

Die Verkehrsbetriebe Schaffhausen beförderten in den Jahren 1979 bis 1989 immer mehr Personen; im genannten Zeitraum stieg die Zahl um 30 Prozent. Die Verdichtung des Fahrplantaktes, die Einrichtung des Tarifverbundes und die Einführung des Umweltabos haben dazu sicher entscheidend beigetragen.

Dadurch ist die spezifische Fahrtenhäufigkeit auf über 250 Fahrten pro Einwohner und Jahr gestiegen. Das ist für eine Stadt dieser Größenordnung eine hohe Ziffer. In vergleichbaren westdeutschen Mittelstädten werden spezifische Fahrtenhäufigkeiten erreicht, die bestenfalls halb so groß sind (vgl. Tabelle 30). Nur Städte in der ehemaligen DDR erreichen ähnlich hohe Beförderungsziffern, in Westdeutschland gilt dies nur für wenige der größten Städte.

Der Grund für die viel größere Nutzungshäufigkeit der öffentlichen Verkehrsmittel in Schaffhausen gegenüber vergleichbaren westdeutschen Mittelstädten liegt offensichtlich in dem attraktiveren Angebot. Als Indikator für die Fahrplandichte kann die Zahl der im Jahr gefahrenen Buskilometer pro Kilometer Buslinie dienen (vgl. Tabelle 31). Diese Ziffer ist in Schaffhausen zwei- bis dreimal so groß wie in westdeutschen Mittelstädten. Das heißt, während in Schaffhausen ein Fahrplantakt von vorwiegend 10 Minuten gefahren wird, haben wir in westdeutschen Mittelstädten nur einen 20- bis 30-Minuten-Takt.

2.5 Kosten und Finanzierung der Verkehrsbetriebe Schaffhausen

Bei dem für eine kleine Stadt überdurchschnittlich dichten Fahrplantakt, der in Schaffhausen angeboten wird, ist die Frage nach den Kosten und der Finanzierung des Verkehrsbetriebs von besonderem Interesse. 1989 beliefen sich die gesamten Betriebskosten der VBSch auf 9,5 Millionen Franken bzw. auf 0,84 Franken (etwa 1,00 DM) pro beförderte Person. Das ist nicht mehr, als im Mittel in vergleichbaren westdeutschen Mittelstädten anfällt. Der Bundesdurchschnitt bei allerdings im Mittel längeren Fahrten betrug 1988 2,19 DM pro beförderte Person[3].

Auch die Einnahmeseite aufgrund des Fahrkartenverkaufs kann sich trotz relativ niedriger Tarife sehen lassen - die westdeutschen Vergleichsdaten liegen kaum darüber. Der Kostendeckungsgrad beträgt in Schaffhausen 66,3 Prozent und im Bundesdurchschnitt (1988) 67,9 Prozent[4].

Die Betriebskosten, die nicht durch Fahrgeldeinnahmen gedeckt werden, regelt die Stadt Schaffhausen vorwiegend über die "Abgeltung der gemeinwirtschaftlichen Leistungen durch die Stadt Schaffhausen mit 5 Prozent der einfachen Staatssteuer"[5] 1989: 3,25 Millionen Franken). Ferner gibt es seit der denkwürdigen Volksabstimmung im Jahre 1973 über die "Initiative zur Verbilligung und attraktiven Gestaltung des öffentlichen Verkehrs durch bessere Finanzierung"[6] einen aus den Parkgebühren gespeisten Investitionsfonds. Kernpunkt der Initiative, die 1973 mit Mehrheit beschlossen wurde, ist die Bestimmung, daß drei Viertel der Einnahmen aus sämtlichen Gebühren für das Parken auf öffentlichen Straßen und Plätzen für die Verbilligung und Attraktivitätssteigerung des öffentlichen Verkehrs verwendet werden müssen. Drei Viertel der Parkgebühren machten im Jahre 1989 etwa 1,2 Millionen DM aus.

Fazit: Ein attraktiver öffentlicher Personennahverkehr durch ein dichtes Fahrtenangebot und einen günstigen Tarif kann auch in einer kleinen Stadt zu hohen Fahrgastzunahmen und zu einem wirtschaftlich tragbaren Betrieb führen.

---

3 *Verband öffentlicher Verkehrsbetriebe (Hrsg.)*, VÖV-Statistik 1989, S. 20.
4 Ebenda.
5 *Verkehrsbetriebe der Stadt Schaffhausen (Hrsg.)*, Geschäftsbericht 1989, S. 15.
6 *Zimmermann/Gerbig*, S. 37.

Tabelle 30: Beförderte Personen im öffentlichen Personen Personennahverkehr - Schaffhausen und vergleichbare Mittelstädte*

Stadt[1]	Einwohner im Einflußgebiet[2] abs.	Beförderte Personen[3] in Mio.	Beförderte Personen pro EW[4]
Schaffhausen	44.000	11,3	257
Passau	49.000	6,0	123
Hof	55.000	6,5	118
Flensburg	62.000	7,1	115
Marburg[5]	75.000	10,0	123
Fulda	67.000	5,8	87
Konstanz[5]	87.000	8,1	93
Coburg	56.000	4,4	79
Bayreuth	76.000	6,4	84
Celle	71.000	6,0	85
Landshut[5]	79.000	6,0	76
Wismar[6] (ehem. DDR)	58.000	11,2	195
			difu

*Quelle: Zusammenstellung des Deutschen Instituts für Urbanistik nach *Verband öffentlicher Verkehrsbetriebe (Hrsg.)*, VÖV-Statistik 1989, Köln 1990; *Verkehrsbetriebe der Stadt Schaffhausen (Hrsg.)*, Geschäftsbericht und Jahresrechnung 1989, Schaffhausen 1990; Unterlagen der Stadt Wismar.

1 Ausgewählt wurden 10 westdeutsche Städte mit weniger als 90.000 EW im Einflußgebiet mit den höchsten Beförderungszahlen.
2 Durch die Städtischen Verkehrsbetriebe bedientes Gebiet.
3 Bei den städtischen Verkehrsbetrieben (Busverkehr) im Jahre 1989.
4 Im Jahre 1989.
5 Einflußgebiet reicht über das Stadtgebiet hinaus.
6 Im Jahre 1987.

Tabelle 31: Angebot im öffentlichen Personennahverkehr - Schaffhausen und vergleichbare deutsche Mittelstädte*

Stadt	Einwohner im Einflußgebiet[1] abs.	Buslinien-netzlänge[2] in km	Bus-km[2] in 1.000	Bus-km pro km Buslinie[3] in 1.000
Schaffhausen	44.000	39	1.830	47
Passau	49.000	118	1.720	17
Hof	55.000	89	1.170	13
Flensburg	62.000	59	1.450	25
Marburg[4]	75.000	185	2.420	13
Fulda	67.000	89	1.730	20
Konstanz[4]	87.000	124	2.520	29
Coburg	56.000	96	1.240	13
Bayreuth	76.000	102	1.440	14
Celle	71.000	112	1.480	13
Landshut[4]	79.000	76	1.490	20
Wismar (ehem. DDR)	58.000	43	1.500	35

difu

*Quelle: Zusammenstellung des Deutschen Instituts für Urbanistik nach *Verband öffentlicher Verkehrsbetriebe (Hrsg.)*, VÖV-Statistik 1989, Köln 1990; *Verkehrsbetriebe der Stadt Schaffhausen (Hrsg.)*, Geschäftsbericht und Jahresrechnung 1989, Schaffhausen 1990; Unterlagen der Stadt Wismar.

1 Durch die Städtischen Verkehrsbetriebe bedientes Gebiet.
2 Netz der Städtischen Verkehrsbetriebe im Jahr 1989.
3 Indikator für Fahrplandichte.
4 Einflußgebiet reicht über das Stadtgebiet hinaus.

Teil II

Resümee der Ergebnisse (aus den Fallstudienstädten) und Folgerungen für die kommunale Verkehrsentwicklungsplanung

1. Verkehrspolitische und verkehrsplanerische Ziele in den untersuchten Städten

In den Fallstudienstädten bestehen weitgehend ähnliche Auffassungen über die Ziele der Verkehrsplanung. Sie lassen sich wie folgt zusammenfassen:

- Verkehrsplanung wird als integraler Bestandteil der Stadtplanung und der gesamten Kommunalpolitik betrachtet.
- Verkehrsplanerische Ziele orientieren sich daher an übergeordneten städtischen Zielen wie Erhaltung der historischen Stadtgestalt, Berücksichtigung ökologischer Kriterien sowie Einhaltung von Grenzwerten und Stärkung der Geschäftsfunktion der City.
- Die Verringerung der verkehrsbedingten Umweltbelastungen und der Unfallgefahren sowie allgemein eine Verbesserung der durch den Kfz-Verkehr beeinträchtigten Lebensbedingungen in den städtischen Quartieren werden durchgehend als vorrangige verkehrsplanerische Ziele genannt.
- Daneben wird die Herstellung der Gleichberechtigung aller Verkehrsarten und der Abbau von Benachteiligungen der schwächeren Verkehrsteilnehmer (Nichtmotorisierte, Kinder, Alte, Behinderte, Frauen mit Kindern) als ein Oberziel definiert.
- Der Abbau von Verkehrsbehinderungen der essentiellen Verkehrsarten, zu denen die öffentlichen Verkehrsmittel, der nichtmotorisierte Verkehr und der notwendige Wirtschaftsverkehr zählen, wird immer häufiger als weiteres Oberziel genannt.
- Aus diesen Oberzielen ergeben sich konkrete Forderungen nach Veränderungen und Reduzierungen des motorisierten Individualverkehrs. Allgemein wird eine Verstärkung des selektiven Gebrauchs von Privatautos angestrebt. Das heißt, es soll unterschieden werden zwischen dem ökonomisch und sozial notwendigen und dem auf andere Verkehrsmittel verlagerbaren Kfz-Verkehr. Grundsätzlich wird also eine entsprechende Beeinflussung der Verkehrsmittelwahl als erforderlich angesehen.
- Zur Beeinflussung der Verkehrsmittelwahl wurde ein breites Spektrum von Maßnahmen entwickelt und eingesetzt. Es reicht von verstärkter Angebotsplanung für die Teilbereiche öffentliche Verkehrsmittel, Fahrrad- und Fußgängerverkehr und kombinierter Verkehr über ordnungs- und preispolitische Steuerungsmittel bis hin zur Informations- und Aufklärungsarbeit.

2. Erfolge kommunaler Verkehrspolitik in den Fallstudienstädten

2.1 Verkehrsmittelnutzung

Die Nutzungshäufigkeit der öffentlichen Verkehrsmittel hängt unter anderem von der Stadtgröße ab. Bereits Pirath und Leibbrand stellten einen solchen Zusammenhang in den fünfziger Jahren dar[1]. Auch heute besteht dieser Zusammenhang (vgl. Abbildung 47), da in der Regel nur in den großen Städten ein dichtes Angebot an öffentlichen Verkehrsmitteln zur Verfügung steht und da der Pkw-Verkehr wegen seines großen Flächenbedarfs dort eher an Kapazitätsgrenzen stößt. So beträgt die spezifische Fahrtenhäufigkeit mit öffentlichen Verkehrsmitteln in westdeutschen Mittelstädten derzeit im Durchschnitt rund 100 Fahrten pro

---

[1] *Carl Pirath und Karl Leibbrand*, Die Verkehrsbedürfnisse im Personennahverkehr, in: Curt Risch und Friedrich Lademann (Hrsg.), Der öffentliche Personennahverkehr, Berlin 1957, S. 26.

Einwohner und Jahr, in den Millionenstädten steigt sie auf 200 bis 300 an (vgl. Abbildung 47).

In den Fallstudienstädten werden die öffentlichen Verkehrsmittel unter anderem dank eines dichteren räumlichen und zeitlichen Angebots wesentlich häufiger genutzt. Während z.B. in den westdeutschen Halbmillionenstädten die spezifische Fahrtenhäufigkeit nicht über 180 Fahrten pro Einwohner und Jahr hinausreicht, beträgt sie in den Fallstudienstädten zum Teil mehr als das Doppelte (Bologna 320, Stockholm 350, Zürich 500; vgl. Abbildung 48). Insbesondere in den Städten der Schweiz, sowohl den größeren als auch den kleineren, ist vor allem aufgrund ihres dichteren räumlichen und zeitlichen Verkehrsangebots - eine wesentlich größere spezifische Fahrtenhäufigkeit mit öffentlichen Verkehrsmitteln festzustellen - sie macht zum Teil mehr als das Dreifache des Durchschnitts westdeutscher Städte gleicher Größe aus.

Auch in den ostdeutschen Städten ist die Nutzungshäufigkeit der öffentlichen Verkehrsmittel noch deutlich größer als in Westdeutschland (vgl. Abbildung 48), diese vergleichsweise günstige Situation könnte sich bei zunehmender Konkurrenz durch das private Auto allerdings verändern, wenn nicht alsbald erhebliche Anstrengungen unternommen werden, um die Streckennetze und Fahrzeuge zu erneuern und das Angebot insgesamt qualitativ anzuheben.

In Abbildung 49 sind die Anteile der drei wichtigsten Verkehrsmittelarten an den gesamten werktäglichen Wegen der Stadtbewohner in Abhängigkeit von der Stadtgröße eingetragen. Während der nichtmotorisierte Verkehr (zu Fuß oder per Rad durchgeführte Wege) ziemlich unabhängig von der Stadtgröße rund 40 Prozent aller werktäglichen Wege umfaßt[2], steigt der ÖPNV-Anteil mit zunehmender Stadtgröße an, während der Pkw-Anteil fällt. Neben den eingetragenen Kurven, die den Durchschnitt westdeutscher Städte markieren, sind die Einzelwerte der Fallstudienstädte in Abbildung 49 aufgeführt. Dank größeren ÖPNV-Anteils oder größeren Fahrradverkehrsanteils ist der Pkw-Verkehrsanteil in den Fallstudienstädten deutlich kleiner als der Durchschnittswert westdeutscher Städte bei gleicher Stadtgröße. So ist beispielsweise in Amsterdam, Bologna, Stockholm und Zürich der Pkw-Anteil mit 30 bis 35 Prozent an den werktäglichen Wegen der Stadtbewohner rund ein Viertel kleiner als in vergleichbaren westdeutschen Städten wie Köln, Düsseldorf, Essen, Dortmund, Stuttgart und Nürnberg (vgl. Abbildung 50). Nur in ostdeutschen Großstädten vergleichbarer Größenordnung wie Leipzig ist noch ein ähnlicher Modal-split wie in den Fallstudienstädten vorzufinden (Stand 1990).

Ein höheres Maß an selektiver Autonutzung wurde in den Vorbildstädten nicht nur durch Verbesserung des ÖPNV-Angebots, sondern auch durch Förderung des nichtmotorisierten Verkehrs erzielt. Hier ist die niederländische Großstadt Groningen am weitesten vorangeschritten. Die Groninger machen über 40 Prozent aller werktäglichen Wege mit dem Rad, das sind mehr Wege als mit dem Auto (vgl. Abbildung 51). Auch Erlangen, Freiburg und Münster konnten die Autonutzung unter die Durchschnittswerte aus dem Städtevergleich drücken, da die Bürger dort überdurchschnittlich häufig das Fahrrad benutzen (vgl. Abbildung 49 und 51).

---

2   Berücksichtigt sind nur eigenständige Fußwege, nicht die Fußwege zu Haltestellen oder Parkplätzen. Auch zu Fuß gemachte Zwischenwege - etwa beim Innenstadtbesuch - sind nicht berücksichtigt. Auch werden bei Haushaltsbefragungen insbesondere kurze Fußwege meistens nicht vollständig erfaßt. Der wirkliche Fußwegeanteil ist also größer.

Abbildung 47: Häufigkeit der Fahrten mit öffentlichen Verkehrsmitteln in westdeutschen Städten, in Abhängigkeit von der Stadtgröße*

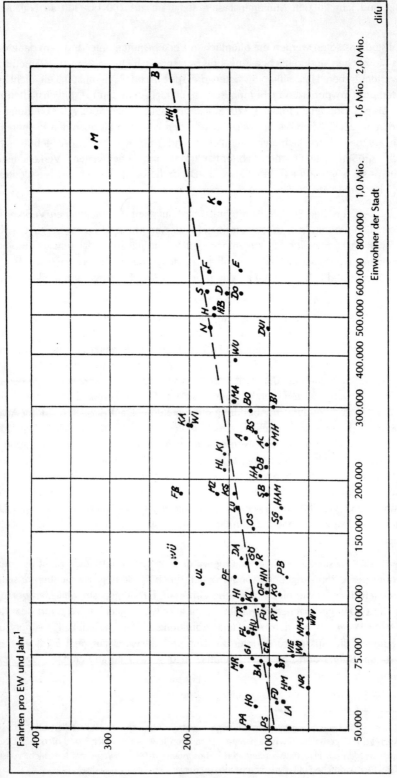

*Quelle: Berechnung und Darstellung des Deutschen Instituts für Urbanistik.

1 Im Bedienungsgebiet der städtischen Verkehrsbetriebe; Fahrten der Einwohner im Bedienungsgebiet mit S-Bahn oder sonstigem Eisenbahnnahverkehr zusätzlich mit überschlägigen Werten berücksichtigt (Stand 1989).

Abbildung 48: Häufigkeit der Fahrten mit öffentlichen Verkehrsmitteln im Städtevergleich*

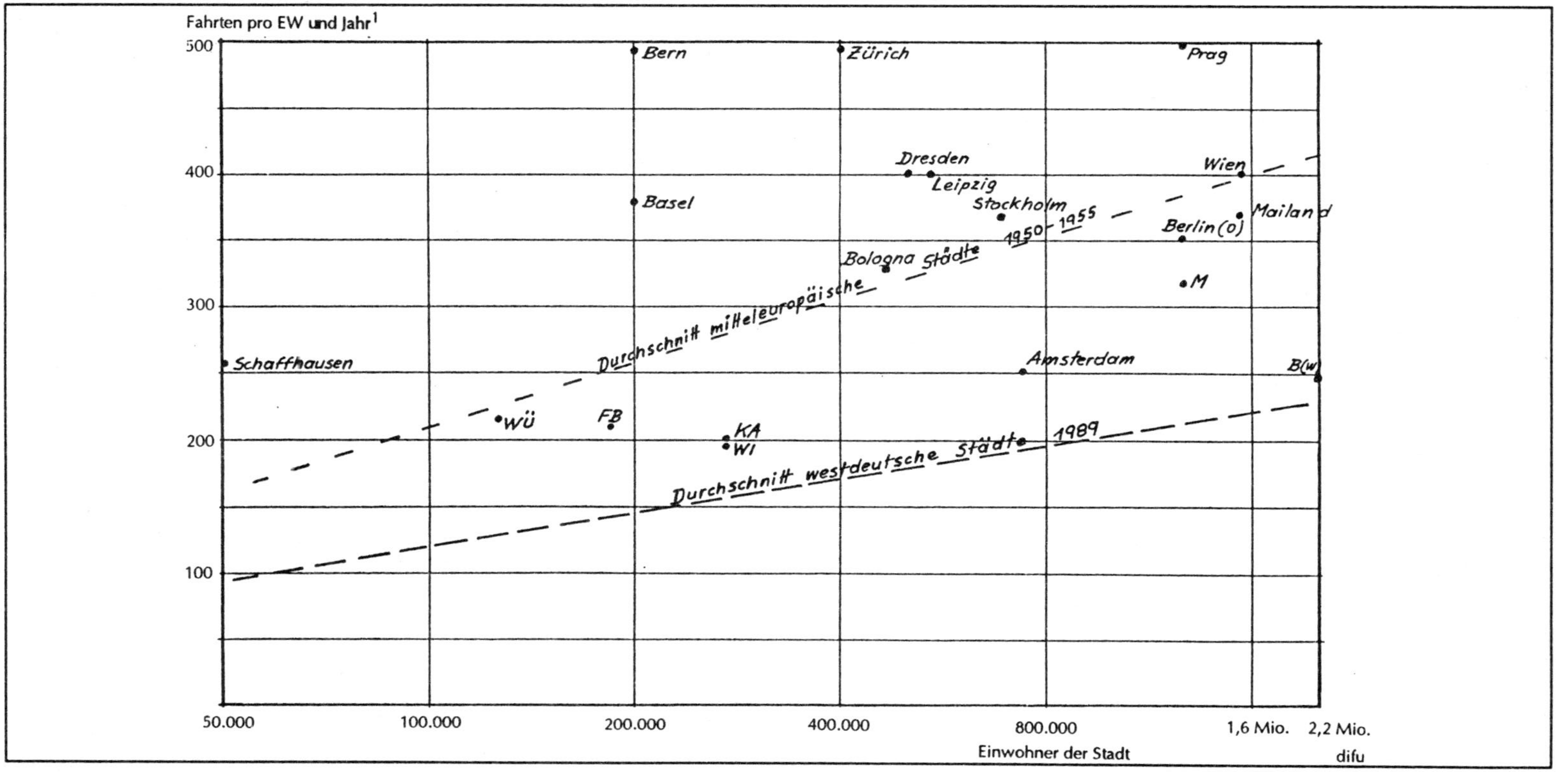

*Quelle: Berechnung und Darstellung des Deutschen Instituts für Urbanistik.

1 Im Bedienungsgebiet der städtischen Verkehrsbetriebe; Fahrten der Einwohner im Bedienungsgebiet mit S-Bahn oder sonstigem Eisenbahnnahverkehr zusätzlich mit überschlägigen Werten berücksichtigt (Stand 1989).

Abbildung 49: Verkehrsmittelnutzung im Städtevergleich[1]*

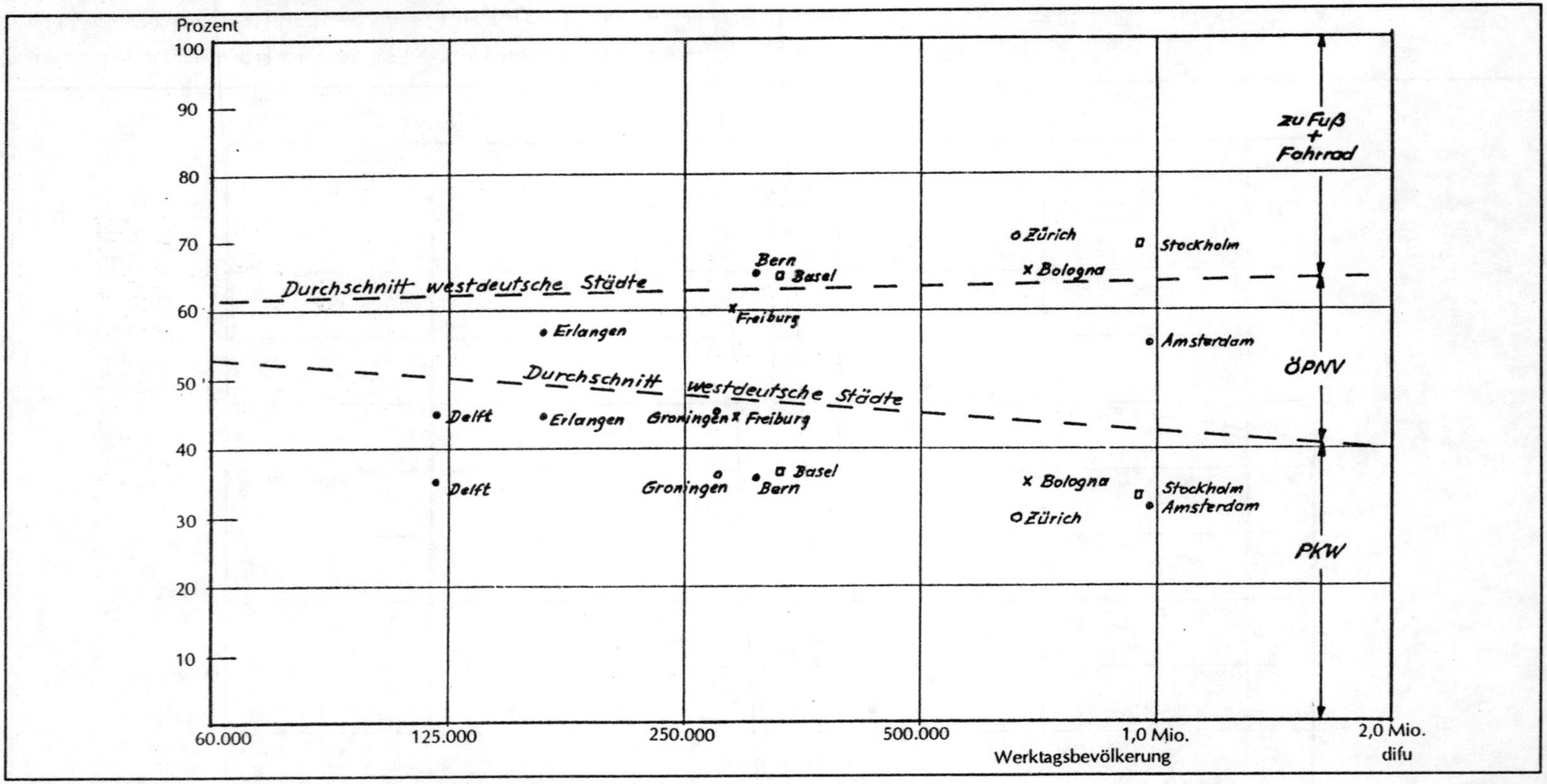

*Quelle: Berechnung und Darstellung des Deutschen Instituts für Urbanistik.
[1] Werktägliche Wege der Einwohner der Stadt (1985 bis 1990).

Abbildung 50: Verkehrsmittelnutzung im Städtevergleich (Großstädte mit mehr als 500.000 Einwohnern)[1]*

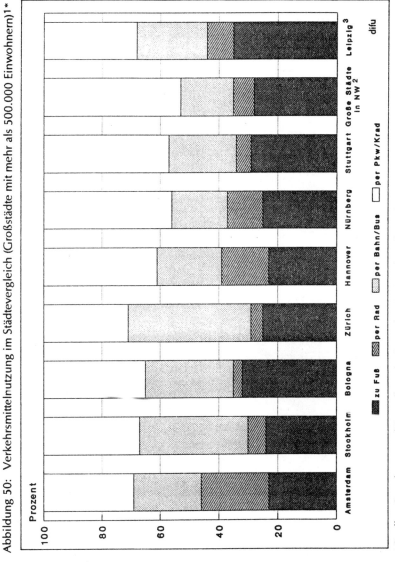

*Quelle: Berechnung und Darstellung des Deutschen Instituts für Urbanistik.

[1] Werktägliche Bevölkerung, werktägliche Wege der Einwohner der Stadt (Stand 1989).
[2] Köln, Düsseldorf, Essen, Dortmund, Duisburg (Stand 1985).
[3] Stand 1990.

Abbildung 51: Verkehrsmittelnutzung im Städtevergleich (Großstädte mit weniger als 300.000 Einwohnern)[1]*

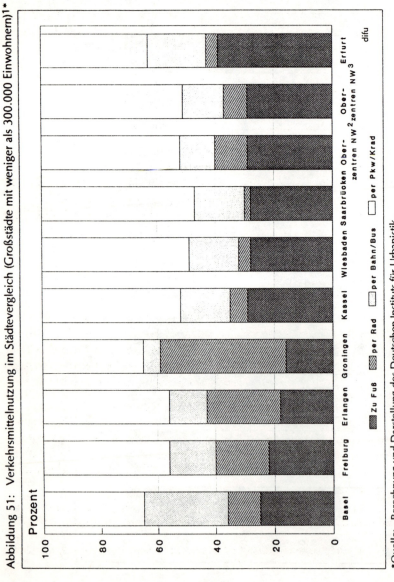

*Quelle: Berechnung und Darstellung des Deutschen Instituts für Urbanistik.

1 Werktagsbevölkerung, werktägliche Wege der Einwohner der Stadt; Stand 1989.
2 Solitäre Oberzentren (Münster, Bielefeld, Paderborn, Siegen); Stand 1985.
3 Oberzentren in Kerngebieten (Krefeld, Mönchengladbach, Wuppertal, Aachen, Bonn, Bochum, Hagen); Stand 1985.

2.2 Siedlungsstrukturelle Effekte

Wirtschaftsverbände äußern häufig die Befürchtung, daß eine Verkehrspolitik, die den umweltschonenden Verkehrsarten Vorrang vor dem individuellen Pkw-Verkehr einräume, sich nachteilig auf die wirtschaftliche Entwicklung der Stadt, insbesondere des Einzelhandels und des Dienstleistungsgewerbes im Stadtzentrum, auswirke.

Das Eintreten solcher Effekte haben die Fallstudien nicht bestätigt. Im Gegenteil: In allen Untersuchungsstädten, in denen ein Vorrang der Verkehrsmittel des sogenannten Umweltverbundes (öffentliche Verkehrsmittel, Fahrrad- und Fußgängerverkehr) gefordert und eingeräumt wurde, ist eine positive wirtschaftliche und kulturelle Entwicklung der Innenstadt zu verzeichnen. In Zürich kam es durch Bau und Einrichtung der S-Bahn sogar zu einem so starken Attraktivitätszuwachs der Innenstadt, daß über dämpfende Maßnahmen diskutiert wird, mit denen unerwünschten Verdrängungen z.B. von Wohnnutzung und Handwerksbetrieben entgegengesteuert werden soll. Besonders bemerkenswert ist auch das Beispiel der niederländischen Provinzhauptstadt und Universitätsstadt Groningen, wo sich das Fahrrad zum Hauptträger des innenstadtbezogenen Personenverkehrs entwickelt hat und zur Zunahme der Zahl der Innenstadtbesucher wesentlich beitrug: Während der achtziger Jahre stieg deren Zahl um 20 Prozent.

Die Befunde einer durchweg positiven Innenstadtentwicklung in den Fallstudienstädten decken sich mit den Ergebnissen der vorangegangenen Difu-Untersuchung zur "Stadtverträglichen Verkehrsplanung"[3], Urbanität (mit ihren Dimensionen historische Stadtgestalt, Nutzungsvielfalt, Lebendigkeit, Aufenthaltsqualität) und die Erreichbarkeit der Innenstädte lassen sich nur dann erhalten und verbessern, wenn der Anteil der flächensparsamen und umweltschonenden Verkehrsmittel (Bahn, Bus, Fahrrad, Gehen) am Gesamtverkehr erhöht und entsprechend der Anteil der flächenaufwendigen Verkehrsmittel (Pkw) verringert wird. Gegenteilige Entwicklungen - ein rapider Niedergang der Stadtzentren - vollzogen sich in vielen nordamerikanischen und abgeschwächt auch in einigen europäischen Städten als direkte Folge der Anpassung des Verkehrssystems an Belange des Autoverkehrs. Nur diejenigen Städte, die ein attraktives ÖPNV-System im Verbund mit guten Bedingungen für den Fußgängerverkehr erhalten konnten oder schufen, haben eine vielfältige, lebendige Innenstadt bewahrt.

Eine 1989 veröffentlichte, dem Städtevergleich gewidmete Untersuchung kommt ebenfalls zu dem Ergebnis, daß zwischen der Attraktivität des Stadtzentrums und dem Grad der Autoorientierung der Stadt ein signifikanter negativer Zusammenhang besteht[4]. Städte mit der am höchsten bewerteten Attraktivität des Stadtzentrums wie Paris, Amsterdam, München, Wien, Zürich und Stockholm gehören zu denjenigen mit der geringsten Autoorientierung unter den Vergleichsstädten.

Hier läßt sich einwenden, die Kausalität könne man auch anders sehen: Weil diese Zentren so attraktiv seien, könnten sie sich eine schlechtere Pkw-Erreichbarkeit leisten. Diese Argumentation ist aber nur vordergründig richtig. Denn die Attraktivität verdankt sich hauptsächlich der Bewahrung der urbanen Qualität mit aller Angebotsvielfalt, die dazu gehört. Und

---

3 *Dieter Apel und Michael Lehmbrock*, Stadtverträgliche Verkehrsplanung. Chancen zur Steuerung des Autoverkehrs durch Parkraumkonzepte und -bewirtschaftung, Berlin 1990, Deutsches Institut für Urbanistik.

4 *Peter Newman und Jeffrey Kenworthy*, Cities and Automobile Dependence: A Sourcebook, Aldershot u.a. 1989.

dazu hat auch beigetragen, daß eine Anpassung der urbanen Stadträume an das Auto nicht oder in viel geringerem Maße stattgefunden hat. Zweitens sind diese Zentren überdurchschnittlich gut mit sehr leistungsfähigen öffentlichen Verkehrsmitteln erreichbar, und nur dadurch sind die hohen Besucherzahlen überhaupt möglich.

3. Erfolgreiche Strategien, Konzepte und Regelungen für eine positive Verkehrsentwicklung

3.1 Attraktiver öffentlicher Personenverkehr

All jene Faktoren und Bedingungen, die zur Förderung der ÖPNV-Nutzung beitragen können, sollen hier nicht im Detail aufgeführt werden. Denn dazu gibt es bereits eine umfangreiche Literatur[5]. In diesem Resümee geht es um die wesentlichen Merkmale und Bedingungen des ÖPNV-Systems in den Untersuchungsstädten, die die Nutzungshäufigkeit so stark über das in vergleichbaren westdeutschen Städten übliche Maß angehoben haben. Als Frage formuliert: In welchen Merkmalen unterscheiden sich die ÖPNV-Systeme und die gesellschaftlichen Rahmenbedingungen der Untersuchungsstädte von denen westdeutscher Städte?

Aus den Fallstudien, aus persönlichen Eindrücken vom Verkehrsgeschehen in vielen europäischen Städten und aus zahlreichen Expertengesprächen schälen sich folgende Merkmale und Bedingungen als wesentliche Faktoren für intensivere ÖPNV-Nutzung heraus:

- Vorrang für den Schienenverkehr,
- räumliche und zeitliche Dichte des Angebots,
- freie Bahn für Straßenbahnen und Busse,
- Comeback der Straßenbahn als moderne Stadtbahn,
- Kundeninformation und finanzieller Anreiz durch Tarifsystem.

3.1.1 Vorrang für den Schienenverkehr

In sieben von neun Fallstudienstädten wurden und werden Ausbau und Erweiterung der Schienenverkehrssysteme vorangetrieben, im städtischen Bereich vorwiegend als moderne Straßenbahn auf eigenem Bahnkörper (Stadtbahn), im herkömmlichen Stadtstraßenraum auf autoverkehrsfreier Gleistrasse, im Stadt-Umland-Bereich als S-Bahn und Eisenbahn-Nah-Schnellverkehr. Darüber hinaus gibt es neuere Entwicklungen in Form von flexiblen Zweisystem-Konzepten, die in der Stadt als Straßenbahn und ins Umland hinaus als Schnellbahn auf vorhandenen Eisenbahnstrecken verkehren können.

In allen Fällen haben Ausbau und Erweiterung von Stadtbahnstreckennetzen, also die Umstellung von Bus- auf Schienenverkehr, beträchtliche Zunahmen der Fahrgastzahlen in Höhe von 20 bis 40 Prozent oder mehr erbracht. Die größere Attraktivität des Schienenverkehrs gegenüber dem Bus liegt vor allem im höheren Fahrkomfort. Daneben spielen die op-

---

5 Zu den m.E. wichtigsten Veröffentlichungen gehören: *Vereinigung der Stadt-, Regional- und Landesplaner (Hrsg.)*, Umweltorientiertes Verkehrsverhalten - Ansätze zur Förderung der ÖPNV-Nutzung, Bochum 1990; *Heiner Monheim und Rita Monheim-Dandorfer*, Straßen für alle. Analysen und Konzepte zum Stadtverkehr der Zukunft, Hamburg 1990.

tische Präsenz der Verkehrslinie, das klarere Liniennetz, die größere Schnelligkeit und anderes eine Rolle.

Neben der von den Fahrgästen offenbar empfundenen größeren Attraktivität des Schienenverkehrs sprechen auch einige Gründe des Allgemeinwohls für den Vorzug des Schienenverkehrs vor dem Busverkehr, wenn eine gewisse Mindestzahl von Fahrgästen garantiert ist: geringerer spezifischer Energieaufwand, weniger Luftschadstoffe, geringe Lärmimmission, weniger Unfallgefahren, höhere Kapazität, geringerer spezifischer Flächenbedarf, geringere Betriebskosten bei bestimmter Mindestauslastung (vgl. Abbildung 1).

3.1.2 Räumliche und zeitliche Dichte des Angebots

Streckennetz- und Fahrplandichte sind in den Untersuchungsstädten mit überdurchschnittlicher ÖPNV-Nutzung auffällig höher als in den meisten westdeutschen Städten vergleichbarer Größe. Offenbar ist die räumliche und zeitliche Dichte des Angebots für die Benutzer entscheidender als bisher angenommen.

Beispielsweise beträgt die Streckenlänge der Trambahn im Raum Basel, bezogen auf die Einwohnerzahl im Bedienungsgebiet der Verkehrsbetriebe, das Doppelte bis Dreifache der Streckenlänge in ähnlich großen westdeutschen Städten. Eine Ausnahme bildet lediglich das Stadtbahnnetz Karlsruhes, das dem Basels etwa ebenbürtig ist (vgl. Tabelle 32).

Eine Gegenüberstellung der ÖPNV-Angebote in Großstädten Nordrhein-Westfalens und der Schweiz, die im Zusammenhang mit der Aufstellung des Gesamtverkehrsplans des Landes Nordrhein-Westfalen erstellt wurde, hatte unter anderem zum Ergebnis, daß Streckennetzdichte, Liniennetzdichte und Haltestellendichte des gesamten ÖPNV (S-Bahn, U-Bahn, Tram, Bus) in der Stadt Zürich fast doppelt so groß sind wie z.B. in den Städten Essen und Bochum (vgl. Tabelle 33).

Bezieht man neben der räumlichen die zeitliche Angebotsdichte mit ein - die Zahl der Haltestellenabfahrten pro Quadratkilometer Siedlungsfläche und Tag ist dafür die aussagekräftigste Kennziffer -, so tritt der Unterschied zwischen Zürich und "normalen" westdeutschen Großstädten wie Essen und Bochum noch deutlicher hervor: die ÖPNV-Angebotsdichte ist danach in Zürich mehr als dreimal so hoch (vgl. Tabelle 33).

In Zürich verkehren mehr als die Hälfte aller Tram- und Buslinien während der Hauptverkehrszeit im 6-Minuten-Takt. In Düsseldorf haben dagegen weniger als die Hälfte aller Linien einen 10-Minuten-Takt, die meisten einen 20-Minuten-Takt[6]. Ein guter Taktfahrplan ist sehr wichtig, wenn der ÖPNV nicht nur auf einzelnen wenigen Achsen attraktiv sein soll, sondern flächenhaft in der Stadt Mobiliät sichern soll. Das heißt, Umsteigewartezeiten müssen gering bleiben - ein Ziel, das meistens nur durch kurze Taktzeiten erreicht wird.

Neben der Netzdichte spielt auch die Netzvermaschung eine wichtige Rolle, wenn der ÖPNV Ziele in der gesamten Stadt erreichbar machen soll. Während die Bahnen in westdeutschen Städten fast nur zentrumsgerichtete Achsen bedienen, sind in den Schweizer Städten und in Amsterdam die Trambahnnetze stärker in der Fläche vermascht (vgl. Abbildung 52).

---

[6] *Der Minister für Stadtentwicklung und Verkehr NW (Hrsg.), Gesamtverkehrsplan NW*, Düsseldorf 1990, S. 233.

Tabelle 32: Netzdichte des Straßenbahnsystems im Städtevergleich*

Stadt	Einwohner im Verkehrsgebiet[1]	Straßenbahnstreckenlänge km	Streckenlänge pro 100.000 EW km	StraßenbahnHaltestellen pro 100.000 EW
Basel	330.000	105	32	58
Karlsruhe	380.000	110	29	40
Kassel	235.000	40	17	34
Krefeld	240.000	38	16	40
Mannheim	340.000	47	14	19
Bonn	360.000	48	13	23
Braunschweig	350.000	32	9	38
Bielefeld	290.000	26	9	34
Augsburg	346.000	25	8	32
Mainz	245.000	22	9	34
Freiburg	206.000	20	10	19
				difu

*Quellen: *Verband öffentlicher Verkehrsbetriebe (Hrsg.)*, VÖV-Statistik 1989, Köln 1990; Chris Bushell (Hrsg.), Jane's Urban Transport Systems 1990, Coulsdon 1990; *International Union of Public Transport (Hrsg.)*, UITP Handbook of Public Transport, Brüssel 1985, sowie Berechnungen des Deutschen Instituts für Urbanistik.

1 Der städtischen Verkehrsbetriebe.

3.1.3 Freie Bahn für Tram und Busse

In den Fallstudienstädten mit überdurchschnittlicher ÖPNV-Nutzung ist sehr viel mehr als in üblicherweise westdeutschen Städten getan worden, um Behinderungen des Straßenbahn- und Busverkehrs durch privaten Autoverkehr und Pkw-orientierte Verkehrsregelungen zu verringern. Dazu bedurfte es in allen Fällen einer kommunalpolitischen Grundsatzentscheidung, um dem öffentlichen Pesonenverkehr Vorrang vor dem motorisierten Individualverkehr einzuräumen. Meist wurden mit langem Atem über mehrere Jahre hinweg kleinteilige bauliche und vielfältige organisatorische Maßnahmen ergriffen: eigene Bahnkörper ausgebaut, separate Gleiszonen abmarkiert, sonstige autoverkehrsfreie oder -arme Fahrwege eingerichtet, Lichtsignalanlagen umgerüstet und umprogrammiert, um "grüne Wellen" für Bahn und Bus zu ermöglichen.

Tabelle 33: Räumliche und zeitliche Dichte des ÖPNV-Angebots im Städtevergleich*

Stadtgröße Kennziffern	Essen	Bochum	Zürich
Einwohner	600.000	400.000	400.000
Streckennetzdichte km pro qkm	1,9	1,7	3,0
Liniennetzdichte km pro qkm	3,1	2,5	4,9
Haltestellendichte pro qkm	3,4	3,8	5,6
Dichte der Haltestellen- abfahrten pro Werktag und qkm	680	460	2.440
Summe der Kurspaare an den Linienquerschnitten pro Stunde[1] Hauptverkehrszeit Nebenverkehrszeit Spätverkehrszeit	176 160 81	92 85 41	408 294 177

*Quelle: Metron und Socialdata (Hrsg.), Trendwende zum ÖPNV im Ruhrkorridor. Berichtsband, Windisch und München 1989 (unveröffentlicht).

1 Im Stadtgebiet. Sie stellt quasi die Summe der Haltestellenabfahrten im Stadtgebiet dividiert durch die Zahl der Haltestellen dar.

Entscheidend dabei war, daß in der Schweiz, den Niederlanden und Skandinavien nicht die autoorientierte Maximalforderung nach jeweils mindestens zwei Fahrspuren beiderseits eines separaten Gleisbereichs in Straßenmittellage erhoben wurde; diese hat nämlich in westdeutschen Städten entweder Beschleunigungsprogramme verhindert oder zu städtebaulich bedenklichem Straßenausbau auf Kosten von Trottoir, Radwegen, Bäumen oder Vorgärten geführt. Ferner wurden in den niederländischen und schweizerischen Fallstudienstädten intelligente Verkehrsregelungen für schmale Straßen erfunden, die bei gemeinsamer Fahrspur von Bahn und Auto Behinderungen für die Tram weitgehend verhindern (z.B. durch Verkehrsmengenbegrenzung und durch Einrichtungen, die ein Überholen der Straßenbahn durch Autoverkehr ausschließen)[7].

---

7 Vertiefung des Themenbereichs "Systembeschleunigung von Bussen und Bahnen" bei Monheim/Monheim-Dandorfer, 1990, S. 468 ff.

Abbildung 52: Stadtbahnnetz Hannover und Straßenbahn-/Metronetz Amsterdam im Vergleich*

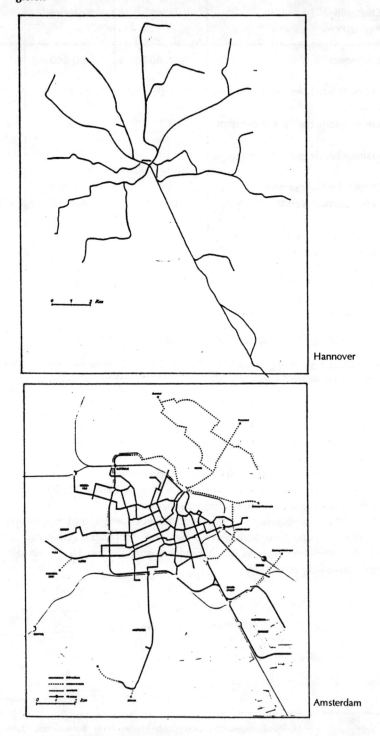

*Quelle: Darstellung des Deutschen Instituts für Urbanistik.

3.1.4 Comeback der Straßenbahn als moderne Stadtbahn

Der äußerst hohe Kostenaufwand für U-Bahn-Bau und der dadurch bedingte geradezu schleppende Baufortschritt (in einem Jahrzehnt läßt sich kaum mehr als ein Fünftel eines minimalen Gesamtnetzes einer Stadt erstellen) führten in allen Untersuchungsstädten zu einer Revision der Schienenverkehrskonzepte. Einige Großstädte stellten den U-Bahn-Bau ganz ein (z.B. Amsterdam), andere modifizierten die ursprünglichen Pläne zugunsten der Erweiterung und der Beschleunigung der Straßenbahnsysteme zu modernen Stadtbahnen. Der Erfolg der neuen Stadtbahnsysteme übertraf alle Erwartungen: Bei allen Eröffnungen von neuen Linien gab es starke Fahrgastzuwächse des ÖPNV; die öffentlichen Verkehrsmittel der größeren Schweizer Städte mit Trambahnnetzen (Zürich, Basel, Bern) werden, bezogen auf die Einwohnerzahl, viel stärker frequentiert als der ÖPNV in westdeutschen U-Bahn-Städten. Angesichts dieser ermutigenden Ergebnisse kam es zu zahlreichen Trambahnerweiterungen und Neueinrichtungen in europäischen und nordamerikanischen Städten (Nantes, Grenoble und Reims in Frankreich, Portland, San Diego, Sacramento, Buffalo, Edmonton in Nordamerika)[8].

Eine der ersten Städte in den USA, die sich für den kompletten Neubau eines Stadtbahnnetzes entschieden, war Portland (rund 400.000 Einwohner) im Bundesstaat Oregon. Seit 1986 ist die erste 23 Kilometer lange Strecke mit großem Erfolg in Betrieb. Die in der Hauptgeschäftsstraße der Innenstadt wie eine Straßenbahn geführte Stadtbahn ist zu einem neuen Motor im wirtschaftlichen Leben der Stadt und des Umlands geworden. Entlang der Trasse wurde bereits mehr als das Dreifache der Baukosten in private und öffentliche Vorhaben investiert: insgesamt rund 700 Millionen Dollar in 44 Einzelobjekte[9].

Wie kam es zu dem Comeback der Straßenbahn als moderne Stadtbahn? Welches sind die wesentlichen Systemvorteile dieses Stadtverkehrsmittels?

- Die Straßenbahn/Stadtbahn ist ein leistungsfähiges Verkehrsmittel bei geringem Flächenbedarf. Die Beförderungskapazität einer Stadtbahn kann im Extremfall bis zu der einer U-Bahn (20.000 Personen pro Stunde und Richtung) ausgeweitet werden. Eine Tram in ihrer schnellen, modernen Version, ausgestattet mit separatem Fahrweg und Vorrangschaltung an den signalgeregelten Kreuzungen, hat nichts mit der "zockelnden" Straßenbahn der Vor- und Nachkriegszeit zu tun. Die Reisegeschwindigkeit ist nur wenig niedriger als die einer U-Bahn, wenn gleiche Haltepunktabstände zugrunde gelegt werden.
- Die Straßenbahn/Stadtbahn ist ein wirtschaftlich günstiges Verkehrsmittel. Die Kosten für einen Kilometer U-Bahn-Bau reichen im Mittel für 10 bis 20 Kilometer Stadtbahnausbau oder -neubau. Die Betriebskosten sind bei einer beschleunigten Tram geringer als bei der U-Bahn und in der Regel auch geringer als beim Bus.
- Ein Straßenbahnstrecken- und -liniennetz kann sehr viel schneller und preiswerter als ein U-Bahn-System an veränderte Fahrgastströme und -wünsche angepaßt werden.
- Ein Straßenbahnnetz kann schon aus Kostengründen engmaschiger als ein U-Bahn-Netz angelegt werden und bietet damit eher Möglichkeiten zu Kreuzungen und Verzweigungen. Dadurch ist eine bessere Erschließung des Stadtgebiets möglich; die Wege zu den

---

8   Näheres dazu: *Reinhart Köstlin und Hellmut Wollmann (Hrsg.)*, Renaissance der Straßenbahn, Basel u.a. 1987.
9   *Ludwig Schönefeld*, Portlands Stadtbahn wieder auf Erfolgskurs, in: Stadtverkehr, H. 11-12 (1989), S. 26.

Haltestellen sind kürzer, und die Notwendigkeit zum Umsteigen besteht weniger häufig als beim U-Bahn-System. Daher sind die Fahrgäste auf kurzen und mittleren Wegen (etwa 1 bis 6 Kilometer) bei einem Stadtbahnnetz in der Regel schneller am Ziel als bei einem U-Bahn-Netz.

- Die Straßenbahn kann besser als die anderen öffentlichen Verkehrsmittel in den Straßenraum eingefügt werden. Straßenbahnspuren benötigen weniger Platz als Busspuren und werden von Autofahrern eher respektiert. Straßenbahnen können durch ihre sichtbare Spurführung relativ gefahrlos durch Fußgängerbereiche geführt werden (z.B. Bremen, Freiburg, Karlsruhe, Kassel, Würzburg, Zürich). Die Gleise können aber auch in Rasenflächen eingebettet werden (z.B. Basel, Freiburg, Hannover, Karlsruhe, Würzburg, Zürich).
- Ein Stadtbahnsystem kann bei Nutzung von Niederflurfahrzeugen und gering erhöhten Bahnsteigen behindertenfreundlich und für alle Nutzer bequem gestaltet werden. Bei der U-Bahn ist das nicht der Fall. Aus Kostengründen kann stets nur ein Teil der Zugänge mit Fahrtreppen und Aufzügen ausgestattet werden; diese sind zudem wegen technischer oder mutwilliger Störungen relativ häufig nicht nutzbar.
- Die Straßenbahn/Stadtbahn ermöglicht das Erleben der Stadt und die Orientierung in der Stadtlandschaft, was durch die U-Bahn erschwert wird. Die Bedeutung der Straßenräume für das Bewußtsein des Städters ist spätestens seit Kerin Lynschs "The Image of the City" bekannt. Die Stadtbahn zieht Menschen in die Straßenräume und nicht in die unterirdischen Bahnhöfe ab. Sie liefert damit einen Beitrag zur Urbanität. Und sie schafft damit "Augen auf den Straßen", wie Jane Jacobs[10] sagen würde, also auch einen Beitrag zur Sicherheit auf den abendlichen Straßen und Plätzen.
- Der ÖPNV kann sich nur schwerlich als das Hauptverkehrsmittel darstellen und im Bewußtsein der Menschen einprägen, wenn er wie bei der U-Bahn in den Untergrund abgedrängt ist und in den Straßenräumen das Auto dominiert. Die Stadtbahn ist dagegen im Stadtraum präsent, und der Vorrang vor dem motorisierten Individualverkehr, den sie erhält, wird unmittelbar erlebt. Daß z.B. die Tram in Zürich aufgrund des dichten Streckennetzes und des dichten Fahrplantakts - vor allem in der Innenstadt, wo die Bahnen mitunter im Minutenabstand verkehren - ganz offenkundig im öffentlichen Straßenraum stark präsent ist, wird als ein sehr wichtiger Grund neben anderen für die hohe Nutzungshäufigkeit des ÖPNV in Zürich angesehen[11].

3.1.5 Tarifsystem und Kundeninformation

Wichtiger Anreiz für eine Ausweitung der ÖPNV-Nutzung war die Einführung eines einfachen, preiswerten Tarifsystems, des "Umweltabos", einer rund um die Uhr gültigen und auf andere Personen übertragbaren Monatskarte zu einem attraktiven Preis, wie sie 1984 von Basel als erster Stadt eingeführt wurde.

Der alle Erwartungen übertreffende Erfolg (1990 besaßen in Basel und Zürich mehr Bürger ein Umweltabo als ein Auto) hat damit deutlich gemacht, daß ein Tarifsystem vor allem zwei Eigenschaften haben muß: einfach und preiswert. Das Prädikat "einfach" ist bewußt

---

[10] Jane Jacobs, Tod und Leben großer amerikanischer Städte, Berlin 1963.
[11] Willi Hüsler, Zürich - Ein Verdichtungsraum schafft sich Luft, S. 26. Siehe auch Karl Klühspies, Verkehrsentwicklungsplanung Region Berlin - Projekt Straßenbahn, München, Dezember 1990 (unveröffentlicht); Monheim/Monheim-Dandorfer, 1990, S. 431 ff.

zuerst genannt. Es ist entscheidend für die Erleichterung des Zugangs zur Nutzung des ÖPNV (keine Abschreckung durch komplizierte Tarifzonen, fehlendes Kleingeld, Ärger mit Ticketautomaten usw.). Zur Einfachheit gehört auch eine gewisse Großzügigkeit, die sich offensichtlich bezahlt gemacht hat. So wird in Basel und Zürich darauf verzichtet, das ermäßigte Umweltabo für Schüler, Lehrlinge und Studenten erst nach Vorlage von Ausweis, Lichtbild und Bescheinigungen auszustellen, sondern man gewährt großzügig allen Jugendlichen bis zum 25. Lebensjahr das ermäßigte Umweltabo. Das erspart den Schülern und Studenten bürokratische Hemmnisse, und für die ins Berufsleben eintretenden Jugendlichen ist es ein Anreiz, beim ÖPNV zu bleiben.

Schließlich kann Kundeninformation um so eher erfolgreich sein, je einfacher die Botschaft ist, die es zu vermitteln gilt[12].

3.2 Umweltverbund von Bahn, Bus, Fahrrad und Gehen

Zweck der Einrichtung eines attraktiven ÖPNV oder der Förderung der Fahrradnutzung ist nicht, um jeden Preis so viele Menschen wie möglich auf das eine oder andere Verkehrsmittel zu bringen. Vielmehr soll ein geeignetes Zusammenwirken der drei stadt- und umweltverträglichen Verkehrsarten (Fußgänger-, Fahrrad- und öffentlicher Verkehr) geschlossene Wegeketten ermöglichen, also annehmbare Alternativen zur Autonutzung bieten. Dies wird um so eher gelingen, je besser die spezifischen Vorteile, die die drei Verkehrsarten in jeweils unterschiedlichen Einsatzbereichen des Stadtverkehrs haben, dabei genutzt werden.

In den Fallstudienstädten spielt die Kooperation des Umweltverbunds schon jetzt eine wichtige Rolle[13]. In den Niederlanden und zum Teil auch in der Schweiz ist der Verbund von Bahn und Fahrrad ebenfalls schon weit entwickelt. Hervorragend organisierte und mit dem Rad direkt erreichbare Fahrradstationen an den Bahnhöfen (Aufbewahrung, Verleih, Reparatur) sind sehr erfolgreich. Mehr als die Hälfte der Bahnreisenden in den Niederlanden kommt mit dem Rad zum Bahnhof. Am Hauptbahnhof in Münster in Westfalen wird jetzt ein ähnliches Projekt realisiert. Auch im Umland von Hannover kommen an einzelnen Bahnhöfen bis zu 50 Prozent der Bahnkunden mit dem Rad angereist.

Größere Aufmerksamkeit wurde bisher in der Schweiz einer fußgängerfreundlichen Gestaltung der Bahnhöfe und der Führung der Wege zu den Bahnhöfen bzw. Haltestellen gewidmet. Dabei wird insbesondere auch der stadtstrukturelle Zusammenhang beachtet, nämlich daß Bahnhöfe und Haltestellen nicht nur Verkehrsknoten sind, sondern als Verkehrsknoten zwischen Schienen- und nichtmotorisiertem Verkehr auch bevorzugte Standorte publikumsintensiveren Gewerbes (Läden, Gaststätten und ähnliches). Gute Bahnhofszugänge für den Langsamverkehr (Fußgänger und Radfahrer) stärken also nicht nur den Umweltverbund, sondern auch die Siedlungsqualität[14].

Im Zielkonflikt damit stehen neuerdings vorgetragene Konzepte, Park and Ride quantitativ stark auszuweiten (VW-Konzern, Hannover-Messe 1990). Denn hier geht es nicht darum, Bahnhöfe und Verkehrsknoten zu urbanen Zentren weiterzuentwickeln und die Bahnhofs-

---

12 Vertiefung bei *Monheim/Monheim-Dandorfer*, S. 415 ff.
13 Vgl. das Motto des Generalverkehrsplans Kassel: *Stadt Kassel (Hrsg.)*, Vorfahrt für den Umweltverbund. Konzeption von Werner Brög, Kassel, Dezember 1988.
14 *Hans Boesch*, Der Fußgänger als Passagier, Zürich 1989, Institut für Orts-, Regional- und Landesplanung ETH (ORL-Bericht 73/1989).

umgebung kompakt mit Wohn- und Arbeitsstätten zu bebauen, um möglichst kurze Wege zu den Bahnen zu ermöglichen. Park and Ride heißt hier hingegen öde Großparkplätze oder Parkhäuser, was nicht nur die Zugänglichkeit für die entferungsempfindlichen Verkehrsarten erschweren würde, sondern auch eine Konkurrenz für Zubringer-Buslinien darstellt, die bei einigermaßen attraktivem Taktfahrplan ohnehin an zu geringer Auslastung leiden. Park and Ride hat durchaus eine Rolle in einem stadtverträglichen Verkehrssystem für eine Stadtregion zu spielen, wenn es an der richtigen Stelle eingesetzt wird: z.B. an kleineren Bahnhöfen im Stadtumland, bei denen wegen zu geringer Siedlungsdichte ein Zubringerbus nicht in Frage kommt und die Wege zum Gehen und Radeln zu weit sind[15].

3.3 Innenstadtkonzept und Parkierungsregelungen

In wohl allen Fallstudienstädten waren die straßenräumliche Umgestaltung und die Neuorganisation des Verkehrssystems der Innenstadt wichtige Beiträge zur Beeinflussung des Verkehrsverhaltens, auch wenn recht unterschiedliche Konzepte verfolgt worden sind. Übereinstimmung bestand und besteht bei folgenden verkehrsbezogenen Zielsetzungen:

- Erreichbarkeit und Aufenthaltsqualität der Innenstadt sollen bewahrt und verbessert werden.
- Dazu wird eine Beeinflussung der Verkehrsmittelwahl als notwendig angesehen. Dieser Wandel soll durch ein besseres ÖPNV-Angebot, bessere Bedingungen für Fahrrad- und Fußgängerverkehr und durch Steuerung des Parkraumangebots herbeigeführt werden.
- Das Parkraumangebot soll auf den "essentiellen Autogebrauch" gerichtet sein, das heißt, der notwendige Wirtschaftsverkehr, die Behinderten und die Anwohner erhalten Vorrang. Das Parkraumangebot für Kunden und Besucher soll nicht ausgedehnt, das für Berufspendler soll stark verringert werden.
- Baumpflanz- und Aufenthaltsbereichen soll wieder mehr Straßenfläche gewidmet und Fußgängerbereiche sollen ausgedehnt werden.

Nach anfänglichen unterschiedlichen Regelungen für Teilbereiche haben einige Untersuchungsstädte die Parkraumbewirtschaftung zu einem einheitlichen und einfacheren System für die gesamte Innenstadt weiterentwickelt:

- Das geregelte Gebiet reicht über die City hinaus und umfaßt die gesamte Innenstadt.
- Parkplätze im öffentlichen Straßenraum werden restlos bewirtschaftet. Dabei werden nur noch wenige Regelungsarten unterschieden,
  - ▲ gebührenpflichtige Kurzzeitparkplätze (Parkautomaten),
  - ▲ Anwohnerbevorrechtigungen,
  - ▲ für Behinderte reservierte Plätze und
  - ▲ spezielle Lieferzonen.
- Die Einführung der Parkraumbewirtschaftung wurde mit einer Neuaufteilung der Straßenfläche, zum Teil auch mit baulicher Umgestaltung gekoppelt. Unklare oder schwer zu kontrollierende Situationen wie eingeschränkte Halteverbote wurden aufgehoben, gegen illegales Parken Poller eingebaut. Die Zahl illegaler, aber auch legaler Parkmöglichkeiten wurde dadurch erheblich reduziert.
- In einigen der Fallstudienstädte wurde mit fortschreitender Entwicklung der Parkraumbewirtschaftung nach anfänglich geringen Erfolgen schließlich eine effektivere Parkie-

---

15 Vertiefung zum Umweltverbund bei *Monheim/Monheim-Dandorfer*, S. 330 ff.

rungskontrolle eingeführt durch Personalverstärkung und strengere Ahndung (höhere Bußgelder, Abschleppen, Radklemmen).

Ein geschlossenes Konzept für Städtebau und Verkehr der Innenstadt, das bereits weitgehend realisiert ist, findet sich eher in mittelgroßen Städten, wie z.B. in Freiburg und Göttingen[16]: Fast die gesamte Innenstadt ist Fußgängerbereich; Straßenbahn- und Busstrecken sowie Fahrradrouten sind integriert; sie können also die Innenstadt zentral erschließen und auf kurzem Weg durchqueren; Parkhäuser befinden sich vorwiegend am Rand in der Nähe der umgebenden Verkehrsstraße.

Ein grundsätzlich anderes Verkehrsregelungskonzept wurde in der erheblich größeren Altstadt Bolognas verfolgt: Die Zufahrtsmöglichkeit in die Altstadt ist auf bestimmte festgelegte Verkehrszwecke und Nutzergruppen beschränkt worden. Ein ähnliches Modell wurde in Lübeck entwickelt, erprobt und weitergeführt[17]. Solche oder ähnliche Regelungen werden zukünftig sicherlich noch stark an Bedeutung gewinnen.

3.4 Vermittlung der kommunalen Verkehrspolitik

Durch die Fallstudien wurde auch hinreichend deutlich, daß der Erfolg kommunaler Verkehrspolitik in der Regel nicht auf der Realisierung einzelner isolierter Maßnahmen beruht - ein Wandel des Verkehrsverhaltens setzt vielmehr die Überzeugungskraft ganzheitlicher Konzepte voraus. Es ist nämlich zu bedenken, daß "auch Verkehrsverhalten 'erlernt' ist, somit also Produkt bzw. Ausdruck allgemeinen sozialen Verhaltens, gesellschaftlicher Verhaltensleitbilder und gesamtgesellschaftlicher Wertvorstellungen ist"[18].

Meines Erachtens waren zur Stärkung der Akzeptanz umwelt- und stadtverträglicher Verkehrsmittel in den Untersuchungsstädten folgende drei Faktoren wesentlich:

- Integration aller Einzelmaßnahmen und Regelungen in ein umfassendes, klares, gesamtstädtisches Konzept;
- eine intensive kommunalpolitische Debatte sowie breite öffentliche Information und Beteiligung der Bürger bei der Festlegung der Planungsziele und der vorgeschlagenen Projekte;
- Persönliches Engagement führender Kommunalpolitiker und Verwaltungsangehöriger für ein klares, konsequentes Konzept und ihre auch durch persönliches Verkehrsverhalten begründete Glaubwürdigkeit.

Neben der Entwicklung eines überzeugenden kommunalen Gesamtkonzepts ist also die generelle und nachhaltige Verbesserung der öffentlichen Bewußtheit ("public awareness")[19] ebenso wichtig. Informieren, Vermitteln, Bewußtmachen sind Aufgaben, die aber auch spezielle Kompetenzen und Arbeitsfelder in der planenden Verwaltung erfordern. Kommunikationswissenschaftler sind ebenso wichtig wie Ingenieure.

---

16 *Klaus Boie*, Die Entwicklung der Göttinger Innenstadt. Planungsleitbild 1988, Göttingen 1989.
17 *Senat der Hansestadt Lübeck* (Hrsg.), Autofreie Innenstadt, Lübeck 1990.
18 *Klaus J. Beckmann*, Beeinflussung des Verkehrsverhaltens durch Öffentlichkeitsarbeit, in: Vereinigung der Stadt-, Regional- und Landesplaner (Hrsg.), Umweltorientiertes Verkehrsverhalten, Bochum 1990, S. 100.
19 *Werner Brög*, Grundzüge des Public Awareness (PAW) Konzeptes, in: Vereinigung der Stadt-, Regional- und Landesplaner (Hrsg.), Umweltorientiertes Verkehrsverhalten, Bochum 1990, S. 135 ff.

4. Verkehrspolitische Rahmenbedingungen

Die Fallstudien haben ferner deutlich werden lassen, daß umweltorientierte und ökonomisch vertretbare kommunale Verkehrspolitik auch der Unterstützung durch entsprechende staatliche Rahmenbedingungen bedarf. Abbau steuerlicher Begünstigung der Autonutzung, Anwendung des Verursacherprinzips auch im Personen- und Güterverkehr, eine zeitgemäße gesetzliche Regelung der Verantwortlichkeit für den ÖPNV und der Finanzierung der öffentlichen Verkehrssysteme, die laxe Handhabung oder auch Nichtbeachtung von Verkehrsdelikten, welche die Umwelt- und Lebensqualität in der Stadt zunehmend mindern. Der staatliche Handlungsbedarf ist mittlerweile beachtlich. Wenn sich hier bei Land, Bund und der Europäischen Gemeinschaft nichts ändert, werden die kommunalen Bemühungen nur begrenzten Erfolg haben können. Das "Stockholmer Modell" einer Straßenbenutzungsgebühr war m.E. Ausdruck der Erkenntnis einer Kommune, die sich am Ende ihrer Möglichkeiten angekommen sah. Auf staatlicher oder EG-Ebene sind folgende Bereiche vordringlich zu regeln:

Anwendung des Verursacherprinzips auch im Personen- und Güterverkehr

Verschiedene Untersuchungen haben gezeigt, daß der Kraftfahrzeugverkehr nur einen kleinen Teil der von ihm verursachten volkswirtschaftlichen und ökologischen Kosten selbst trägt. Berechnungen der gigantischen, aber ungedeckten Kosten des gesamten Kfz-Verkehrs in der Bundesrepublik (Gebiet bis 1990) ergaben Mindestwerte im Bereich von 50 bis 85 Milliarden DM pro Jahr[20]. Nach neueren Untersuchungen liegt das Defizit für den Kraftfahrzeugverkehr in Deutschland, das nicht vom Verursacher, sondern von der Allgemeinheit getragen wird, bei rund 200 Milliarden DM im Jahr[21]. Bei Anwendung des in der Umweltpolitik grundlegenden Verursacherprinzips ergäbe sich für den Pkw- und Lkw-Verkehr daraus eine zur Kostendeckung notwendige Erhöhung der Mineralölsteuer von mindestens 1 DM bis zu 4 DM pro Liter. Für die Einführung wenigstens annähernd kostendeckender Treibstoffpreise sprechen folgende Gründe:

Erstens kommt in einer marktwirtschaftlichen Ordnung den Preisen als Regulativ zwischen Angebot und Nachfrage eine zentrale Bedeutung zu. Wenn die Preise von Waren oder Diensten (bzw. Verkehrswegen) nicht den damit verbundenen wirklichen volkswirtschaftlichen Kosten entsprechen, sind insbesondere bei konkurrierenden Angeboten (Straße, Schiene, Luftverkehr) Fehlentwicklungen die Folge.

Zweitens sind Anreize zur stärkeren Senkung des Kraftstoffverbrauchs, der mit der klimagefährdenden Kohlendioxid-Emission identisch ist, aus umweltpolitischen Gründen dringend geboten.

Drittens sind Anreize zum sparsameren Automobilgebrauch durch Umsteigen auf die öffentlichen und nichtmotorisierten Verkehrsmittel aus umwelt- und verkehrspolitischen Gründen notwendig.

---

20 *Dieter Teufel u.a.*, Die Zukunft des Autoverkehrs, Heidelberg, September 1989, Umwelt- und Prognose-Institut Heidelberg e.V.; *Werner Schulz*, Die sozialen Kosten des Autoverkehrs, in: Roads and Traffic 2000, Bd. 3, Köln 1989, S. 93 ff.; *H. Grupp*, Die sozialen Kosten des Verkehrs, in: Verkehr und Technik, H. 9 und 10 (1986); *Lutz Wicke*, Die ökologischen Milliarden - das kostet die zerstörte Umwelt, München 1986.

21 *Dieter Teufel u.a.*, Umweltwirkungen von Finanzinstrumenten im Verkehrsbereich, Heidelberg 1991, Umwelt- und Prognose-Institut Heidelberg e.V.

Und viertens ergäben sich damit sowohl eine sinnvolle Finanzierungsbasis für die notwendige grundlegende Erneuerung der gesamten Verkehrsinfrastruktur in Ostdeutschland als auch die Voraussetzung für ein schon lange fälliges, neues Finanzierungssystem des öffentlichen Nah- und Fernverkehrs in der gesamten Bundesrepublik.

Finanzierungssystem für den öffentlichen Nah- und Fernverkehr

Für den öffentlichen Verkehr ist eine zeitgemäße gesetzliche Regelung der Zuständigkeit und Finanzierung durch Bund, Länder und Gemeinden notwendig, etwa wie sie in Schweden, der Schweiz und den Niederlanden bereits besteht. Kernpunkte sind die Übernahme einer gewissen Grundfinanzierung und die Abgeltung gemeinwirtschaftlicher Leistungen durch den Bund, der mit den Einnahmen aus der vorgeschlagenen Umweltabgabe auf die Mineralölsteuer dazu in der Lage wäre. Ferner sollten die öffentlichen Verkehrsunternehmen von der Umsatzsteuer befreit und von der Mineralölsteuer teilweise entlastet werden.

Abbau steuerlicher Begünstigung der Autonutzung

Das steuerliche Absetzen der Fahrtkosten zum Arbeitsplatz sollte - wie schon seit längerem gefordert wird und in einigen europäischen Staaten üblich - verkehrsmittelneutral gestaltet werden. Grundsätzlich sollten nur Fahrtkosten in Höhe des ÖPNV-Abonnements absetzbar sein. Soziale Härten könnten gemildert werden, indem bei extrem langen Fahrzeiten mit den öffentlichen Verkehrsmitteln (etwa Reisezeit über 80 Minuten) Ausnahmen zugestanden werden.

Zulassungsvorschriften für Kraftfahrzeuge

Die Zulassungsvorschriften für Kfz sollten schneller dem Stand der Technik und den Erfordernissen der Umweltvorsorge sowie der Verkehrssicherheit angepaßt werden: Schadstoffemissionen nach US-Standard, weitere Herabsetzung der Lärmwerte, serienmäßige Ausstattung mit verhaltensentlastender Technik (Restwegfahrtenschreiber, Drehzahl- und Geschwindigkeitsregelung usw.).

Sozial- und umweltverträgliche Fahrweise

In der Verkehrswissenschaft und in der kommunalen Praxis besteht Klarheit darüber, daß nur durch Dämpfung der vielerorts permanent unangepaßten Geschwindigkeiten, also durch Verringerung des generell stadtunverträglichen Temponiveaus, eine deutliche Reduzierung der Verkehrsopferzahlen und eine merkliche Verbesserung der Verträglichkeit des motorisierten Verkehrs in der Stadt erreichbar wären. Es ist daher dringend notwendig, weitergehende Geschwindigkeitsbegrenzungen inner- und außerorts bundesweit einzuführen (etwa entsprechend dem Vorschlag des Deutschen Städtetages von 1989), die Maßnahmen mit einer intensiven Öffentlichkeitsarbeit zu begleiten, konsequent zu überwachen und Übertretungen angemessen zu ahnden.

Literatur

AB Storstockholms Lokaltrafik (Hrsg.), Metropolitan Traffic Negotiations, Presseerklärung vom 23.1.1991.

Aeschbacher, Ruedi, Zürichs Antwort auf die verkehrspolitische Herausforderung unserer Zeit, in: Studiengesellschaft Nahverkehr, Stadtverkehr 2000, Berlin und Bielefeld 1989, S. 98 ff.

Alrutz, Dankmar, Hans W. Fechtel und Juliane Krause, Dokumentation zur Sicherung des Fahrradverkehrs, BAST, Bergisch Gladbach 1979.

Amsterdam. Städtebauliche Entwicklung, Bauamt der Stadt Amsterdam 1975.

Amt für Raumplanung des Kantons Zürich (Hrsg.), Siedlungsstruktur, Zürich, Dezember 1983.

Apel, Dieter, Umverteilung des städtischen Personenverkehrs. Aus- und inländische Erfahrungen mit einer stadtverträglicheren Verkehrsplanung, Berlin 1984.

Apel, Dieter, und Michael Lehmbrock, Stadtverträgliche Verkehrsplanung. Chancen zur Steuerung des Autoverkehrs durch Parkraumkonzepte und -bewirtschaftung, Berlin 1990, Deutsches Institut für Urbanistik.

Azienda Trasporti Consorziali Bologna (Hrsg.), Bilancio di previsione 1987, Bologna 1988.

Azienda Trasporti Consorziali Bologna (Hrsg.), Conto Consuntivo 1981, Bologna 1982.

Bachmann, Peter, und Peter Leuthardt, Versuch mit Velo/Mofarouten in Basel, in: Straße und Verkehr, Nr. 8 (1981), S. 277 ff.

Basler Verkehrsbetriebe, Geschäftsbericht 1989, Basel 1990.

Batsch, Wolfgang, und Thomas Ruff, Mehr als 20 % Zuwachs an Fahrgästen seit 1981 bei der Freiburger Verkehrs AG, in: Der Nahverkehr, H. 5 (1988), S. 54 ff.

Batsch, Wolfgang, Thomas Ruff und Baldo Blinkert, Die Umweltschutzkarte in Freiburg, Pfaffenweiler 1986.

Beckmann, Klaus J., Beeinflussung des Verkehrsverhaltens durch Öffentlichkeitsarbeit, in: Vereinigung der Stadt-, Regional- und Landesplaner (Hrsg.), Umweltorientiertes Verkehrsverhalten, Bochum 1990.

Bergmeier, Rolf, Erfahrungen mit dem S-Bahn-Betrieb aus der Sicht des Kantons Zürich bzw. des Kunden. Referat in Zürich, April 1991.

Binnenstad Amsterdam. Periodieke Rapportage 1987, Dienst Ruimtelijke Ordening Amsterdam, Amsterdam 1988.

Bodenschatz, Harald, Städtische Bodenreform in Italien. Die Auseinandersetzung um das Bodenrecht und die Bologneser Kommunalplanung, Frankfurt/M. und New York 1979 (Campus Forschung, Bd. 88).

Bodenschatz, Harald, und Tilman Harlander, Sozialorientierte Kommunalpolitik an der Wende? Bologna, in: Bauwelt, H. 8 (1978), S. 295 ff.

Bodenschatz, Harald, u.a., Bologna. Texte, Protokolle, Materialien. Dokumentation der Exkursion der kooperierenden Lehrstühle für Planung an der RWTH Aachen 1974, Aachen 1975.

Boesch, Hans, Der Fußgänger als Passagier, Zürich 1989, Institut für Orts-, Regional- und Landesplanung ETH (ORL-Bericht 73/1989).

Boie, Klaus, Die Entwicklung der Göttinger Innenstadt. Planungsleitbild 1988, Göttingen 1989.

Bossow, Manfred, Öffentlicher Nahverkehr und Politik. Fallstudien über Interessenverflechtungen und -kollisionen am Beispiel der Städte Stuttgart und Freiburg, München 1980.

Bracher, Tilman, u.a., Verkehrserhebung in Berlin '86, in: Verkehr und Technik, H. 9 (1988).

Brändli, Heinrich, Planung des Personennahverkehrs in einem internationalen Dienstleistungszentrum, in: Internationale Konferenz "Umweltökonomie in der Stadt", Berlin, Januar 1989, S. 394.

Brög, Werner, Grundzüge des Public Awareness (PAW) Konzeptes, in: Vereinigung der Stadt-, Regional- und Landesplaner (Hrsg.), Umweltorientiertes Verkehrsverhalten, Bochum 1990, S. 135 ff.

Büro Hofstra, Omvang en aard van het binnenstadsbezoek, Groningen 1981.

Büro für Planungskoordination Basel-Stadt, Berufspendlerverkehr in Basel. Plädoyer für die Förderung schonender Transportarten, Basel 1986.

Bundesarbeitsgemeinschaft der Mittel- und Großbetriebe des Einzelhandels, Untersuchung "Kundenverkehr 1988". Städteauswertungen, Köln 1989.

Burmeister, Jürgen, Arnold Köth und Oliver Schrott, Zum Bertoldsbrunnen mit Bus und Bahn. Stadtverkehr in Freiburg, Düsseldorf 1988.

Bushell, Chris (Hrsg.), Jane's Urban Transport Systems 1990, Coulsdon 1990.

Debold, Peter, und Astrid Debold-Kritter, Die Planungspolitik Bolognas. Stadtentwicklung und Stadterhaltung, in: Bauwelt, H. 8 (1978), S. 1112 ff.

Dienst Ruimtelijke Ordening (Hrsg.), AVERIMO, Amsterdam 1980.

Drechsler, Georg, Beispiel Karlsruhe: Ausbau des Straßenbahn-/Stadtbahnnetzes in der Stadt und der Region Karlsruhe, in: Renaissance der Straßenbahn, Basel 1987, S. 297 ff.

Drechsler, Georg, Zweisystem-Fahrzeug "Karlsruhe" für den durchgehenden Einsatz auf DB- und Stadtbahnstrecken, in: Nahverkehrsforschung '89, Ottobrunn 1989, S. 107 ff.

Droste, Manfred, Ausländische Erfahrungen mit Möglichkeiten der räumlichen und sektoralen Umverteilung des städtischen Verkehrs, Bonn 1978 (Städtebauliche Forschung, Bd. 03.063).

Formaglini, Mauro, Case Study Bologna, in: OECD (Hrsg.), OECD Conference "Better Towns with less Traffic", Paris 1975, S. 53 ff.

Freiburger Verkehrs-AG, Wir halten Freiburg in Bewegung seit 1901, Freiburg 1989.

Frenz, Eckehard, Die Baseler Alternative, in: Der Stadtverkehr, H. 11/12 (1979)

Gemeente Amsterdam (Hrsg.), De IJ-As. Perspectief voor Amsterdam, Amsterdam 1988.

Gemeente Amsterdam (Hrsg.), "De Stad Centraal". Voorontwerp Structuurplan, Amsterdam 1982.

Gemeente Amsterdam (Hrsg.), Structuurplan Amsterdam. Deel C-Werken in Amsterdam, Amsterdam 1981.

Gemeente Amsterdam (Hrsg.), Verkeerscirculatieplan Amsterdam 1985, Amsterdam 1985.

Gemeente Groningen (Hrsg.), Binnenstadsverkeer Bezien, Evaluatie VCP, Groningen, Dezember 1981.

Gemeente Groningen (Hrsg.), Nota Fietsvoorzieningen, Groningen 1986.

Gemeente Groningen (Hrsg.), Structuurplan, Groningen, Dezember 1987.

Gemeentevervoerbedrijf Amsterdam (Hrsg.), Twee railprojecten in Amsterdam, Amsterdam 1987.

Generalverkehrsplan der Stadt Freiburg im Breisgau. Fortschreibung 1979, München 1979.

Göbel, Norbert, Freiburg. Kommunalpolitische und verwaltungstechnische Durchsetzung der Verkehrsumverteilung, in: Fahrrad, Stadt, Verkehr. Tagungsband zum internationalen Kongreß, Darmstadt 1988, ADFC, S. 102 ff.

Göbel, Norbert, Umweltorientierte, integrierte Gesamtverkehrskonzeption - gezeigt am Beispiel der Stadt Freiburg i. Br., Kurzbericht im Seminar des Instituts für Städtebau (Berlin), Göttingen, September 1990.

Göbel, Norbert, Verkehrspolitik - Das Beispiel Freiburg im Breisgau, in: Busso Grabow und Rolf-Peter Löhr (Hrsg.), Einzelhandel und Stadtentwicklung, Berlin 1991, S. 55 ff. (Difu-Beiträge zur Stadtforschung, Bd. 1).

Gout, Patricia, Beschränkung des Autoverkehrs in Bologna, in: Monatsbericht Arbeitsbereich Verkehr des ILS, H. 11 (1990).

Großer Rat des Kantons Basel-Stadt, Bericht betreffend weitere Förderung des Veloverkehrs, Basel, Dezember 1987.

Grupp, H., Die sozialen Kosten des Verkehrs, in: Verkehr und Technik, H. 9 und 10 (1986).

't Hart, Maarten, "Onderweg", in: Verkeerskunde, H. 2 (1977), S. 68 ff.

Hermann, Walter, Erfahrungsbericht der Verkehrsbetriebe Schaffhausen, in: Entwicklungschancen des öffentlichen Personennahverkehrs in Vorarlberg. Seminar in Lustenau, Juli 1990.

Hotz, Peter, Mit dem Velo zur Zürcher S-Bahn, in: Verkehr und Technik, H. 12 (1986), S. 493 ff.

Hotz, Peter, Mit dem Velo zur S-Bahn. Behördendelegation für den Regionalverkehr, Zürich 1986.

Hüsler, Willi, Schweizer Erfahrungen mit Imagewerbung und Tarifangeboten im öffentlichen Personennahverkehr, Metron, Windisch 1987.

Hüsler, Willi, Verminderung der Umweltbelastung durch verkehrsorganisatorische und verkehrstechnische Maßnahmen, Metron, Windisch, August 1987.

Hüsler, Willi, Zürich - ein Verdichtungsraum schafft sich Luft, in: Verkehr, Mensch, Umwelt, ZATU e.V., Nürnberg 1990.

Hüsler, Willi, Zusammenhänge von Verkehrsplanung und Raumordnung, in: Zukunft des Verkehrswesens, Gesamthochschule Kassel, Kassel 1986, S. 16 ff.

Hufbauer, Rüdiger, Radverkehrskonzept der Stadt Freiburg, in: Metron Verkehrsplanung (Hrsg.), Veloforum '90, Windisch 1990.

Hurenkamp, H.G., Onderzoek naar veranderingen in voetgangersgedrag in de binnenstad von Groningen, Groningen 1980.

Huyink, W.G.M., Fietsbeleid in de Gemeente Groningen, in: Verkeerskunde, H. 5 (1988), S. 237 ff.

IG Velo, Veloinitiative Basel-Stadt, Basel 1985.

International Union of Public Transport (Hrsg.), UITP Handbook of Public Transport, Brüssel 1985.

Jaarsverslag 1987, Dienst Parkeerbeheer 1987, Amsterdam 1988.

Jax, Lothar, Anspruch und Verwirklichung der Bürgerbeteiligung in der Stadtplanung. Das Modell dezentraler Stadtplanung in Bologna 1956-1987, Diss. Aachen 1988.

Joos, Ernst, Ökonomische, umweltgerechte Verkehrspolitik einer Halb-Millionen-Stadt, in: Straßen und Verkehr 2000, Internationale Straßen- und Verkehrskonferenz Berlin 1988, S. 68 (Konferenzberichte, Bd. 1 A).

Kanton Basel-Stadt (Hrsg.), Basel 75 - Hauptziele eines Stadtkantons, Basel 1975.

Kanton Basel-Stadt (Hrsg.), Basel 1986. Neue Standortbestimmung II, Basel 1986.

Kanton Basel-Stadt, Bericht des Regierungsrates zum Initiativbegehren gegen den Bau von weiteren Großparkings in der Innenstadt vom 29.8.1986.

Kanton Basel-Stadt, Baudepartement, Masterplan Bahnhof SBB Basel, Konzept 86, Basel 1986.

Kanton Basel-Stadt, Baudepartement, Neugestaltung von Straßen und Plätzen sowie neugeschaffene und ausgebaute Fußwege im Gebiet der Stadt Basel 1975-1985, Basel 1987.

Kanton Basel-Stadt, Raumordnung Basel, Basel 1983.

Kanton Basel-Stadt und Kanton Basel-Landschaft (Hrsg.), Luftreinhalteplan beider Basel, Liestal 1990.

Kanton Zürich, Luftprogramm für den Kanton Zürich. Maßnahmenplan Lufthygiene, Zürich 1990.

Kassenar, Bob, Henk Te Paske und Hugo Poelstra, Verkeerscirculatieplan Amsterdam, in: Verkeerskunde, 1976, Nr. 10, S. 486.

Kreitz, Rudolf, "Autofreie" Stadt mit 60.000 Autos, in: BAG-Nachrichten, H. 10 (1990), S. 15 ff.

Langsved, Göran, New Traffic Planning in the City of Stockholm. Vortrag bei der Friedrich Ebert Stiftung, Lissabon, April 1990.

Lee, J. van der, und W. Schoonderbreek, Milieu-effecten van invoering van het VCP Groningen, in: Verkeerskunde, H. 6 (1980).

Loessner, Arno, Das weiße Auto von Amsterdam, in: Iula-Nachrichten, Den Haag, 1976, Nr. 10.

Ludwig, Dieter, und Georg Drechsler, Stadtbahnbetrieb Karlsruhe auf ehemaliger Bundesbahn-Strecke, in: Der Nahverkehr, H. 5 (1987), S. 24 ff.

Ludwig, Dieter, und Peter Forcher, Neue Stadtbahnwagen für die Region Karlsruhe, in: Der Nahverkehr, H. 5 (1989).

Marrer, Pius, Tarifverbund Nordwestschweiz und die Stadt Basel: ein Zentrum und seine länderübergreifende Anbindung an das Umland, Basel 1990.

Matuli, Roberto, u.a., Per la Qualità dell'Ambiente Urbano, Bologna 1982.

Metron und Socialdata (Hrsg.), Trendwende zum ÖPNV im Ruhrkorridor. Berichtsband, Windisch und München 1989 (unveröffentlicht).

Minister für Stadtentwicklung und Verkehr (Hrsg.), Generalverkehrsplan Nordrhein-Westfalen, Düsseldorf 1990.

Monheim, Heiner, und Rita Monheim-Dandorfer, Straßen für alle. Analysen und Konzepte zum Stadtverkehr der Zukunft, Hamburg 1990.

Monheim, Rolf, Neue Perspektiven für Verkehrsprognosen: Fahrräder überflügeln Autos beim Weg der Studenten zur Hochschule, in: Der Städtetag, H. 8 (1984), S. 529 ff.

Monheim, Rolf, Verkehrsplanung in Erlangen, in: Verkehr und Technik, H. 5 (1990), S. 160 ff.

Newman, Peter, und Jeffrey Kenworthy, Cities and Automobile Dependence: A. Sourcebook, Aldershot u.a. 1989.

Oehler, Andreas, Verkehrspolitik der Stadt Zürich. Vortrag am 3.9.1990 in Berlin.

Oehrli, Hanspeter, Die Bevorzugung öffentlicher Verkehrsmittel an LSA, in: Verkehr und Technik, H. 4 (1987), S. 125 ff.

Oertli, Daniel, Basler Umweltschutz-Abonnement - Ei des Kolumbus oder "Bazillus Basiliensis"?, in: Der Nahverkehr, H. 1 (1986), S. 28 ff.

Ott, Ruedi, Zürcher Verkehrspolitik: Umsteigen auf umweltfreundliche Verkehrsmittel. Reduktion des individuellen Motorfahrzeugverkehrs. Referat in Hannover am 28.2.1991.

Ott, Ruedi, Freie Bahn für das Velo, in: Züri faart Velo. Die Zeitung zum Velojahr vom 6.4.1990, S. 1 ff.

Parkraumplanung in der Stadt Zürich, in: Raumplanung, H. 2 (1988), S. 9 ff.

Pfeifle, Manfred, Kordonzählung - ein Hilfsmittel zu Aussagen über die Verkehrsentwicklung?, in: Straßenverkehrstechnik, H. 2 (1988).

Pirath, Carl, und Karl Leibbrand, Die Verkehrsbedürfnisse im Personennahverkehr, in: Curt Risch und Friedrich Lademann (Hrsg.), Der öffentliche Personennahverkehr, Berlin 1987.

Pleuler, Rudolf, 75 Jahre Basler Verkehrs-Betriebe, Basel 1970.

Potz, P., Bologna. Modell einer verkehrsfreien Stadt. Vortrag im Rahmen der Italienischen Wochen der Stadt Fürth, Fürth 1990.

Preker, Walter, Gesamtverkehrskonzeption. Aktualisierter Sonderdruck aus "Stadt Nachrichten" 12/1989, Stand April 1990.

Regionalplan 90 för Stockholms län, Stockholms läns landsting, Regionalplane- och Trafikkontoret, Stockholm, Juni 1989.

Schönefeld, Ludwig, Portlands Stadtbahn weiter auf Erfolgskurs, in: Stadtverkehr, H. 11-12 (1989).

Schulz, Werner, Die sozialen Kosten des Autoverkehrs, in: Roads and Traffic 2000, Bd. 3, Köln 1989, S. 93 ff.

Schweizerische Bundesbahn SBB, Bahnhofsblatt, H. 3 (1988).

Schweizerische Bundesbahn SBB, Bahnhofsblatt, H. 1 (1990).

Schweizerische Bundesbahn SBB, Kreisdirektion III (Hrsg.), S-Bahn Zürich, Zürich 1990.

Senat der Hansestadt Lübeck (Hrsg.), Autofreie Innenstadt, Lübeck 1990.

Socialdata (Hrsg.), Mobilität in Leipzig, München 1990.

Socialdata (Hrsg.), Mobilität in beiden Teilen Deutschlands, Dresden 1990, Technische Universität Dresden.

Socialdata (Hrsg.), Mobilitäts- und Potentialuntersuchung Kassel/Helleböhn, München 1989 (unveröffentlicht).

Socialdata (Hrsg.), Zahlen und Fakten zur Mobilität, Freiburg 1990

Sonderegger, Alfons, Trauerspiel um flankierende Maßnahmen, in: S-Bahn Zürich, Extrablatt des Tages-Anzeiger vom 14.5.1990, S. 27.

Stadt Amsterdam (Hrsg.), Developing sites for building in Amsterdam, Amsterdam 1967.

Stadt Amsterdam (Hrsg.), Town planning and ground exploitation in Amsterdam, Amsterdam 1967.

Stadt Freiburg i. Br. (Hrsg.), Am Bahnhof tut sich was. Weichenstellungen ins Jahr 2000, Freiburg 1990.

Stadt Kassel (Hrsg.), Vorfahrt für den Umweltverbund. Konzeption von Werner Brög, Kassel, Dezember 1988.

Stadt München (Hrsg.), Gesamtverkehrsplan Münster, Münster 1988.

Stadt Zürich, Lufthygiene, Energie und Verkehr, INFRAS, Zürich, Dezember 1987.

Sozialorientierte Stadterhaltung als politischer Prozeß. Praxisberichte und Analysen zu Reformprojekten in Bologna und ausgewählten deutschen Städten, hrsg. von den kooperierenden Lehrstühlen für Planung an der RWTH Aachen, Köln u.a. 1976.

Der Stadtrat von Zürich, Zur Verkehrspolitik der Stadt Zürich, Zürich, August 1987.

Stadtverkehrsplanung. Teil 1: Dieter Apel und Klaus Ernst, Mobilität. Grunddaten zur Entwicklung des städtischen Personenverkehrs, Berlin 1980, Deutsches Institut für Urbanistik.

Stadtwerke Karlsruhe, Verkehrsbetriebe, 100 Jahre Straßenbahn Karlsruhe 1877-1977, Karlsruhe 1977.

Städtische Verkehrsbetriebe Karlsruhe (Hrsg.), Die Karlsruher Verkehrsbetriebe, Karlsruhe 1972.

Steger, Gerhard, Vom Stadtbahnnetz zur Ein-Linien-Metro, in: Bus und Bahn, H. 2 (1981), S. 12 ff.

Stichting Toekomstbeeld der Techniek (Hrsg.), Stedelijk Verkeer en vervoer Langs Nieuwe Banen, Den Haag 1976.

Stockholms City Streets and Traffic Administration (Hrsg.), Traffic Planning in Stockholm, Stockholm 1981.

Stockholm Stadsbyggnadskontor (Hrsg.), Planeringsunderlag. Bilaga 1 till Förslag 89. Öbersiktsplan för Stockholms Stad, Stockholm 1989.

Stockholms Kommun (Hrsg.), Pendling i Stockholm län, Stockholm 1985.

Stuurgroep Vervoerregio Groningen (Hrsg.), Raamplan Vervoerregio Groningen, Groningen, April 1990.

Teufel, Dieter, u.a., Umweltwirkungen von Finanzinstrumenten im Verkehrsbereich, Heidelberg 1991, Umwelt- und Prognose-Institut Heidelberg e.V.

Teufel, Dieter, u.a., Die Zukunft des Autoverkehrs, Heidelberg, September 1989, Umwelt- und Prognose-Institut Heidelberg e.V.

Topp, Hartmut H., Erfahrungen mit "Umwelt-Abos" im öffentlichen Personennahverkehr in schweizerischen und deutschen Städten, in: Verkehr und Technik, H. 9 (1987).

Tressel, R., Das Verkehrsverhalten von Studenten, in: Stadt Freiburg, Stadtverkehr wohin?, Mai 1990, S. 55 ff. (Sonderberichte des Amtes für Statistik).

Trüb, Walter, 80 Jahre Zürcher Straßenbahn, Zürich 1968.

Tschopp, Jürg, Velo und öffentliche Verkehrsmittel im Tarifverbund Nordwestschweiz, in: Metron Verkehrsplanung (Hrsg.), Veloforum '90, Windisch 1990, S. 49 ff.

Üeltschi, René, Positives Beispiel Basel: Lösungsansätze zur Attraktivitäts-Steigerung der öffentlichen Verkehrsmittel, in: Reinhart Köstlin und Hellmut Wollmann (Hrsg.), Renaissance der Straßenbahn, Basel 1987.

Ulram, Peter A., Zwischen Bürokratie und Bürger. Sozialistische Kommunalpolitik in Wien, Stockholm und Bologna, Wien 1978.

Umlandverband Frankfurt (Hrsg.), Generalverkehrsplan Umlandverband Frankfurt, Frankfurt/M. 1984.

Verband öffentlicher Verkehrsbetriebe (VÖV), Statistik '81, Köln 1982.

Vereinigung der Stadt-, Regional- und Landesplaner (Hrsg.), Umweltorientiertes Verkehrsverhalten - Ansätze zur Förderung der ÖPNV-Nutzung, Bochum 1990.

Verkehrsbetriebe Karlsruhe und Albtalbahn-Verkehrsgesellschaft (Hrsg.), Statistisches Jahrbuch Stadt Karlsruhe, VÖV-Statistik '89, Report '89, Karlsruhe 1990.

Verkehrsbetriebe der Stadt Schaffhausen (Hrsg.), Geschäftsbericht und Jahresrechnung 1989, Schaffhausen 1990.

Walcha, Henning, Bologna - beispielhafte Lösung oder Etikettenschwindel?, in: BAG-Nachrichten, H. 10 (1990), S. 11 ff.

Weidemann, Theo, und Jürg Tschopp, Velo und öffentlicher Verkehr als Partner, in: Verkehrszeichen 1 (1989).

Wendel, Annegret, Verkehrsberuhigung Amsterdam und Berlin - ein Städtevergleich, Berlin 1987, Technische Universität Berlin, Fachbereich 14, S. 44 ff. (Manuskript).

Werven, Gerrit van, Fahrräder statt Autos - Innenstadtentwicklung Groningen, in: Fahrrad, Stadt, Verkehr, Darmstadt 1988, ADFC, S. 49 ff.

Werven, Gerrit van, Groningen investeert in fietsers, in: Fietskrant, September 1987.

Wicke, Lutz, Die ökologischen Milliarden - das kostet die zerstörte Umwelt, München 1986.

Winkler, Bernhard, Die Mobilitätsplanung der Stadt Bologna, in: Parametro, H. 2 (1990), S. 89.

Winkler, Bernhard, Passierschein für Autos, in: Radfahren, H. 3 (1990), S. 110.

Wüest, Hannes, Erreichbarkeit und funktionale Neuorientierung: Raumplanung (Schweiz), H. 2 (1988), S. 3 ff.

Zimmermann, Jörg, und Richard Gerbig, Die Schaffhauser Straßenbahnen, Schaffhausen 1976.

Quellennachweis der Fotos:

Foto Nr. 12:	Dienst Parkeerbeheer Gemeente Amsterdam
16:	The Stockholm Department of Planning and Building Control
19:	Michael Lehmbrock
29:	Rud. Suter AG, Oberrieden-Zürich
30:	Baudepartement des Kantons Basel Stadt, Amt für Kantons- und Stadtplanung
57:	H.G. Hurenkamp und J.J. von der Lee.

Fotos Nr. 1-15, 17 und 18, 20-28, 31-56 und 58-67: Dieter Apel.

Zum gleichen Thema ist erschienen:

Stadtverträgliche Verkehrsplanung
Chancen zur Steuerung des Autoverkehrs
durch Parkraumkonzepte und -bewirtschaftung
Von Dieter Apel, Michael Lehmbrock
1990. 360 S., 45 Tab., 37 Abb., 18 Fotos. DM 52,–
ISBN 3-88118-162-8

Stadtverkehrsplanung
Teil 4: Verkehrssicherheit im Städtevergleich
Stadt- und verkehrsstrukturelle Einflüsse auf
die Unfallbeseitigung
Von Dieter Apel, Bernd Kolleck, Michael Lehmbrock
1988. 247 S., 23 Abb., 38 Tab., 3 Übersichten
ISBN 3-88118-138-5 (Teil 4)   DM 32,–
Die Teile 1 bis 3 sind vergriffen

Veröffentlichungen des Deutschen Instituts für Urbanistik

☐ Aktuelle Reihe

(Diese Veröffentlichungsreihe wurde 1991
durch die „Difu-Beiträge zur Stadtforschung"
abgelöst.)

Umweltverbesserung in den Städten
Heft 5: Stadtverkehr
Ein Wegweiser durch Literatur und Beispiele
aus der Praxis
Von Karl-Heinz Fiebig, Burkhard Horn,
Udo Krause
1988. 250 S., 53 Abb., 11 Übersichten, 9 Tab.
ISBN 3-88118-143-1 (Heft 5)   DM 35,–
Die Hefte 1 bis 4 sind vergriffen

☐ Difu-Beiträge
    zur Stadtforschung

Altlasten – ein kommunales Problem
Analysen und Handlungsempfehlungen
Von Michael J. Henkel, Thomas Kempf,
Paul von Kodolitsch, Luise Preisler-Holl
Bd. 3. 1991. 256 S., 47 Übersichten. DM 39,–
ISBN 3-88118-165-2

Neue Techniken auf alten Flächen
Der Beitrag technikintensiver Betriebe zur
Revitalisierung des Ruhrgebiets
Von Dietrich Henckel, Beate Hollbach
Bd. 2. 1991. 167 S., 43 Tab., 6 Übersichten,
5 Ktn. DM 32,–   ISBN 3-88118-166-0

Einzelhandel und Stadtentwicklung
Vorträge und Ergebnisse einer Fachtagung
Hrsg. von Busso Grabow und Rolf-Peter Löhr
Bd. 1. 1991. 142 S. DM 24,–
ISBN 3-88118-167-9

☐ Arbeitshilfen

Kommunale Umweltschutzberichte
Arbeitshilfe 6
Fortschreibung
1987–89. Ca. 1000 S., Abb., Tab., Übersichten
Loseblattausg. Inkl. Ordner DM 98,–
ISBN 3-88118-128-8 (Fortschr. 1987–89)

☐ Dokumentationsserien

Kommunalwissenschaftliche Dissertationen
Bearb.: Klaus M. Rarisch
Erscheint jährlich
Einzelband   DM 35,–
Abonnement DM 30,–
ISSN 0340-1170

Graue Literatur zur Orts-,
Regional- und Landesplanung
Gutachten, Forschungs- und Planungsberichte
Bearb.: Michael Bretschneider, Christel Fuchs
Erscheint halbjährlich
Einzelband   DM 35,–
Abonnement DM 60,–
ISSN 0340-112 X

☐ Sonderdokumentation

Kommunale Kulturpolitik
in Dokumenten
Berichte, Projekte, Konzepte
Bearb.: Gabriele Mosbach, Albrecht Göschel
1991. 217 S. DM 52,–
ISBN 3-88118-169-5

Verlag und Vertrieb: Deutsches Institut für Urbanistik
Straße des 17. Juni 110/112 · 1000 Berlin 12 · Telefon (0 30) 3 90 01-0